Beck'scheReihe

BsR 4025

Die Geschichte des Essens und Trinkens in Europa von der Spätantike bis zur Gegenwart ist das Thema dieses Buches. Daß dem Leser bei der Lektüre nicht nur das Wasser im Munde zusammenläuft, sondern ihm über den Wandel der – bekanntlich höchst unterschiedlichen – Speisegewohnheiten hinaus auch die mannigfachen Verflechtungen der Ernährung mit Gesellschaft, Wirtschaft und Politik gezeigt werden, dafür bürgt der angesehene italienische Historiker Massimo Montanari. So ist auf knappem Raum ein kulturhistorisches Panorama von „Hunger und Überfluß", eine kleine Kulturgeschichte der Ernährung entstanden.

Massimo Montanari, geb. 1949, lehrt mittelalterliche Geschichte an den Universitäten von Catania und Bologna. Seine Hauptarbeitsgebiete sind Agrar- und Ernährungsgeschichte.

Massimo Montanari

Der Hunger..
und der Überfluß

Kulturgeschichte der Ernährung in Europa

in Europa

VERLAG C.H.BECK

Aus dem Italienischen übersetzt von Matthias Rawert
Titel der italienischen Originalausgabe
La fame e l'abbondanza
© Laterza, Rom – Bari, 1993

Dieser Band erschien zuerst in der Reihe
„Europa bauen"
im Verlag C. H. Beck

Die Deutsche Bibliothek – CIP-Einheitsaufnahme

Montanari, Massimo:
Der Hunger und der Überfluß : Kulturgeschichte der Er-
nährung in Europa / Massimo Montanari. [Aus dem Ital.
übers. von Matthias Rawert]. – Limitierte Sonderaufl. –
München : Beck, 1999
   (Beck'sche Reihe ; 4025)
   Einheitssacht.: La fame e l'abbondanza <dt.>
   ISBN 3 406 44025 8

ISBN 3 406 44025 8

Limitierte Sonderauflage. 1999
Umschlagentwurf: Uwe Göbel, München
Umschlagabbildung: Pieter Brueghel d. Ä., Schlaraffenland, AKG Berlin
© C. H. Beck'sche Verlagsbuchhandlung (Oscar Beck), München 1993
Satz: Fotosatz Janß, Pfungstadt
Druck und Bindung: C. H. Beck'sche Buchdruckerei, Nördlingen
Gedruckt auf säurefreiem, alterungsbeständigem Papier
(hergestellt aus chlorfrei gebleichtem Zellstoff)
Printed in Germany

Europa bauen

Europa wird gebaut. Getragen von großen Hoffnungen. Doch erfüllen werden sie sich nur, wenn sie der Geschichte Rechnung tragen. Ein geschichtsloses Europa wäre ohne Herkunft und ohne Zukunft. Denn das Heute entstammt dem Gestern, und das Morgen entsteht aus dem Vergangenen. Dieses Vergangene soll die Gegenwart jedoch nicht lähmen, sondern sie befähigen, bei allem Bewahren eine andere und im Fortschritt eine neue Gestalt zu gewinnen. Unser zwischen Atlantik, Asien und Afrika gelegenes Europa besteht ja schon seit sehr langer Zeit, so wie die Geographie es gezeichnet, die Geschichte es modelliert hat, seit die Griechen ihm diesen Namen gaben, der stets beibehalten wurde. Auf dieses Erbgut, das seit der Antike, ja seit prähistorischer Zeit dieses Europa befähigt hat, gerade wegen seiner Einheit und Vielfalt einen solchen Reichtum an Kulturgut, eine solch außergewöhnliche Kreativität zu entfalten, muß sich die Zukunft stützen.

Die aus der Initiative von fünf Verlegern unterschiedlicher Sprache und Nationalität entstandene Reihe «Europa bauen» will die Gestaltung Europas und seine nicht zu unterschätzenden Erfolgschancen erhellen, ohne die überkommenen Schwierigkeiten zu vertuschen. Daß dieser Kontinent in seinem Streben nach Einheit so manch internen Zwist, so manchen Konflikt, so manches Trennende und Widersprüchliche erst überwinden mußte, soll in dieser Reihe nicht verschwiegen werden, denn wer sich auf das Unternehmen Europa einlassen will, muß die gesamte Vergangenheit kennen und eine Zukunftsperspektive besitzen. Daraus erklärt sich der «aktive» Titel unserer Reihe. Es scheint uns in der Tat nicht an der Zeit, eine Universalgeschichte Europas zusammenzufügen. Wir wollen das Thema mit Essays umkreisen, die von den besten zeitgenössischen Historikern stammen, wobei es für uns unerheblich ist, ob sie Europäer oder Nicht-Europäer, ob sie schon berühmte oder noch kaum bekannte Autoren sind. Sie werden die entscheidenden Themen europäischer Geschichte aufgreifen – im wirtschaftlichen, politischen, sozialen, religiösen, kulturellen Bereich – und sich dabei auf die lange, von Herodot begründete historiographische Tradition und zugleich auf die in Europa entwickelten neuen Konzeptionen stützen, die die Geschichtswissenschaft im zwanzigsten Jahrhundert und insbesondere in den letzten Jahrzehnten von Grund auf erneuert haben. Durch ihr Bemühen um Klarheit sind all diese Essays für jedermann verständlich.

Wir setzen unseren ganzen Ehrgeiz darein, all denen, die am Aufbau und Ausbau Europas beteiligt sind, aber auch jenen in der Welt, die sich dafür interessieren, Bausteine zur Beantwortung der fundamentalen Frage «Wer sind wir? Woher kommen wir? Wohin gehen wir?» zu liefern.

Jacques Le Goff

Inhalt

Einleitung

Grundlagen einer gemeinsamen Sprache

Die Wende

Jedem das Seine

Europa und die Welt

Das Jahrhundert des Hungers

Die Revolution

Anhang

Einleitung

Ein Vorschlag

Dies ist ein ehrgeiziges Buch. Es will über eine Darstellung des Geschehens rund um das Essen, der unterschiedlichen Produktionssysteme und Konsumformen hinaus wesentlich mehr darbieten: nämlich so etwas wie eine Geschichte unserer Zivilisation, mit ihren vielen ökonomischen, gesellschaftlichen, politischen und kulturellen Aspekten, soweit an ihnen ein unmittelbares Verhältnis zu den Problemen der Ernährung sichtbar gemacht werden kann. Eine solch vielschichtige Form der Darstellung ist auch notwendig, da das tägliche Überleben zum unausweichlichen Bedürfnis des Menschen geworden ist. Die Nahrungsaufnahme bedeutet aber auch Vergnügen, und so entfaltet sich zwischen diesen beiden Polen eine durchaus schwierige und komplexe Geschichte, die vor allem von den jeweiligen Machtverhältnissen und den sozialen Unterschieden bestimmt wird. Es ist eine Geschichte von Hunger und Überfluß, in der auch kulturelle Vorstellungen entscheidend mitspielen. Eine Geschichte, die – darauf lege ich Wert – keinesfalls «andersartig» oder «alternativ» sein will. Gerade kraft ihrer existentiellen, zentralen Bedeutung steht die Geschichte der Ernährung völlig im Einklang mit den «anderen» Zweigen der Geschichte, bestimmt sie und wird von ihnen bestimmt – wenn auch ihre ausgeprägten anthropologischen Implikationen innerhalb der historischen Chronik zu dichten und bisweilen schwierigen Gegenüberstellungen zwingen.

Ich bin Mediävist und habe dem Mittelalter viele Seiten dieser Arbeit gewidmet. Das hat mich jedoch nicht daran gehindert, meine Aufmerksamkeit auch auf Epochen zu richten, mit denen ich mich gewöhnlich selten befasse. Mit der Retrospektive bis zum 3. und mit der Erfassung auch des 19. und 20. Jahrhunderts habe ich versucht, die grundlegenden Charakteristika der europäischen Ernährungsgeschichte und -kultur herauszuarbeiten und ihre Ursprünge ebenso zu rekonstruieren, wie ihre Entwicklung und ihre Resultate zu zeigen. Beim Aufspüren ihrer Grundzüge wurde ich in der – mittlerweile von vielen Gelehrten geteilten – Überzeugung bestärkt, daß das Mittelalter in seiner traditionellen chronologischen Bedeutung ein falsch verstandenes Phänomen von recht geringer interpretatorischer Brauchbarkeit ist. Zu unterschiedlich und manchmal gegensätzlich sind die Ereignisse und Dinge, die man unter dem Begriff «Mittelalter» zu vereinen sucht, um ihnen historisch gleichartige Züge und Bedeutungen zusprechen zu können. Warum also bestehen wir darauf, diese Zeit mit jenem einheitlichen Begriff zu benennen, der von den Humanisten des 15. Jahrhunderts erfunden wurde, um damit lediglich einen Mangel an Geschichte und Kultur zu definieren?

Die mitunter den akademischen Fächern gegenüber respektlose Chronologie, die ich mir in diesem Buch gestattet habe, löst am Ende das Mittelalter auf und fügt seine Teile zu unterschiedlichen Einheiten aufs neue zusammen. Ich habe mich mithin zu einer radikalen Lösung entschlossen: nämlich das «Mittelalter» – auch als Vokabel – aus meinem geistigen Horizont zu entfernen. Das ist beinahe eine Herausforderung. Sie hat mich nicht wenig gekostet, hat mir aber auch klargemacht, daß sich selbst ein «Mediävist» von Beruf gelegentlich dieses Begriffs bedienen kann, um kurzerhand die Erörterung zu vereinfachen und das Risiko zu vermeiden, sich unmittelbar in die Geschichte abzuseilen, es mithin mit den Menschen und ihren alltäglichen Angelegenheiten selbst aufnehmen zu müssen. So war mir am Ende, als wäre ich eines künstlichen, hinderlichen Gerüstes ledig geworden, das bislang einem freien Arbeiten im Wege gestanden hatte. Es ist wohl überflüssig zu sagen, daß mit dem «Mittelalter» auch die «Antike», die «Moderne» und ähnliche leblose Begriffe aus meinem Buch verschwunden sind. Geblieben sind die Menschen, ihre Ideen und ihre Taten.

Imola, September 1992

Grundlagen einer gemeinsamen Sprache

1. Die Zeiten des Hungers

«In diesen Zeiten des Unglücks und des Elends ist es uns nicht bestimmt, nach dichterischem Ruhm zu streben, müssen wir uns doch um den Hunger in unseren Häusern kümmern.» So klagt Fabius Fulgentius gegen Ende des 5. Jahrhunderts mit einem Wortspiel (der ewige Ruhm – der tägliche Hunger)[1], das nur allzu deutlich die literarische und rhetorische Natur des Stückes verrät.

Gleichwohl sollten wir den Ausspruch nicht unterschätzen: Die Jahre, in denen Fulgentius schreibt, sind tatsächlich schwierige Jahre – sowohl für das Leben eines jeden einzelnen wie für die öffentlichen Institutionen: Der Zerfall des Römischen Reiches und die mühsame Entwicklung neuer politischer und administrativer Realitäten auf dessen Ruinen; die stürmische Vermischung der Völker und Kulturen; die Krise der Produktionsstrukturen, die schon im 3. Jahrhundert mit dem Verfall der Landwirtschaft, der Landflucht und der Schwächung der städtischen Verteilerrolle begonnen hatte; häufige Kriege und Verwüstungen; Epidemien, die regelmäßig den Hungersnöten folgten; die verheerende Pest – reicht das nicht aus, um einen Notstand zu konstatieren?

Vielleicht nicht. Denn eine Krisensituation kann einige Monate, einige Jahre anhalten; höchstens einige Jahrzehnte. Nicht aber einige Jahrhunderte, die vermutlich der kritische «Moment» Europas gedauert hat. Wie bereits gesagt, begann die Krise im 3. Jahrhundert und verschärfte sich im 4. und 5.; in einigen Regionen, so in Italien, erreichte sie ihren Höhepunkt im 6. Jahrhundert (in jener Zeit kommt es zu den blutigsten Auseinandersetzungen, den schlimmsten Hungersnöten und Seuchen). Der «Notstand» war also einige Jahrhunderte die täg-

---

[1] Lateinisch *fama*: Ruhm; *fames*: Hunger. (A. d. Ü.)

liche Realität; die Menschen – zumindest rund zehn Generationen – mußten sich recht schnell daran gewöhnen; möglicherweise konnten sie sich noch nicht einmal andere Lebensweisen
vorstellen. Allmählich entwickelten sie Überlebenstechniken,
die diesen «schweren Zeiten» angemessen waren. Die Wachs-
tumskurve der europäischen Bevölkerung, die vom Beginn des
3. bis zum Ende des 6. Jahrhunderts einen nachhaltigen Ab-
schwung aufweist, könnte hingegen eher vermuten lassen, daß
das Übermaß an Unglück und die Unmöglichkeit, entsprechend darauf zu reagieren, für lange Zeit die Widerstandsfähigkeit der Menschen geschwächt habe. Doch scheint es keine un-
mittelbare Beziehung zwischen demographischer Überlastung
und Ernährungsbedingungen gegeben zu haben; nicht selten hat
sie gegensätzlichen Charakter, und viele Hinweise lassen vermuten, daß die individuelle Versorgung gerade in historischen
Phasen mit geringem Bevölkerungsdruck besser garantiert ist
(umgekehrt ist das Phänomen der Bevölkerungsexplosion nicht
notwendigerweise mit einem Überfluß an Nahrung verbunden:
gewisse Erfahrungen der Gegenwart sind in dieser Hinsicht
lehrreich). Handeln wir also nicht überstürzt, indem wir für das
5. und 6. Jahrhundert das Bild einer katastrophalen Ernährungslage entwerfen. Die Liste der von Historikern mit Hilfe literarischer Quellen und Chroniken geduldig rekonstruierten Hungersnöte, Kriege und Seuchen darf nicht das allzu simple Bild
eines Europas am Rande des Zusammenbruchs hervorrufen.

Gewiß mangelte es nicht an Tragödien, wenn Überschwemmungen, Frost oder Dürre die Ernte zerstörten; wenn Scharen
bewaffneter Männer durch das Land zogen, um alles zu rauben,
was ihnen in die Hände fiel; wenn Krankheiten das Vieh dahin-
rafften und damit den Menschen Nahrung und Arbeitskraft entzogen. Die Nahrungsknappheit zwang zur Suche nach neuen
Lösungen: ungewohnte Kräuter und Wurzeln, «Phantasie-
brote», jede Art von Fleisch – nicht anders, als wir es in der
schrecklichen, uns noch nahen Kriegszeit erlebt haben. «In diesem Jahre», schreibt Gregor von Tours über die Ereignisse gegen Ende des 6. Jahrhunderts, «bedrängte eine große Hungersnot fast ganz Gallien. Und viele buken aus Traubenkernen oder
Haselblüten Brot, manche auch aus getrockneten und zu Staub
zermahlenen Wurzeln des Farnkrautes, denen sie etwas Mehl

beimischten. Viele schnitten die grüne Saat ab und taten damit dasselbe. Es gab ferner viele, die gar kein Mehl mehr hatten und daher allerhand Kräuter ausrissen und aßen; von deren Genuß schwollen sie aber und starben.» Noch nicht einmal das gelang einigen Bauern Mittelitaliens in den Jahren des schrecklichen Krieges gegen die Goten, wie Prokop berichtet: «Die meisten Leute stürzten sich unter dem Zwang des Hungers, wenn sie irgend etwas Grünes fanden, gierig darauf und suchten, auf dem Boden kauernd, das Gras auszuraufen. Bei ihrer völligen Entkräftung waren sie dazu aber nicht mehr imstande, und so stürzten sie über das Gras und ihre eigenen Hände hin und gaben den Geist auf.» Grauenhafte Bilder folgen in Prokops Bericht aufeinander: «Alle magerten ab und verloren die frische Gesichtsfarbe (...), während die im Überfluß vorhandene Galle sich über den ganzen Körper hin verbreitete und ihm gewissermaßen ihre eigene Farbe gab.» Ohne «jede Spur von Feuchtigkeit» sah «die gänzlich ausgetrocknete Haut ... wie Leder aus». Die Hungernden brachen am Boden zusammen, wobei «in ihrem Gesicht etwas Erregtes» lag und «ihr Blick wilde Raserei» verriet. Starben manche des Hungers, so wurden andere von ihrer Speise umgebracht: «Gab man ihnen nämlich, wenn die natürliche innere Körperwärme gänzlich erloschen war, bis zur Sättigung und nicht wie neugeborenen Kindern nur nach und nach zu essen, so konnten sie die Speisen nicht mehr verdauen und starben noch viel rascher dahin.» Auch führte der quälende Hunger «in einzelnen Fällen sogar zu Menschenfresserei».

Solche Erzählungen graben sich ebenso heftig in unsere Vorstellung ein wie die langen Listen verdorbener Nahrung – Fleisch von Kadavern, von Mäusen oder Insekten verunreinigte Suppen u. v. a. –, die uns in den Bußbüchern überliefert wurden. Dabei handelt es sich um eine Art Handbücher für Bußfertige, die erstmals im 6. Jahrhundert auftauchen und voller Hinweise auf Verhaltensformen (auch hinsichtlich der Ernährung) sind, die ein guter Christ zu vermeiden hatte. Gleichwohl aber könnte uns lediglich eine ungesunde Vorliebe für das Schauderhafte glauben machen, *dies* sei der Normalfall gewesen. Auch wäre es nicht schwer, in allen Epochen, die unsere eingeschlossen, ähnliche Dramen und Abscheulichkeiten zu entdecken. Doch weshalb sollten uns ausschließlich die extremen, übertrie-

benen, exzessiven Begebenheiten des Lebens faszinieren? Die
Normalität, so viel ist wahr, ist keine Meldung wert; gerade
deshalb dürfen wir nicht die redlichen Überlebensanstrengun-
gen des Alltags vergessen, und schon gar nicht die Mühen zur
Überwindung des Hungers. Dieser nämlich – es ist kaum überflüssig, daran zu erinnern – führt nicht unausweichlich zum
Tode; das geschieht nur bei lang anhaltendem Nahrungsentzug,
und der ist sehr selten. Wesentlich normaler ist es, mit dem
Hunger zu *überleben*, ihn zu ertragen und Tag für Tag zu bekämpfen. Nicht umsonst hat der *homo sapiens* im Laufe der Geschichte eine außergewöhnliche Widerstandskraft gegen den
Hunger entwickelt, hat gelernt, sich ihm anzupassen – wie er
auch andererseits sehr viel, sogar zuviel essen kann, um Kalorien anzusammeln, die er dann in Zeiten des Mangels verwertet.

Der europäische Mensch des 5. und 6. Jahrhunderts (wir werden noch versuchen, ihn besser zu definieren) nahm nicht nur
wilde Kräuter und Wurzeln zu sich oder wurde in Notzeiten
zum grausamen Kannibalen; er war auch – und sicherlich wesentlich häufiger – ein gewöhnlicher Nahrungskonsument (ja,
er aß sogar am Tisch und benutzte manchmal Tischdecken).
Und weil er zu Recht fürchtete, von einem Tag auf den anderen
der Nahrung entbehren zu müssen, bemühte er sich, die Nahrungsquellen, aus denen er schöpfte, soweit wie möglich zu differenzieren. *Differenzieren* ist das vielleicht wichtigste Schlüsselwort, um die Mechanismen der Auffindung und Herstellung
von Nahrungsmitteln in dem Jahrhundert zu verstehen, in welchem sich auf dem europäischen Kontinent eine neue institutionelle, ökonomische und kulturelle Ordnung abzuzeichnen begann, nachdem das Römische Reich als politischer Bezugs-
punkt an Bedeutung verloren hatte.

Die Lebensbedingungen und demographischen Voraussetzungen gestatteten nicht nur eine derartige Lösung, sondern ließen sie geradezu angeraten erscheinen. Geringe Bevölkerungs-
dichte, halbverlassene Landstriche, verödete Felder, aber vor
allem ein Mangel an Menschen waren für die Situation im
Römischen Reich kennzeichnend: «Die Saatfelder», schreibt
Paulus Diaconus, der Historiker der Langobarden, in seinem
Bericht über die Pestilenz, die Italien in der zweiten Hälfte des
6. Jahrhunderts traf, «blieben über die Erntezeit hinaus stehen

und warteten unangerührt auf den Schnitter; die Weingärten voll üppigglänzender Trauben betrat niemand.» An Ressourcen mangelte es, theoretisch, nicht; die Überlebenden mußten sich lediglich organisieren, um sie auszubeuten. In erster Linie waren da die weit ausgedehnten Waldgebiete, die Wiesen und die Sumpfregionen: unkultivierte Flächen, die seit dem 3. Jahrhundert die Kulturlandschaft wieder überwucherten und nahezu überall, wo sie entstanden, die Landschaft prägten. Es eröffneten sich zwar bedeutende Möglichkeiten der Nutzung, doch hätte man dazu praktische Methoden entwickeln und das in der antiken Welt weit verbreitete, kulturelle Vorurteil überwinden müssen, das den *saltus*, die saisonale Nichtbestellung eines Feldes, aus den landwirtschaftlichen Anbaumethoden ausschloß und somit eine Art Antithese zur zivilisierten Welt entwickelte. Der fortschreitende Wandel dieser Einstellung hielt während des 5. und 6. Jahrhunderts Schritt mit einem neuen Anbau- und Produktionsmodell, bei dem es erstmals gelang, Anbaumethoden einander anzunähern, die sich bislang gegenseitig ausgeschlossen hatten, und in gewisser Weise miteinander zu verbinden. Diesem entscheidenden Prozeß der Formierung einer gemeinsamen und der Mehrheit der Europäer verständlichen «Ernährungssprache» werden wir nun unsere Aufmerksamkeit widmen.

2. Barbaren und Römer

Die römische Kultur hatte, wie die griechische, der unbearbeiteten Natur keine große Wertschätzung entgegengebracht. In dem von griechischen und römischen Gelehrten aufgestellten Wertesystem war sie kaum berücksichtigt. Sie war vielmehr die wahre *Antithese* zur *Zivilisation* – ein Begriff, der seinerseits auch etymologisch mit dem der Civitas – oder: der *Stadt* – verbunden ist. Eine Antithese auch zu einer vom Menschen künstlich geschaffenen Ordnung, durch die er sich von der Natur unterschied und abgrenzte. Unter dem Gesichtspunkt der Produktivität betrachtet, hatte diese Kultur den eigenen ideellen Raum, der ordentlich organisiert das Umfeld der Städte bildete, von der wilden Natur abgegrenzt. Die Lateiner nannten die Gesamt-

ager
us.
saltus

heit des bearbeiteten Landes *ager*, den sie strikt vom *saltus*, dem jungfräulichen, nichtkultivierten Boden unterschieden. Doch als Randerscheinung existierte auch die Nutzung der unkultivierten Flächen. Die Bewirtschaftung der Wälder und Sümpfe war sicherlich verbreiteter, als die überlieferten Quellen vermuten lassen. Aber es war eben doch nur eine nebensächliche und in gewissem Maß «verschleierte» Realität; verschleiert von einer Literatur, die sich aus ideologischen Gründen mit anderen Dingen befaßte, wie etwa der Zivilisation, der Stadt, den landwirtschaftlichen Produkten für den städtischen Markt und den in der Stadt lebenden Verbrauchern. Für die römische Kultur hatte der Begriff des unbebauten Landes also eine ausgesprochen negative Konnotation. Wald war das Synonym für das abseits Liegende, das Ausgeschlossene. Und nur die Randexistenz, der Ausgeschlossene, der Außenseiter, bediente sich seiner bei der Nahrungsbeschaffung. Der Jäger, nach dem Dion von Prusa eines seiner Werke benennt, ist einer von ihnen. Deutlich unterscheidet sich davon das Bild der kaiserlichen Jagden. Aber auch sie bewegen sich in einer exotischen, fremdartigen Umgebung, die weit entfernt ist vom alltäglichen Leben. Und so dient die Jagd eher dem Sammeln von Trophäen als der Versorgung der Tafeln.

Korn
Wein
Öl

Die Bearbeitung des bereits kultivierten Bodens hatte also klare Priorität. Landwirtschaft und Baumzucht waren die Grundlage der griechisch-römischen Wirtschaft und Kultur (zumindest wenn wir uns auf die vorherrschende Gewohnheit beziehen). Korn, Wein und Ölbäume waren die wichtigsten Nahrungsquellen, eine Triade produktiver und kultureller Werte, die diese Zivilisation zum Symbol ihrer eigenen Identität gemacht hatte. «Alles nämlich, was meine Töchter immer berührten, wurde in fruchtendes Korn verwandelt, in lauteren Wein, in Früchte Minervas.» Diese Worte des Anios, Königs und Priesters von Delos, die Ovid in seinen *Metamorphosen* wiedergibt, sprechen weitschweifig von den Ernährungsgewohnheiten und Begierden dieser Menschen (verbirgt sich im Mythos des Anios nicht auch eine Utopie?). Und Plutarch berichtet, daß die jungen Athener beim Erreichen des Erwachsenenalters zum Heiligtum von Agraulos geführt worden seien, um ihrer Heimat die Treue zu schwören. «Sie schwören da nämlich, Weizen, Gerste,

Reben, Feigen- und Ölbäume als Grenzen Attikas anzusehen, womit sie angewiesen werden, das urbar gemachte und fruchttragende Land für ihr eigen anzusehen.» Diese Elemente waren ausreichend und notwendig, um die Heimat anzuerkennen. Daneben spielten vor allem der Obst- und Gemüseanbau sowie die Schafzucht eine gewisse Rolle – die einzige Nutzungsform natürlicher Ressourcen, der die griechischen und lateinischen Autoren echte Aufmerksamkeit und Sympathie entgegenbrachten. Die Fischerei hatte natürlich vor allem in den Küstenregionen einige Bedeutung. Vor diesem Hintergrund entwickelte man eine Ernährungsweise – wollen wir sie «mediterran» nennen? –, die stark vegetarisch ausgerichtet war und auf Mehlbrei und Brot, auf Wein, Oliven und Gemüse basierte. Ein wenig Fleisch und vor allem Käse ergänzten diesen Speiseplan, denn Schafe und Ziegen wurden überwiegend ihrer Milch wegen und als Wollieferanten gehalten.

Ganz anders waren dagegen die Anbaumethoden und kulturellen Werte der «Barbaren», wie Griechen und Römer sie nannten. Die keltischen und germanischen Völker, seit Jahrhunderten gewohnt, die großen Wälder Nord- und Mitteleuropas zu durchstreifen, hatten eine große Vorliebe für die Nutzung der unberührten Natur und der unkultivierten Landstriche entwickelt. Die Jagd und die Fischerei, das Sammeln wilder Früchte sowie die Zucht wildlebender Tiere in den Wäldern (hauptsächlich Schweine, aber auch Pferde und Rinder) waren für ihre Lebensweise charakteristisch. Nicht Brot oder Polenta, Fleisch war ihr Hauptnahrungsmittel. Sie tranken keinen Wein, der ohnehin nur in den Grenzregionen ihres Herrschaftsgebietes bekannt war, sondern die Milch weiblicher Lasttiere und die säuerlichen Flüssigkeiten, die sie daraus gewannen. Getrunken wurde auch Obstwein aus vergorenen Wildfrüchten oder Bier – dort nämlich, wo man auf kleinen, dem Wald abgerungenen Lichtungen Getreide anbaute. Nicht Öl, die einzige Art von Fett, die in dem Apicius Caelius zugeschriebenen Handbuch der römischen Küche vorkommt, verwendete man zum Einfetten und Kochen. Vielmehr benutzte man dazu Butter und Speck.

Doch darf man es nicht allzu eng sehen. Auch die Germanen aßen Getreide, Haferbrei oder Fladen aus Gerste, nicht jedoch

kein
weizen-
brot

Weizenbrot, das wahre Symbol der mediterranen Ernährung. Andererseits kannten die Römer auch Schweinefleisch, das die Kaiser zusammen mit Brot an die Bewohner der Hauptstadt verteilen ließen. Doch handelt es sich nicht so sehr darum, die Existenz oder das Fehlen bestimmter Nahrungsmittel zu verifizieren, denn in diesem Fall würde man feststellen, daß alle mehr oder weniger dasselbe aßen. Vielmehr gilt es, die spezifische Rolle einzelner Produkte des Nahrungsangebotes zu bestimmen sowie den Platz und die Bedeutung, die jedem einzelnen von ihnen innerhalb der verschiedenen Systeme zukommen, die sich in jeweils unterschiedlicher Art und Weise zu einer zusammenhängenden Einheit ausbilden. So treten vor allem die Gegensätze hervor, die für die Zeitgenossen Indikatoren ihrer kulturellen Identität und der Andersartigkeit Außenstehender waren. Wenn die homerischen Verse den Menschen als «Fleischesser» bezeichneten und diesen Umstand als sinnbildliche Zusammenfassung der Zivilisation annahmen, so versetzt es in Erstaunen – oder bringt vielleicht sogar Befriedigung, da das «andere» immer dazu dient, unsere eigenen Gewißheiten zu bestätigen und uns ihrer zu versichern –, daß andere griechische und lateinische Schriftsteller die Gewohnheiten fremder Völker beschreiben, die weder Brot noch Wein kennen. «Ackerbau betreiben sie wenig», schreibt Cäsar über die Germanen, «ihre Ernährung besteht zum größten Teil aus Milch, Käse und Fleisch.» Zu Beginn des 2. Jahrhunderts unterrichtet uns Tacitus darüber, daß zumindest die in der Nähe des Rheins siedelnden Germanen auch Wein kauften. Doch ihr gewohntes Getränk sei «ein Saft aus Gerste oder Weizen, der durch Gärung eine gewisse Ähnlichkeit mit Wein erhält»: das Bier – oder nennen wir es besser Cervisia, wenn wir den Unterschied zwischen dieser dicken dunklen Flüssigkeit und dem klaren Bier festhalten wollen, das man erst ein Jahrtausend später durch die Beimischung von Hopfen erzeugen wird. «Die Kost ist einfach: wildes Obst, frisches Wildbret oder geronnene Milch.» Einige Jahrhunderte darauf, die germanischen Völker haben auf dem Territorium des Römischen Reiches bereits Fuß gefaßt und behaupten mit Waffengewalt ihre Macht, werden auch über andere, «am Rande der Welt» lebende Völker analoge Berichte verfaßt. Über die Lappen schreibt Prokop im 6. Jahrhundert, sie «trinken auch keinen

Bier
ohne
Hopfen

Wein und kennen keine Feldfrüchte (...) Männer und Frauen widmen sich vielmehr einzig und allein der Jagd.» Wie uns Iordanes versichert, ist den Kleingoten dagegen der Wein durch den Handel mit benachbarten Völkern bekannt, doch bevorzugen sie noch immer Milch. Iordanes (wir befinden uns noch immer im 6. Jahrhundert) erwähnt skandinavische Völker, die ausschließlich von Fleisch leben. Über die Hunnen schreibt er, sie würden keine andere Beschäftigung kennen als die Jagd. Die Lappen, so Paulus Diaconus, der im 8. Jahrhundert davon erfährt, äßen außerdem «nichts anderes als das rohe Fleisch wilder Tiere» – ein zusätzlicher Hinweis auf die Wildheit der Ernährungssitten, die wir, ohne zu zögern, als einen Topos betrachten können. Allerdings reichen die überlieferten Gebräuche in der Landwirtschaft noch nicht aus, um ein Volk in den Bereich der «Zivilisation» einzuordnen. In einem Traktat über die Mauren schreibt Prokop, daß sie sich sehr wohl von Getreide ernähren (Weizen und Gerste), doch «ungekocht und ungemahlen und nicht anders wie die Tiere». Darauf nämlich kommt es an: sich *Antike* aktiv in die Nahrungsproduktion einzuschalten; die Nahrung künstlich zu erzeugen; sie zu «erfinden» und sich nicht darauf zu beschränken, nur das zu empfangen, was die – auch durch den Menschen beeinflußte – Natur zu bieten hat.

Man darf nicht glauben, daß der Stolz auf die eigene Ernährungskultur lediglich auf einer Seite vorhanden war. Auch die Kelten und Germanen waren sich der eigenen Errungenschaften stolz bewußt. Doch werden wir bei diesen Völkern vergeblich die Pflanze der Zivilisation suchen (um den schon berühmten Ausdruck Braudels zu benutzen), die eine ähnliche Rolle spielt wie der Weizen in der griechischen oder römischen Welt, der Mais in Amerika oder der Reis in Asien. Allenfalls werden wir ein «Zivilisationstier» entdecken, das Schwein, eine omnipräsente Realität der keltischen Welt und möglicherweise als einziges in der Lage, deren produktive und kulturelle Errungenschaften zum Ausdruck zu bringen: denn die Mythologie dieses Volkes ist durchwoben von Ereignissen, in deren Mittelpunkt immer das Schwein steht, die erste und unentbehrliche Nahrungsgrundlage des Menschen. Man denke nur an das nach dem *Schwein von Mac Datho* benannte Gedicht. Es beschreibt ein riesiges Tier, das sieben Jahre lang mit der Milch von sechzig

Kühen genährt und anschließend mit vierzig Ochsen auf dem Rücken serviert wird.

Dem nicht unähnlich, beschrieb die germanische Mythologie ein überirdisches Paradies, in dem sich die in der Schlacht gefallenen Helden vom unerschöpflichen Fleische Saehrimnirs nährten, dem Großen Schwein, das der Mythos als Ursprung des Lebens angesehen hat als die Grundlage aller Nahrung und Ernährung. «Dieser Eber wird täglich von neuem gesotten und ist abends wieder heil», erklärt die *Snorra-Edda*. Auch die Kuh Audhumla, «aus deren Euter (...) vier Milchflüsse» rannen, nimmt in den von Snorri erzählten Ursprungsmythen eine herausragende Stellung ein – wiederum ein Tier, wiederum spielt die Bewirtschaftung des Waldes und der Weiden eine Rolle.

Dagegen hatten die griechischen und lateinischen Schriftsteller keinerlei Bedenken, sich ein glückliches und vegetarisches Goldenes Zeitalter zu ersinnen. Ihre Kultur sah in den Früchten der Erde das erste und höchste aller Nahrungsgüter. Zur Zeit des Kronos, berichtet Hesiod, lebten die Menschen «dahin wie Götter ohne Betrübnis (...) Frucht bescherte die nahrungsspendende Erde immer von selber, unendlich und vielfach». Demokrit, Dikaiarchos und Platon erwähnen dasselbe; ebenso Lukrez, Vergil und viele andere. Immer wieder taucht das Bild der Erde auf, die, wie im biblischen Eden, zunächst von selbst und dann durch die Arbeit des Menschen Nahrung spendet. Und dann erscheinen auch hier die Mythen von Korn, Wein und Trauben. Was die Tiere betrifft, so gibt es Varro zufolge keinen Zweifel, daß der Mensch als erstes die Schafe domestizierte und nutzte. Wie dem auch sei: «Das Universum beginnt mit dem Brot», behauptet Pythagoras – durch jenes Brot, das es, zusammen mit dem Wein, dem frühen Menschen ermöglicht, zivilisiert zu werden, wie wir im *Gilgamesch-Epos* lesen, einem der ältesten Zeugnisse der Mittelmeerkultur. Ein besonders kritischer Augenblick bei dieser Begegnung unterschiedlicher Kulturen scheint sich um die erste Hälfte des 3. Jahrhunderts abzuzeichnen, als neue gesellschaftliche Kräfte und Völker die Bühne des Römischen Reiches betreten und als es während der raschen, durch die tiefgreifende institutionelle Krise bedingten Kaiserwechsel sogar Persönlichkeiten «barbarischer» Herkunft gelingt, den Thron zu erobern. Sehr bezeichnend sind hierfür die in der sogenannten *Historia Augusta* wahrscheinlich im 4. Jahrhundert vereinigten Biographien, in denen sich auch hinsichtlich der Ernährung ganz deutlich die unterschiedlichen Wertvorstellungen begegnen. Unsere in traditionellen ideologischen Vorstellungen fest verankerten Texte beharren oftmals auf dem «römischen» Charakter der kaiserlichen Nahrungswahl, vor allem, wenn es darum geht, positive Schlüsselfiguren zu präsentieren. «Und schon ging von den neuen Widersachern Iulians das Gerücht aus, dieser habe gleich am ersten Tag Pertinax' [seines Vorgängers] Hausmannskost verschmäht und ein Schlemmermahl ausgerichtet, bei dem er Austern, Geflügel und Fische auftragen ließ. Daß dies erlogen war, steht fest; Iulian soll nämlich so haushälterisch gewesen sein, daß er ein ihm gelegentlich in die Küche geschicktes Ferkel oder einen Hasen auf drei Tage streckte; auch soll er sich häufig bei der Hauptmahlzeit mit Gemüsen und Hülsenfrüchten begnügt und auf Fleisch verzichtet haben, ohne daß ein ritueller Zwang bestand.» Mit außergewöhnlicher Klarheit beleuchtet dieser Abschnitt die positiven Vorstellungen, die der Kulturkreis, dem sein Autor Aelius Spartianus angehört, mit der vegetarischen Nahrung verbindet: auf Fleisch könne man verzichten, und das sei auch besser so (nicht ohne Grund wimmelt es in der griechischen und lateinischen Überlieferung nur so von «vegetarischen» Philosophien). Doch betrachten wir einige weitere Beispiele: Gordian II., der seiner Nahrung nicht allzuviel Beachtung schenkte, war «ein großer Freund von Obst und Gemüse». Septimius Severus, auch er anspruchslos und genügsam, war «auf heimische Hülsenfrüchte aus; dem Wein sprach er mitunter tüchtig zu, von Fleisch wollte er häufig nichts wissen». Sogar einige Personen, die einer gewissen sittlichen Immoralität sowie einer entschiedenen Neigung zur Völlerei verdächtigt werden, scheinen ihre Aufmerksamkeit hauptsächlich einem Luxusartikel zu widmen – dem Obst, das trotz allem dem gedanklichen Umfeld der vegetarischen Diät angehört. Claudius Albinus war «ein Leckermaul», und zwar habe er «Obst in solchen Mengen verschlungen, wie sie kein normaler menschlicher Magen verträgt». Denn er habe «fünfhundert Sperlingsfeigen (...) nüchtern verspeist und hundert kampanische Pfirsiche, zehn Ostiamelonen, zwanzig Pfund Labikanertrauben, hundert Feigendrosseln und vierhundert

Austern.» Ein Beleg für Gallienus' «beklagenswerte Erfindungsgabe» war, daß er aus Obst «ganze Festungen» baute. «Trauben wußte er drei Jahre lang zu konservieren. Mitten im Winter ließ er Melonen auftragen.»

Das «barbarische» Kulturmodell, das viele römische Gelehrte lange und vergebens einzudämmen versuchen, taucht mit Maximinus Thrax auf, dem ersten Soldatenkaiser, «Sohn barbarischer Eltern; der Vater war, so heißt es, Gote, die Mutter Alanin». Es hat den Anschein, schreibt sein Biograph Iulius Capitolinus mit Verachtung, daß er bis zu einer Amphore Wein täglich trank (was ungefähr 20 Litern entspricht) und daß er «vierzig Pfund Fleisch verzehrt hat», wenn nicht sogar sechzig; weiter soll er sich anscheinend, und dies wäre für einen echten Römer undenkbar gewesen, «des Gemüses stets enthalten» haben. Sein Sohn, Maximinus der Jüngere, stand ihm darin nicht nach. Er hatte «einen starken Appetit, besonders auf Wildbret; so verzehrte er nur Schwarzwild, Enten, Kraniche und alle Wildarten». Ein großer Trinker und Fleischesser war auch Firmus, über den geschrieben wird, er verspeiste «täglich einen Strauß». Derartige Porträts und Beschreibungen sind offensichtlich mit Vorsicht zu behandeln. Aber es geht nicht darum, sie als wahr anzuerkennen, sondern darin kulturelle Spannungen einer extrem kritischen Epoche der europäischen Geschichte zu erblicken. Dies trifft auch für die verschiedenen Ernährungsmodelle zu.

Eine tiefe Kluft trennte die «römische» Welt von der «barbarischen». Gegensätzlich waren die Wertvorstellungen, die Weltbilder, die Wirtschaftsverhältnisse. Unmöglich schien es, diese Kluft zuzuschütten, und tatsächlich müssen wir eingestehen, daß zwei Jahrtausende gemeinsamer Geschichte nicht ausgereicht haben, ihre Spuren zu beseitigen. Europas Charakter ist selbst heute noch tief davon gezeichnet. Dennoch kam es zu einer bestimmten, auf einem doppelten Integrationsprozeß beruhenden Annäherung, einer Art reziproker Kulturübernahme, die zwischen dem 5. und 6. Jahrhundert ihren Anfang nahm und in den darauffolgenden Jahrhunderten heranreifte.

3. Das Fleisch der Starken

Das erste Instrument zur Integration war, ganz einfach, die Macht. Das politische und soziale Durchsetzungsvermögen der germanischen Stämme, die – unter unterschiedlichen Bedingungen und in verschiedenerlei Ausmaß – überall zur herrschenden Schicht des neuen Europa geworden waren, führte zu einer weiten Verbreitung ihrer Kultur und Geisteshaltung. Mit ihnen verbreitete sich auch ein – im Vergleich zur griechisch-römischen Tradition – neues Verhältnis im Umgang mit der unkultivierten Natur, die nicht mehr als störendes Hindernis und eine den erzeugerischen Aktivitäten des Menschen gesetzte Grenze angesehen wurde, sondern vielmehr als *Nutzungsraum*. Nichts drückt diese Veränderungen besser aus als die Gewohnheit, die Ausdehnung der Waldgebiete nicht in abstrakten Oberflächenbegriffen zu berechnen, sondern anhand der Menge an Schweinen, die mit Eicheln, Bucheckern und anderen Waldfrüchten gefüttert und gemästet wurden. Üblich wurde diese Berechnungsart etwa vom 7./8. Jahrhundert an in Gebieten mit stark germanischer Kulturprägung wie England, Deutschland, Frankreich und Norditalien. *Silva ad saginandum porcos ...* Die Menge an Schweinen war die wichtigste Berechnungsgrundlage, die man vornehmen konnte, die Angabe, die am nützlichsten schien. Ein Begriff aus dem Bereich der landwirtschaftlichen Produktion also, jenen analog, die man für die Felder verwendete (das Maß war das Korn), für die Weinberge (Wein) und für die Wiesen (Heu). Einige Jahrhunderte zuvor wäre dies unvorstellbar gewesen. Das, was ein Eichenwald dem Verstand eines in der kulturellen Tradition Griechenlands oder Roms aufgewachsenen Menschen suggerieren konnte, war etwas ganz anderes als die Schweinezucht: «Die Eiche», schreibt Plutarch, «hat die meisten Früchte unter den wildwachsenden Bäumen, unter den zahmen das härteste Holz. Sie spendete die Eicheln zur Speise, den Honigsaft zum Trank (...)» Bis zu dieser Stelle sozusagen eine klischeehafte Interpretation unter rein vegetarischen Gesichtspunkten. Darüber hinaus – so Plutarch weiter – lieferte sie «als Zukost eine Menge von Wild und Vögeln». Es scheint, als käme jetzt die Schlußfolgerung. Doch ist die Erklärung, die folgt, überraschend. Die Eiche liefert Wild und Vögel, denn «auf den Eichen wächst die Mispel, aus welcher die Jäger den Vogelleim herstellten». Für den, der an die Produktionsweise denkt, die sich zwischen dem 5. und 8. Jahrhundert in Europa durchgesetzt hat, an die absolut zentrale Bedeutung, die damals die freie Schweinehaltung in den Wäldern (deren Größe wiederum in Schweinen gemessen wurde) annahm, ist das eine wahre Enthüllung: Ein Abgrund scheidet beide Perspektiven, beide Kulturen voneinander. Aber diese Scheidung darf man sicher nicht der mehr oder weniger großen Verbreitung von Eichenwäldern im jeweiligen Landschaftsbild zuschreiben. Es trifft zu, daß die Landschaft nach dem 3. Jahrhundert bemerkenswert verwilderte. Mit dem Niedergang der Kulturlandschaft – und der Naturweiden und Sumpfgebiete – hatten sich die Wälder stark ausgebreitet. Doch geht es nicht nur darum. Die Produktionsmethoden sind eher ein mentaler als ein materieller Faktor; sie hängen mehr von der Einstellung des Menschen gegenüber dem Land als von dessen physischer Beschaffenheit ab. So reicht weder ein Eichenwald noch eine Schweineherde in seinem Innern aus, um den Entschluß, den Wald in Schweinen zu messen, herbeizuführen. Damit so etwas geschieht, muß es zu einem Kultursprung kommen, zu genau dem, was sich in der westeuropäischen Gesellschaft ereignete, als sich die für die «barbarische» Welt typischen Produktionsmodelle und die entsprechende Geisteshaltung verbreiteten.

Parallel dazu wurde das Fleisch zu dem Nahrungsmittel schlechthin. Während ein römischer Arzt wie Cornelius Celsus noch keinen Zweifel hatte, daß Brot das absolut beste Nahrungsmittel sei, weil es «mehr nahrhafte Bestandteile enthält als jede andere Nahrung», widmeten die nach dem 5. Jahrhundert erschienenen Diätbücher dem Fleisch die mit Abstand größte Aufmerksamkeit. So in der Epistel *De observatione ciborum*, die der aus Griechenland stammende Arzt Anthimos, der am Hofe des Gotenkönigs Theoderich in Ravenna lebte, im 6. Jahrhundert einem anderen Theoderich, König der Franken, widmete, bei dem er zeitweilig die Funktion eines Botschafters bekleidete. Er verdankt den griechischen und römischen *auctores*, die er auch ausdrücklich in der Vorrede zu seinem Werk zitiert, viel, doch begegnet man hier ebenfalls einer gewissen Originalität, zumindest aber einer Anpassung jener griechischen Tradition –

die die Grundlage der beruflichen Ausbildung des Anthimos war – an das andersartige kulturelle Umfeld, in dem er jetzt lebt. Daher versetzt die besondere Aufmerksamkeit, die er dem Schweinefleisch zuwendet, nicht in Erstaunen – der einzige Fall, bei dessen detailgenauer Beschreibung aller Zubereitungsarten Anthimos sich aufhält: gebraten, gekocht, gebacken, geschmort. Es nimmt nicht wunder, daß das längste Kapitel des Werkes dem Speck gewidmet ist, für den «die Franken eine unbezwingliche Vorliebe» haben. Man könne ihn braten, erklärt Anthimos, wie irgendein Stück Fleisch; doch werde er in diesem Fall zu trocken. Besser sei es, ihn kalt aufzubewahren. Schädlich sei es, den Speck gebacken zu essen, doch sei er gut geeignet zum Würzen von Gemüse oder anderen Speisen – «dort, wo kein Öl vorhanden ist», präzisiert unser Arzt jedoch und offenbart damit den mediterranen Ursprung seiner Kultur, die von der Übernahme kontinentaler Ernährungsweisen nicht ausgelöscht wurde. «Was den rohen Speck anbetrifft», fährt er fort, «den, wie ich höre, die Herren Franken zu essen pflegen, wundere ich mich sehr, wer ihnen ein solches Heilmittel bekanntgemacht hat, so daß sie keine anderen Medikamente mehr brauchen.» Auf den Verzehr rohen Fleisches, rät Anthimos, solle man so weit wie möglich verzichten; gut gekochte Nahrung sei wesentlich leichter zu verdauen. Doch könne man über nicht allzu lange Zeit, etwa bei einem Feldzug oder auf einer längeren Reise, nichts anderes tun als Fleisch essen. Aber auch hier solle man achtgeben und nicht übertreiben: man esse nur das eben bekömmliche Minimum. Anthimos' genaue Angaben scheinen darauf hinzudeuten, daß sein Publikum rohem Fleisch durchaus nicht abgeneigt war, es vielleicht sogar schätzte (die empörten Zeugnisse griechischer und römischer Schriftsteller über die Ernährungsgewohnheiten der «Barbaren» waren also anscheinend auf wenig Gegenliebe gestoßen). Was folgt, scheint das zu bestätigen: Tatsächlich fragt sich Anthimos, und nimmt damit einen möglichen Einwand seiner Leser oder Zuhörer vorweg, «weshalb essen andere Völker rohes und blutiges Fleisch und sind dabei gesund»? Mit einiger Schwierigkeit findet er darauf eine Antwort. Er deutet an, dies könne mit dem Umstand zusammenhängen, daß jene Völker «wie die Wölfe» lediglich eine Sorte von Fleisch essen. «Wir jedoch», so Anthimos weiter, «die wir unser Leben führen mit vielerlei Speisen und vielerlei Leckerbissen und vielerlei Getränk, haben es nötig, uns zu zügeln in der Weise, daß wir nicht infolge des Übermaßes uns Beschwerden zuziehen, sondern vielmehr durch mäßiges Verhalten unsere Gesundheit bewahren.» Anthimos beschäftigt sich dann mit den einzelnen Lebensmitteln, mit ihrem Nährwert und der besten Verwendungsweise, wobei er – wie schon erwähnt – in erster Linie bei den Fleischsorten verharrt. Neben dem Schwein führt er auf: Kuh, Ochse, Schaf, Lamm, Ziegenlamm, Hirsch, Reh, Hirschkalb, Wildschwein, Hase, Fasan, Rebhuhn, Taube, Pfau, Henne und Gans.

Vor allem in der Kultur der herrschenden Schicht wird die herausragende Bedeutung des Fleisches mit Interesse zur Kenntnis genommen und nachdrücklich bestätigt. In ihren Augen wird es zum Symbol der Macht, zu einem Mittel zum Aufbau körperlicher Energie, Stärke, Kampfkraft – Eigenschaften, die die erste wirkliche Legitimation der Macht begründen. Umgekehrt gilt die Entbehrung von Fleisch als ein Zeichen der Demütigung, der mehr oder weniger freiwilligen, mehr oder weniger zufälligen Ausgrenzung aus der Gesellschaft der Starken. Deshalb können die fränkischen Kapitularien das Niederlegen der Waffen mit dem Einstellen der Fleischversorgung auf eine Stufe stellen. In der ersten Hälfte des 9. Jahrhunderts ordnet Lothar das eine wie das andere für denjenigen an, der sich des Mordes an einem Bischof schuldig macht. Die absolute Strenge der ersten Auflage – die eine vollkommene Lebensumstellung für diejenigen implizierte, die aus dem Krieg einen Beruf machten – läßt uns die Bedeutsamkeit der zweiten erkennen, von der sie begleitet wird.

Doch handelt es sich nicht bloß um eine auf wenige begrenzte Machtfrage. Gelehrte Überlegung und allgemeine Überzeugung stimmen nunmehr darin überein, im Fleisch die für den Menschen geeignetste Nahrung zu sehen, seine «natürliche Ernährung». Ist denn der Mensch nicht etwa auch aus Fleisch gemacht? Alles andere – was diejenigen essen, die kein Fleisch verzehren können oder wollen – wird allmählich als Ersatz betrachtet. Die Vorherrschaft des Brotes als Symbol der «Ernährungskultur» wird ernsthaft in Frage gestellt. Oder besser: wäre in Frage gestellt worden, wenn Europa nicht nach und nach christlich geworden wäre. Das Christentum entwickelte ein religiöses Credo, in dem das Brot zusammen mit dem Wein und dem Öl eine absolut zentrale, symbolische Rolle einnahm.

4. Das Brot und der Wein Gottes

Im 4. Jahrhundert setzte sich das Christentum als offizielle Religion des Römischen Reiches durch. Von da an entwickelte es sich unter vielerlei Aspekten neben der jüdischen auch zur Zeugin und Erbin der griechischen und römischen Kultur. Entstanden im Umfeld einer rein mediterranen Zivilisation, hatte das Christentum nicht gezögert, als Nahrungssymbole und Instrumente seiner eigenen Religion jene Erzeugnisse zu übernehmen, die die materielle und ideologische Grundlage eben dieser Zivilisation bildeten: Brot und Wein. Nach zahlreichen und lang anhaltenden Kontroversen sprach man ihnen die Rolle heiliger Nahrung zu, Bildnis und Instrument des eucharistischen Wunders. Dasselbe gilt für das Öl, auf das man bei der Liturgie nicht verzichten konnte. Man benötigte es bei der Verabreichung der Sakramente und, vor allem, für das Entzünden der Lichter an den heiligen Stätten. Dies waren Entscheidungen, die auf der einen Seite den Bruch mit der jüdischen Tradition anzeigten, die sowohl das Brot (als gegorenes und somit in gewisser Weise «verdorbenes» Nahrungsmittel) als auch den Wein (als berauschendes Getränk) aus dem Opferbereich ausschloß. Auf der anderen Seite wurde damit die Einbeziehung des neuen Glaubens in das Wertesystem der römischen Welt erleichtert. Doch könnten wir die Argumentation auch umdrehen, indem wir in der rituellen Lobpreisung dieser drei Erzeugnisse das Zeichen einer Kultur, nämlich der römischen, erblicken, die dem entstehenden Christentum viele ihrer Attribute aufprägte. Fest steht, daß Brot, Wein und Öl, sei es durch die Bedeutung der römischen Kultur, sei es durch die treibende Kraft des neuen Glaubens, außergewöhnlich an Ansehen gewannen. Mit der Verbreitung des Christentums in Europa, das sich gewaltsam andere Formen der Religiosität unterordnete, setzten sich diese – in den romanisierten Gebieten schon wohlbekannten – Produkte ebenfalls als Symbole des neuen Glaubens durch.

Das symbolische Gewicht, das die christlichen Autoren des 4. und 5. Jahrhunderts Brot, Wein und Öl zuschreiben, ist ungewöhnlich groß. Über Ambrosius lesen wir, daß er «in seinen Predigten damals unermüdlich deinem [Gottes] Volke das ‹Mark deines Weizens› und erfreuendes Öl und die nüchterne Trunkenheit deines Weines spendete». Eine Predigt des Augustinus erläutert dem Volk außerordentlich genau die metaphorische Identität der Herstellung des Brotes mit der Entstehung des neuen Christentums: «Dieses Brot erzählt eure Geschichte. Es ist gewachsen wie das Korn auf dem Feld. Die Erde hat es geboren. Der Regen hat es genährt und die Ähren reifen lassen. Die Arbeit des Menschen brachte es auf die Tenne, drosch es, lüftete es, lagerte es wieder in den Kornspeichern und beförderte es zur Mühle. Die Arbeit des Menschen hat es gemahlen, geknetet und im Ofen gebacken. Denkt daran, daß dies auch eure Geschichte ist. Ihr existiert nicht und wurdet geschaffen, man ließ euch als die Ähren des Herrn reifen, ihr wurdet gedroschen durch die Arbeit der Ochsen (so würde ich die Prediger des Evangeliums nennen). Während des Katechumenates wart ihr wie Korn im Speicher. Dann habt ihr euch in die Reihe begeben, um getauft zu werden. Ihr wurdet dem Mühlstein des Fastens und der Exorzismen unterworfen. Ihr gelangtet zum Taufbecken. Ihr wurdet geknetet und zu einem einzigen Teig geformt. Ihr wurdet im Ofen des Heiligen Geistes gebacken und wurdet wahrhaftig zum Brot Gottes.» Das vortrefflichste Brot aber ist Christus selbst, «in der Jungfrau ausgesät, im Fleische gegoren, in der Passion geknetet, im Ofen des Grabes gekocht, in den Kirchen, die täglich die himmlische Speise an die Gläubigen verteilen, versüßt».

Analoge metaphorische Kunststücke liest man über den Wein und das Öl, die noch stärker als das Brot den *Status* wertvoller und gesuchter Produkte annahmen. Dies gilt hauptsächlich und verständlicherweise für die mittel- und nordeuropäischen Regionen, in denen sie seltener anzutreffen waren. Die Heiligenlegenden, ein literarisches Genre, dem ein rascher und weit verbreiteter Erfolg beschert war, quellen über von Persönlichkeiten, die sich zur Verbreitung des christlichen Glaubens vor allem mit dem Anpflanzen von Weinstöcken und dem Anbau von Weizen befassen – den unabdingbaren Bestandteilen ihres Hand-

werks. Bischöfe und Äbte sind es, die uns die Biographien bei
ihrer Tätigkeit auf den Feldern zeigen; Kirchen und Klöster sind
es, die, wie uns die Urkunden in den Archiven lehren, behut-
sam, aber fortwährend den Getreide- und Weinanbau verbreiten. Der Wein erreichte in den darauffolgenden Jahrhunderten
unvorstellbare Klimazonen und Höhenlagen und gelangte bis
nach Mittelengland. Wenn daher die hagiographischen Texte
diesem oder jenem Heiligen Wundertaten zuschreiben, die offensichtlich eine Verwandtschaft mit den Evangelien aufweisen
– wie die Vermehrung von Brot oder die Verwandlung von Wasser in Wein –, so sollten wir nicht vergessen, daß sich derartige
Wunder in vielen Fällen wirklich ereigneten – durch die mensch-
liche Arbeit.

Vor allem jene Völker, die, wie die Franken, schon sehr frühzeitig zum christlichen Glauben übergetreten waren, weil sie
einsahen, daß dies ihre Ansiedlung auf den Territorien des Römischen Reiches sowie den Erfolg über ihre Gegner erleich-
terte, begünstigten die Ausdehnung der römisch-christlichen
Ernährungsweise nach Nordeuropa. In den Berichten, die der
Festigung ihrer Macht und des gleichzeitigen Sieges des «wahren» Glaubens über die arianische Häresie gedenken, nimmt der
Wein für die politische und kulturelle Legitimation eine bedeutende, strategisch zentrale Rolle ein. In dem von Hincmar von
Reims im 9. Jahrhundert verfaßten *Leben des heiligen Remigius*
wird erzählt, daß der Bischof von Reims, Remigius, dem von
ihm zum Christentum bekehrten und getauften Chlodwig, Ver-
teidiger des römischen Glaubens und Begründer der fränkischen Vormacht, der im Begriff war, den entscheidenden An-
griff gegen den arianischen Westgotenkönig Alarich zu unternehmen, eine Flasche Wein «als Segnung» überreichte, aus der
er Kraft und Enthusiasmus für den Kampf geschöpft haben soll,
solange der Wein reichte. Auf wundersame Weise «trinkt der
König gemeinsam mit der ganzen königlichen Familie davon
und ebenso eine große Menge aus dem Volk. Und sie sättigten
sich damit im Übermaß, aber der Wein ging nie zur Neige. Er
sprudelte immer weiter aus der Flasche wie aus einer Quelle.»
Und er führte sie, natürlich, zum Sieg. Hincmar versäumt
nicht, seinen Bericht durch die Erwähnung einer Episode aus
dem ersten *Buch der Könige* zu bekräftigen, in dem andere wun-

dersame Behältnisse von – man beachte – Mehl und Öl über-
quollen: «Das Mehl im Topf wurde nicht verzehrt, und dem
Ölkrug mangelte nichts ...»

Die Weinkultur setzte sich nicht ohne Widerstände durch. Als
der im 6. Jahrhundert lebende Nachfolger Chlodwigs, Childe-
bert, dem Mönch Carilef befahl, sich von dem Waldgrundstück
zu entfernen, das dieser unerlaubt besetzt und bewirtschaftet
hatte, reichte dieser ihm schweigend eine Schale des Weines,
den er aus den wenigen dort angepflanzten Rebstöcken gewonnen hatte. Der König lehnte die Friedensgeste ab und äußerte
sich verächtlich über diesen «gewöhnlichen Saft». Vielleicht
trank er üblicherweise Bier; oder bevorzugte er eher Qualitätswein? Wie dem auch sei, er sollte es bereuen. Auf dem Rückweg
scheute das Pferd an einer bestimmten Stelle wie durch einen
Zauber und weigerte sich weiterzugehen. Der König ward sich
seiner Schuld bewußt, versöhnte sich mit Carilef und bat den
Mönch, ihn mit dem Wein zu segnen, den er zuvor verschmäht
hatte. Zum Zeichen der Freundschaft trank er davon einen ganzen Kelch. An anderer Stelle wird die Gegenposition zur Bier-
kultur ausführlich dargelegt. Oder vielmehr zum Bier-*Kult*, da
dieses Getränk in den Riten gewisser heidnischer Völker Nordeuropas eine heilige Rolle spielte, alternativ zu der des Weines in
der christlichen Liturgie. Als sich der heilige Columban Anfang
des 7. Jahrhunderts bei den Schwaben aufhielt, «fand er, als der
die Gegend durchzog, wie die Einwohner eines heidnischen
Dorfes Opfer begehen wollten: Sie hatten ein großes Gefäß, das
bei ihnen Cupa hieß und das ungefähr zwanzig Eimer hielt, mit
Bier angefüllt und in ihre Mitte gesetzt. Auf Columbans Frage,
was sie damit wollten, sprachen sie, sie bringen ihrem Gott
Wodan (den andere Merkurius nennen) ein Opfer. Wie er von
diesem scheußlichen Werke hörte, blies er das Faß an, und siehe
da, es löste sich mit Gekrach und sprang in Stücke, so daß alles
Bier augenblicklich herausströmte. Da zeigte es sich klar, daß
der Teufel in der Kufe verborgen gewesen war, der durch das
irdische Getränk die Seelen der Opfernden fangen wollte.»

Das *Leben des heiligen Columban*, der Text, der uns diese dramatische Episode schildert, schließt allerdings Formen herz-
licher Gemeinschaft der guten Christenmenschen mit dem
«gotteslästerlichen Getränk» nicht aus (unter der Bedingung,

versteht sich, es nur gegen den Durst zu trinken). Columbans Schüler Ionas erläutert uns, daß das Bier durch die Gärung von Weizen oder Gerste hergestellt wird, «und es ist bei allen Völkern der Welt zu finden mit Ausnahme der Skordisker und der Dardaner, aber vor allem bei den Leuten, die am Meer wohnen, also in Gallien, in der Bretagne, in Irland, in Germanien und bei den anderen, die ähnliche Bräuche pflegen». Im Kloster von Luxeuil, das sich, von Columban auf den Ruinen der antiken Thermalstadt errichtet, im Königreich Burgund befand, war es anfangs das gewöhnliche Getränk der Mönche, die davon Tag für Tag bei Tisch ein im voraus festgelegtes Maß erhielten. Columban selbst, so Ionas, mußte einmal intervenieren, um ein Faß Cervisia zu retten, das der Bruder Kellermeister unverschlossen gelassen hatte, während die Flüssigkeit daraus in einen Krug lief. Nachdem er sich der unverzeihlichen Vergeßlichkeit bewußt geworden war, rannte er, auf das Schlimmste gefaßt, in den Keller. Doch nicht einmal ein einziger Tropfen der Flüssigkeit war auf den Boden gespritzt, und «man hätte glauben können, das Behältnis habe seine Höhe verdoppelt», so viel Schaum hatte sich darauf angesammelt. Der Kellermeister zögerte nicht, dies der wundersamen Hand seines Abtes zuzuschreiben. Das *Leben des heiligen Columban* berichtet sogar von einer Vermehrung von Brot und Cervisia, was dem Getränk des Nordens eine einzigartige und unerwartete evangelische Würde verlieh. «Vater, wir haben nichts als zwei Brote und ein wenig Cervisia»; aber alle tranken und aßen, bis sie satt waren, und die Körbe und Krüge wurden voller, statt sich zu leeren.

Die Kultur des Weines vermischt sich also mit der des Bieres. Im 9. Jahrhundert legte das Konzil von Aix eine Art «Korrespondenzverzeichnis» für die Mengen an Wein oder Bier fest, die die Kanoniker täglich konsumieren durften: «Jeden Tag erhalten sie fünf Pfund Wein, wenn die Gegend es hergibt. Wenn sie davon wenig erzeugt, erhalten sie drei Pfund Wein und drei Pfund Cervisia. Erzeugt sie überhaupt nichts, so erhalten sie ein Pfund Wein [offensichtlich gekauft oder von außen angeliefert] und fünf Pfund Cervisia.» Aus dem Text geht hervor, daß der Wein mittlerweile nicht bloß für das wohlschmeckendste und nahrhafteste, sondern auch für das wichtigste Getränk gehalten wird. Über die Mönche von Fulda wird berichtet, daß sie sich zur Buße des Weines enthielten und nur Wasser oder Cervisia tranken.

Hauptsächlich die Trinkgewohnheiten in Frankreich und Deutschland waren durch diese Symbiose gekennzeichnet. Aber auch die Britischen Inseln wurden davon berührt, selbst wenn sich noch im 12. Jahrhundert Heinrichs II. Plantagenet weigerte, Wein zu trinken, den er für ein «fremdartiges» Getränk hielt (und wir wissen, daß man an der Tafel Ylispons, des Herrn der Bretagne, im 9. Jahrhundert Milch trank). Ihrerseits wurden die Länder des Mittelmeerraums stark von den kulturellen Beiträgen der «Barbaren» geprägt. Man denke nur an die (noch heute vorhandene) Bedeutung des Biers auf den spanischen Tischen.

Entsprechend scheint sich in dem aus den barbarischen Invasionen hervorgegangenen Europa eine bis dahin unbekannte Verbindung der Fleischkultur mit der des Brotes zu vollziehen, so daß beide Lebensmittel schließlich den (nicht weniger ideologisch als materiellen) Status von unabdingbaren Grundnahrungsmitteln genießen. Wie wir sehen werden, wird es zwischen ihnen nicht an Spannungen und Gegensätzlichkeiten fehlen; doch wird es auch eine substantielle Übereinstimmung geben und eine, nennen wir es einmal so, reziproke Solidarität. Über Hugo, Abt von Cluny in der zweiten Hälfte des 11. Jahrhunderts, schreibt sein Biograph, daß er sich bemühte, alles Notwendige an die Armen zu verteilen: *panes et carnes,* die er dem Kloster von dessen Besitzungen und den Märkten zufließen ließ. «Und Massen von Brot und Mengen von Fleisch sammelten sich um ihn her.»

Wollen wir es «römisch-barbarisches» Ernährungsmodell nennen?

5. Die Völlerei und das Fasten

Überhaupt hatte sich die Einstellung zum Essen grundlegend gewandelt. Für die griechische und römische Kultur war das höchste Ideal das des Maßes: mit Genuß essen, aber ohne Gier, die Speisen großzügig anbieten, aber nicht damit prahlen. Das war die Verhaltensregel, die literarische Beispiele als vorbildlich empfahlen und die einer kollektiven Bewunderung würdige Persönlichkeiten kennzeichnete. Über einen Kaiser wie Alexander Severus schreibt sein Biograph: «Seine Tafel war weder zu üppig noch zu kärglich, aber äußerst schmuck.» Außerdem habe er sich alle Speisen immer in vernünftigem Maß servieren lassen. Überflüssig zu erwähnen, daß es für jenen Alexander Severus, der sich in dieser Weise benahm, einen oder zwei Trimalchios gab, die sich in gegenteiligem Sinne aufführten. Gier und Verschwendung sind in der Geschichte dauernd präsent, ebenso Knausrigkeit und Lebensüberdruß. Sicher ist jedoch, daß diese Kultur in der Ausgeglichenheit den höchsten Wert erkannte und jede Verhaltensweise, die dieser Auffassung nicht entsprach, verwarf. Exzesse beim Nahrungskonsum oder übertriebener Verzicht werden mit Verachtung oder Mißtrauen von jenen berichtet, die uns derartige Erinnerungen überliefert haben. Als Aischines und Philokrates «den Philipp lobten und ihn den trefflichsten Redner, den schönsten Anblick und den stärksten Trinker nannten, fühlte er sich gedrungen, hämisch zu spotten: das erste sei ein Lob für einen Sophisten, das zweite für ein Weib, das dritte für einen Schwamm, aber keins für einen König». Dieser Aussage Plutarchs ließen sich viele weitere hinzufügen: jene Xenophons, der die Mäßigung beim Essen als «den wichtigsten Bestandteil der Erziehung eines Mannes oder einer Frau» bezeichnet; jene Suetons, der Tiberius verachtet, weil dieser eine Person in die Quästur berufen habe, die durch das Aussaufen einer ganzen Amphore Wein auf einem Bankett aufgefallen sei; und viele weitere.

Im Gegensatz dazu stellt die kulturelle Tradition der Kelten und Germanen den «großen Esser» als positive Persönlichkeit dar, die gerade durch diese Verhaltensweise – viel essen und trinken – eine rein tierische Überlegenheit über ihresgleichen ausdrückt. Nicht grundlos sind in jenen Gesellschaften aus der Tierwelt entlehnte Eigennamen so sehr verbreitet; hauptsächlich von wilden und aggressiven Tieren. Man bedenke, wie viele Bären und Wölfe die europäischen Landkarten seit dem 5. Jahrhundert übersäen. Das Ideal des Maßhaltens stößt in den herrschenden Schichten des neuen Europa auf wenig Verständnis. Dies gilt vor allem für die Regionen mit stärkerem «barbarischen» Einfluß, in denen das Bild des verdienten Kriegers dem eines Mannes entspricht, der imstande ist, enorme Mengen von Lebensmitteln und Getränken zu verschlingen. Das ist der Held, den uns die germanische Mythologie und die Ritterepen beschreiben; das ist die Art von Konsument – kräftig, gefräßig, unersättlich –, den man bevorzugt und schätzt. «Ich verstehe eine Kunst, die zu erproben ich voll bereit bin: hier ist niemand anwesend, der sein Essen schneller verzehren wird als ich», verkündet Loki in der isländischen *Edda*-Sage und lädt die Umstehenden dazu ein, mit ihm um einen übervollen Trog mit Fleisch zu wetteifern. Ein Mann namens Logi nimmt die Herausforderung an und besiegt ihn, indem er das gesamte Fleisch mit den Knochen verspeist und schließlich auch noch den Trog selbst. Dann tritt Thor an und versucht sich in einem Wettkampf aus dem Trinkhorn. Dies sind Bekundungen animalischer Kraft, Zurschaustellungen physischer Energien, die noch lange Zeit in der europäischen Literatur wiederkehren werden.

Als Karl der Große bemerkt, daß einer seiner Tischgenossen auf animalische Weise eine große Menge Knochen abnagt, zermalmt, ihnen das Mark aussaugt und die Reste unter den Tisch wirft, zögert er nicht anzuerkennen, daß es sich um einen «sehr starken Soldaten» handeln müsse, und vergleicht ihn mit Adalgiso, dem Sohn des Langobardenkönigs. «Er aß wie ein Löwe, der die Beute verschlingt», wird über ihn berichtet, und die unverhohlene Bewunderung der Anwesenden ist der beste Beweis dessen, was man damals unter «Männlichkeit» verstand. Im Grunde hatte Aristophanes recht: «Die Barbaren halten dich nur dann für einen Mann, wenn du fähig bist, einen ganzen Berg zu verspeisen.»

Vor allem die Lebensweise des fränkischen Adels scheint von derartigen Werten geprägt, die sich als wahre gesellschaftliche Verpflichtungen abzuzeichnen beginnen. Der Biograph Odos, des Abtes von Cluny, der von Kindheit an eine ungewöhnliche Neigung zur Anspruchslosigkeit bewiesen hatte, kann nicht umhin darzulegen, wie sehr dies «der Natur der Franken widersprechen» würde. Und als nach dem Erlöschen der karolingischen Dynastie im Jahre 888 ein adliger Italiener, Herzog Wido von Spoleto, vom Bischof von Metz als möglicher Kandidat für den französischen Thron eingeladen wurde, überreichte man ihm «nach der Gewohnheit der Franken eine große Menge von

Lebensmitteln». Doch wurde man gewahr, daß Wido sich mit wenig zufriedengab. Und genau aus diesem Grunde wurde ihm der Thron verweigert, wie uns ein Autor des 10. Jahrhunderts, Liudprand von Cremona, versichert. Seine Wahlmänner waren der Ansicht, unter den Attributen eines Königs dürfe ein gesunder Appetit nicht fehlen.

Demselben Autor zufolge war der «Beherrscher der Griechen» Nikephoros Phokas (Kaiser von Byzanz) eine verachtenswerte Gestalt, da er Gemüse liebte und genügsam war. «Der Franken König», Otto I., war dagegen ein großer Mann, der «nie geizig ist» und billiges Essen verschmähte.

Auch innerhalb der kirchlichen Welt läßt sich eine analoge Gegenüberstellung der Ernährungsgewohnheiten zwischen mediterranen und kontinentalen Regionen, zwischen «römischer» und «barbarischer» Welt bemerken. Es ist bezeichnend, daß sich die Kirche Nordeuropas dem Problem des «Vielessens» gegenüber besonders sensibel erweist; so sensibel, daß sie in den Ernährungsvorschriften für die Angehörigen des Klerus «normale» Essensrationen vorsieht, die die römische Kurie nicht zögert, deftig zu nennen. Bezugnehmend auf die im Jahre 816 für die Kanoniker von Aachen festgelegten Mengen an Nahrungsmitteln und Getränken, drückte die Lateransynode vom Mai 1059 die Meinung aus, es handele sich um Rationen, die «eher der Gefräßigkeit von Zyklopen entsprechen als christlicher Enthaltsamkeit». Umgekehrt sind die Klosterregeln Nordeuropas (es genügt, an jene des Iren Columban zu erinnern) die härtesten und rigorosesten, wenn es um die Festlegung von Fastenvorschriften, Bußübungen und Nahrungsentzug geht. Auch das ist eine eindeutig polemische Reaktion auf das oben geschilderte Eßverhalten. Abgelehnt wird eine Gesellschaft, die dem Essen den ersten Platz unter den weltlichen Werten einräumt. An erster Stelle unter den spirituellen soll hingegen der Nahrungsverzicht stehen. Die im Mittelmeerraum ausgearbeiteten Klosterregeln (beispielsweise die «des Meisters» genannte, die von Benedikt von Nursia stammt) unterscheiden sich dagegen durch ein feineres Gefühl für die Ausgeglichenheit, die individuelle *Mäßigung*, diese große benediktinische Tugend, in der sich beinahe die christliche «Übersetzung» des griechisch-römischen Begriffs des Maßes, der *discretio*, erkennen läßt.

Man kann gleichwohl nicht behaupten, die christliche Kultur sei insgesamt durch den Begriff der Mäßigung geprägt gewesen. Die Dokumente verweisen auf starke Widerstände gegen die Übernahme dieses Ideals, dem gegenüber man häufig harte, aber zeitlich begrenzte Praktiken der Askese, der Entbehrung und des Verzichts bevorzugte. Dies sind die Werte, die sich durchsetzen, die *maximalen* Ziele, die Vorbilder eines vollkommenen Lebens, die einige bis zur Heiligkeit leiten können und die sich vielen anderen zur Bewunderung darbieten. Auf jeden Fall war die erste und grundlegende Regel (gewiß nicht die einzige; aber für lange Zeit wurde sie für die beste zur Erlangung des Heils gehalten) der klösterlichen Lebensweise der Verzicht auf den Fleischgenuß. Diese Entscheidung war um so rigoroser und obsessiver, als es sich dabei um das wichtigste Nahrungsmittel der herrschenden Gesellschaftsschicht handelte – und ihr entstammte der Großteil der Mönche. An ihren Werten – im negativen Sinne – orientierte sich die monastische Kultur.

Was die Welt des Bauerntums und der «Armut» angeht, von der die Mönche vorgaben, sie zum Vorbild des eigenen Lebensstils nehmen zu wollen, so sind wir sicher, daß sie die Werte der adligen Kultur eher teilte als die der klösterlichen. Auf die Armut hätten die Bauern gern verzichtet. Im Unterschied zum Adel konnten sie es sich nicht leisten, viel zu essen. Doch dürfen wir nicht glauben, sie hätten sich das nicht gewünscht. Sie beschränkten sich darauf, von der Völlerei zu träumen (später wird uns die Literatur außergewöhnliche Zeugnisse der Vorstellungskraft des einfachen Volkes in Erinnerung rufen, die auf mythische Länder wie Schlaraffia projiziert wurde), oder praktizierten sie sogar in unregelmäßigen Abständen anläßlich bestimmter Feste oder besonderer Gelegenheiten. Aber die kulturelle und die psychologische Perspektive waren identisch: Es war die einer Welt, die wir uns nicht immer vom Hunger gepeinigt vorstellen dürfen; sehr wohl aber von der *Angst* vor dem Hunger. Und nichts anderes als diese Angst fordert dazu auf, krampfhaft zu konsumieren, *wenn* es etwas zu essen gibt. Selbst die Mönche aßen außerhalb der Fastenzeit «unvernünftig und zuviel». M. Rouche hat berechnet, daß in den reichsten Klöstern die täglichen Rationen kaum unter 5–6000 Kalorien sanken – so groß war die «Besessenheit vom Essen, die Bedeutung, die ihm zugeschrieben wurde, und, als Gegengewicht dazu, das Leiden (und die Verdienste) der die Nahrung betreffenden Kasteiung» (L. Moulin).

Unterschiedliche und entgegengesetzte Konsumformen und Ernährungsweisen zeichnen sich also in der europäischen Gesellschaft während der Morgendämmerung ihrer Geschichte ab. Aber es gibt eine Logik, die sie miteinander verbindet, eine Art Kreislauf, in dem sie aufeinander folgen. Die Polarität von «römischer» und «barbarischer» Gewohnheit wird überlagert durch jene von «monastischer» und «adliger». Zwischen ihnen findet ein kompliziertes Spiel statt, in dem der Einsatz die kulturelle Hegemonie ist; ein Spiel mit vielen Gesichtern und Valeurs, in dem sich die Werte der sozialen Ethik mit denen der religiösen Moral messen, die Gründe des Hungers mit denen der Macht (ohne dabei andere Variable zu vergessen, wie das Vergnügen oder die Gesundheit, auf die zurückzukommen wir die Möglichkeit haben werden).

[handschriftliche Randnotiz: römisch-barbarisch monastisch-weltlich]

Die Angelegenheit kompliziert sich dann in diesem Moment, als ein Souverän germanischer Herkunft, der tief in der Kultur seines Volkes und seiner Klasse verwurzelt ist, von den Umständen gezwungen wird, die Kleider zu wechseln und die Gewänder des römischen Kaisers anzulegen, mit der ganzen Bürde der Ausgeglichenheit und Mäßigung, die diese Stellung verlangt – ein wenig lästig für einen «Barbaren». Es handelt sich um Karl den Großen, in dessen Ernährungsverhalten (oder wenigstens in seinem tradierten Bild) wir mühelos die Zeichen einer tiefen Spannung ausmachen können, eines schwer auflösbaren Widerspruchs zwischen Erfordernissen unterschiedlicher Natur: König der Franken und römischer Kaiser zu sein sowie obendrein noch Christ. «In Speise und Trank war er mäßig», beginnt sein Biograph, der getreue Einhard, und kann auch gar nicht anders. Zum einen, weil sich ein christlicher Fürst so zu verhalten hat, zum anderen, weil Sueton dasselbe in der Biographie des Augustus geschrieben hatte, die für Einhard das grundlegende literarische Vorbild ist. Doch sofort muß (oder besser: will) er sich korrigieren: Karl war zwar maßvoll beim Essen und Trinken, «mäßiger jedoch noch im Trank. (...) Im Essen jedoch konnte er nicht so enthaltsam sein, vielmehr klagte er häufig, das Fasten schade seinem Körper.» Auch in der Darstellung des üblichen

Menüs Karls des Großen spürt man diesen Widerspruch zwischen der christlichen Ethik des Maßhaltens und dem kriegerischen Bild der Nahrungsfülle. Tatsächlich behauptet Einhard, beim täglichen Abendessen des Kaisers «wurden nur vier Gerichte aufgetragen». Dabei ist der Kontrast zwischen der – objektiv – stattlichen Zahl der Gänge (vier) und dem Adverb «nur» *(tantum)* von Bedeutung, mit dem Einhard sie charakterisiert. Dies um so mehr, da in der Rechnung – beinahe so, als wäre er eine Selbstverständlichkeit – der Braten nicht aufgeführt ist, «den ihm die Jäger am Bratspieß zu bringen pflegten und der ihm lieber war als jede andere Speise». Wenn also die vorgeschriebenen Regeln unter formalen Gesichtspunkten die des christlichen Maßhaltens sind, bleibt doch auch das Bild des kräftigen Fleischverzehrers bewahrt und geht eindeutig daraus hervor. Nicht ohne Grund litt Karl der Große im Alter unter Gicht, wie viele seines Standes. «Aber auch damals», versichert uns Einhard, «folgte er mehr seinem eigenen Gutdünken als dem Rat der Ärzte, die ihm beinahe verhaßt waren, weil sie ihm rieten, dem Braten, den er zu speisen pflegte, zu entsagen und sich an gesottenes Fleisch zu halten.» Um mehr wagte man ihn nicht zu bitten, aber noch nicht einmal das wurde erreicht.

Geschmacksfragen, sicher; doch die Anthropologen haben uns gelehrt, daß sich das Bild der auf dem Feuer, direkt über der Flamme gebratenen Nahrung mit ganz anderen kulturellen Begriffen verbindet als jenes, das durch kochendes Wasser hervorgerufen wird: nämlich mit Begriffen von Gewalt, Heftigkeit, Kampfeslust, eben mit einer engeren Anbindung an das Bild von der «wilden» Natur.

6. Weiden und Wälder

Die systematische Verbindung der herkömmlichen landwirtschaftlichen Aktivitäten mit der Nutzung unkultivierter Flächen ist der bestimmende Wesenszug der europäischen Wirtschaft vom 6. bis mindestens zum 10. Jahrhundert. *Weiden und Wälder* ist ein häufig anzutreffender Doppelbegriff in den kartographischen Dokumenten dieser Zeit, um die engmaschige Gleichzeitigkeit von kultivierten und ungenutzten, von benach-

barten, vermischten, ineinander übergehenden Flächen zu kenn-
zeichnen in einem Mosaik von Landschaftsformen, dem ein
vielfältiges und zusammengesetztes Ganzes erzeugerischer Aktivitäten entspricht: Getreideanbau und Gartenbau, Jagd und
Fischerei, Tierzucht in Freiheit, Sammeln wildwachsender
Früchte. Damit ging ein stark gegliedertes und differenziertes
Ernährungssystem einher, das Produkte vegetarischen Ursprungs
(Korn, Hülsenfrüchte und anderes Gemüse) regelmäßig mit solchen von Tieren (Fleisch, Fisch, Käse, Eier) kombinierte. Man
beachte, daß dies aufgrund eines Zusammenwirkens milieu-
bedingter und sozialer Faktoren alle sozialen Schichten betraf.
An erster Stelle gestattete das zahlenmäßig günstige Verhältnis
zwischen Bevölkerung und Ressourcen, das Überleben auch
mit einem wenig einträglichen Produktionssystem wie jenem
zu sichern, das auf der extensiven Nutzung unkultivierter Flächen basierte. Zweitens untersagten die Besitz- und Produktionsverhältnisse niemandem die direkte Nutzung jener Flächen, auch wenn diese dem König, einem anderen Herrscher
oder einer kirchlichen Institution gehörten. Die Wälder und
Weiden waren so zahlreich, daß in irgendeiner Weise alle Zugang zu ihnen hatten. Die zwischen dem 6. und 8. Jahrhundert
verfaßten Gesetze der germanischen Völker scheinen sich mehr
um den Andrang in den Wäldern als um die Festlegung der
Raine zu sorgen. Besondere Bestimmungen, die den Abtrans-
port des erlegten Wildbrets betreffen, scheinen – nach ihrer Re-
gelung zu urteilen – nicht weniger wichtig zu sein als der Schutz
der Obst- und Gemüsegärten. Gewiß gibt es Unterschiede: Die
Gesetzgebung der Westgoten Spaniens, die mehr an die römische Kultur und mithin an einen rein mediterranen Lebensraum
gebunden ist, berücksichtigt die Feldarbeit und die Erzeugnisse
des Ackerbaus mehr als andere. Insgesamt aber ist die Tendenz-
wende offensichtlich, die sich in der europäischen Kultur und
Wirtschaft vollzogen hat.

Abhängig von diesen Umständen entwickelte sich damals der
Begriff «Hungersnot». Ein vielfältiger und komplexer Begriff,
da die Möglichkeit einer Nahrungsknappheit an die produktive
Entwicklung verschiedener wirtschaftlicher Sektoren gebunden
war und damit an unterschiedliche jahreszeitliche Rhythmen.
Die «Hungersnot des Forstes» wurde in ihren Auswirkungen

nicht weniger gravierend empfunden – und war es offensichtlich auch nicht – als die «landwirtschaftliche Hungersnot». Ein
günstiges Klima für die Vermehrung der Fische oder das Reifen
der Eicheln, das wiederum eine erfolgreiche Schweinemast
ermöglichte, war nicht weniger wichtig als der gute Verlauf der
Ernte und der Weinlese. Die Vielfalt der Faktoren, die zu beachten war, kommt in einem Bericht Gregors von Tours über
die Produktionskrise des Jahres 591 klar zum Ausdruck. Er
schreibt: «Es gab eine ungeheure Dürre, die alles Grasfutter
mißraten ließ; daher brach eine schwere Krankheit unter den
Schafen und dem Zugvieh aus, und es blieb wenig zur Nach-
zucht übrig. (...) Und diese Seuche wütete nicht allein unter
den Haustieren, sondern selbst unter dem ungezähmten Wild.
Denn im Dickicht der Wälder fand man eine große Menge von
Hirschen und anderen Tieren verendet.» Dann folgten starke
Regenfälle, die die Flüsse überlaufen und das Heu verfaulen ließen; auch die Getreideernte fiel gering aus, während die Weinlese aufgegeben wurde. Was die Eicheln betrifft, so «gelang es
ihnen nicht zu reifen, nachdem sie gesprossen waren». An anderer Stelle erzählt Gregor, daß der Winter des Jahres 548 ausgesprochen streng war. «Auch die Vögel wurden von Kälte und
Hunger matt und ließen sich ohne listige Einrichtung mit der
Hand fangen (...).» Der Frost wird also ebenfalls – wenn man
so sagen darf – unter forstwirtschaftlichen Vorzeichen «interpretiert», nämlich mit Bezugnahme auf die Auswirkungen, die er
auf die Jagd hatte.

Entsprechende Hinweise geben andere Chronisten. Im Jahre
872 schreibt Andrea da Bergamo, der Reif habe die ganze Vegetation erfrieren lassen «und dabei die jungen Blätter des Waldes
ausgetrocknet». 874, erinnern die *Annalen von Fulda,* fiel der
Schnee ohne Unterbrechung von den ersten Novembertagen
bis zur Tag- und Nachtgleiche des Winters «und hinderte die
Menschen daran, den Wald zu betreten».

Auch private Schriftstücke bringen derartige Besorgnisse
zum Ausdruck. Ein italienisches Inventar aus dem 8. Jahrhundert versäumt beim Auflisten der Einnahmen eines landwirtschaftlichen Betriebes nicht zu erwähnen, daß die Schätzung
nur für beste Wetterbedingungen Gültigkeit habe; solche Bedingungen, die dem Korn und den Trauben ein gutes Wachstum

sichern, den Eicheln das Reifen auf den Bäumen, den Fischen die Vermehrung in fließenden Gewässern und Teichen. Vor allem den Süßwasserfischen widmete man damals Aufmerksamkeit, in sichtlicher Umorientierung vornehmlich auf den internen Verbrauch statt auf den Markt. Man versuchte, die Nahrung *in loco* aufzutreiben, und die Fischerei gestaltete sich eher wie eine Wirtschaft der Sümpfe, Flüsse und Seen als eine des Meeres – ein weiterer wichtiger Unterschied zur römischen Wirtschaft. Da singt ein Dichter, Sidonius Apollinaris, Loblieder auf den Hecht, den die Römer geringschätzten. Da feiert Gregor von Tours die Forellen des Genfer Sees als «bis zu hundert Pfund schwer», während die des Gardasees von den Inventaren des italienischen Klosters von Bobbio in Erinnerung gerufen werden. Da sind die englischen Störe und die aus dem Po. Da sind die Aale, die in vielen Regionen die meistbegehrten Fische zu sein scheinen: das Salische Gesetz erwähnt keine anderen. Und schließlich der Lachs und die Lamprete; und die Karpfen, Schleien, Schwarzgrundeln, Barben ... und Krebse – sämtlich aus dem Süßwasser.

Alle konnten sich also bei der Vorratsbeschaffung auf verschiedene Nahrungsquellen verlassen. Fleisch und Fisch (und Käse und Eier) fehlten neben Brot, Mehlbreien und Gemüse auf keinem Tisch. Zur Beschleunigung dieser Nahrungsvervollständigung trug auch die Kirchengesetzgebung bei, die den Verzehr von Fleisch und in manchen Fällen auch den aller tierischen Erzeugnisse an manchen Tagen, Wochen oder Perioden des Jahres untersagte; wie man errechnet hat, an insgesamt über 150 Tagen im Jahr, von kleinen bis zu großen Fastenzeiten. All das, was sich außerhalb einer stark auf das Fleisch ausgerichteten Eßkultur schwer erklären ließe, bedeutete de facto, den Wechsel unterschiedlicher Produkte auf denselben Tischen zu beschleunigen; bedeutete, periodisch Fleisch durch Fisch oder Käse (noch besser aber durch Hülsenfrüchte) sowie tierische Fette durch Pflanzenöl zu ersetzen. Auf diese Weise wirkte auch der liturgische Kalender auf die Ernährungsweise ein und begünstigte damit die Herstellung homogener Gewohnheiten in den unterschiedlichen Regionen Europas.

Im Innern dieser gemeinsamen Kultur blieben nicht nur die Zeichen einer unauflösbaren Dichotomie bestehen. Es zeichneten sich auch wichtige soziale Unterschiede ab. In den Gebieten Mittel- und Nordeuropas übernahmen hauptsächlich die oberen Schichten, Laien und Kleriker, die «Mode» von Brot, Wein und Öl. Die niederen Schichten blieben mit größerer Festigkeit ihrer traditionellen Ernährung verhaftet, der sich gelegentlich – wie wir im Fall des Bieres gesehen haben – wichtige Elemente des religiösen Rituals hinzugesellten. Umgekehrt glichen in den Gebieten, die erst kürzlich der Macht und Kultur der germanischen Völker unterworfen worden waren, vor allem die oberen Schichten ihren Lebens- und Ernährungsstil den neuen Gegebenheiten an, indem sie die Jagdleidenschaft und den hohen Fleischverbrauch übernahmen, während die unteren Schichten der herkömmlichen Ernährungsweise verbunden blieben: Das Bild des «armen» Gemüseessers, das uns in zahlreichen literarischen Texten jener Zeit überliefert wurde, ist nicht bloß eine ideologische Konstruktion. Auch muß man zwischen solchen Regionen unterscheiden, in denen es zu einer starken und schnellen Vereinigung der neuen Herrschaftsgruppen mit den Überresten der alten kam – so war es in Frankreich –, und Regionen wie Italien, in denen die Auseinandersetzung lange anhielt und gnadenlos war. Hier vor allem Risse und Widersprüche; dort die solidarische Herstellung einer neuen politischen Realität. Analoge Begebenheiten ließen sich in sämtlichen kulturellen Bereichen wiederfinden. Es bleibt der Umstand, daß man überall – auch im Süden Europas, auch in den untersten Schichten – begann, mehr Fleisch als in der Vergangenheit zu essen, während das Brot den Norden eroberte.

7. Die Farbe des Brotes

Der römische Getreideanbau hatte auf den Weizen gesetzt; er war für den städtischen Markt bestimmt, von dessen Nachfrage zu einem bedeutenden Teil die Wahl des anzubauenden Korns abhing. Nach der Krise des 3. Jahrhunderts änderten sich die Dinge fortwährend: Zum Schaden des Marktes gewann die Rolle des Eigenkonsums an Bedeutung. Gegenüber dem Weizen, der großen Arbeitsaufwand erforderte und geringe Erträge einbrachte (sogar immer geringere aufgrund der Stagnation

der Ackerbautechniken), begann man Getreide von minderer
Qualität, aber größerer Widerstandsfähigkeit zu bevorzugen,
das bessere Erträge garantierte: Roggen, Gerste, Hafer, Emmer,
Dinkel, Hirse. Der Großteil davon war seit Jahrhunderten
bekannnt und fand – am Rande – außer als Tierfutter auch in
der menschlichen Ernährung Verwendung. Andere Arten ent-
stammten jüngsten Selektionen: so der Roggen, den die römischen Agronomen nur als Unkraut kannten. Plinius bezeichnete
ihn als «die geringste Kornart», nur geeignet «um den Hunger
damit zu stillen», womit er den Nutzen aufdeckte, der ihm von
den Völkern der westlichen Alpen zugesprochen wurde. Und
doch widerfuhr diesem so «entschieden schlechten» Produkt in
den folgenden Jahrhunderten auf dem ganzen europäischen
Kontinent ein außergewöhnlicher Erfolg. Und bis ins 10./
11. Jahrhundert blieb der Roggen die am häufigsten angebaute
Getreideart – aus einem sehr einfachen Grund, den Plinius nicht
zu bemerken vergaß: «Er wächst in jedem Boden, bringt etwa
das hundertfache Korn und dient dem Acker zur Erholung.»
Die Gewinnspanne ist sagenhaft, und der Grund für seine Überlegenheit gegenüber dem Weizen ist offensichtlich: der Roggen
ist robuster und wächst überall; heute finden wir ihn in den
höchsten Höhen. Zwischen dem 6. und 10. Jahrhundert baute
man ihn auch in den Ebenen und Mittelgebirgen an, um die Risiken der Ernte auf ein Minimum zu reduzieren. Zusammen mit
dem Roggen säte man, gemischt oder daneben, viele andere Getreidesorten aus. Die Polykultur – ein weiteres Mittel, um die
Gefahren klimatischer Widrigkeiten zu verringern, indem man
die unterschiedlichen Wachstumszeiten der Pflanzen nutzte – ist
überall eine charakteristische Gegebenheit dieser Jahrhunderte.
Auch Weizen wurde angebaut, wenn auch nur in kleinen Mengen – war er doch meistens für die oberen Gesellschaftsschichten bestimmt.

Der Gegensatz zwischen diesen beiden Produkten, die sich
im Blick auf ihre eben erwähnten sozialen Konnotationen deutlich unterscheiden, kann anhand ihrer farblichen Eigenschaft zusammengefaßt werden: Weizenbrot ist weiß, das aus Roggen
oder anderen Getreidearten schwarz. Ersteres blieb den Herren
vorbehalten und war mithin eindeutig ein Luxusartikel. Bauern
und Diener aßen Schwarzbrot. Es konnte aus Roggen, Dinkel

oder einer Getreidemischung sein; eine umfangreiche Typologie signalisierte die Entsprechungen zwischen der Produkteigenschaft und dem jeweiligen Verbraucher. Dabei kann es sich darum gehandelt haben, eine gesellschaftliche Position (der Abhängigkeit oder der Befehlsgewalt) hervorzuheben oder den Willen zur Buße, zur Selbst-Demütigung zu unterstreichen. Daher rührt die symbolische Bedeutung bestimmter Verhaltensweisen, wie die des Bischofs von Langres, Gregor, der sich Bußverdienste erwarb, indem er Gerstenbrote aß (nach einstimmigem Urteil die mit Abstand schlechtesten von allen), dies aber, um nicht als stolz auf das geleistete Opfer zu erscheinen, im verborgenen tat, wobei er sie unter das Weizenbrot legte, das er den anderen anbot und ebenfalls zu essen vorgab. Allerdings ist es offensichtlich, daß die Bewertungskriterien von Region zu Region variierten, so daß beispielsweise Roggenbrot im geographischen und kulturellen Bereich Frankreichs als *billiger Kuchen* bezeichnet werden konnte, während im deutschen Einflußbereich das Adjektiv *pulchrum,* «schön», dafür verwendet wurde. Die Wertschätzung, die das schwarze Brot in Mittel- und Nordeuropa (aber schon in Norditalien beginnend) genoß, schwand schnell in den südlicheren Regionen, in denen eine größere Beständigkeit des Weizenanbaus (und generell des römischen Wirtschaftsmodells) einen gesellschaftlich weiter verbreiteten Genuß dieses Produktes begünstigte.

Nicht weniger bedeutsam waren die Gegensätze von frischem und altbackenem Brot (das erste ein Privileg einer kleinen Schicht: der großen Klöster oder der Adelshöfe), von mehr oder weniger gegorenem Brot (Gerstenbrot geht nicht auf, weil das Mehl dieser Getreideart arm an Stärke ist) und von Brot verschiedener Backarten: Wer konnte, buk es im Ofen; die anderen benutzten eine irdene Platte oder buken es in heißer Asche. Es handelte sich also vielmehr um Fladen als um echtes Brot: «Das Brot, das man backt, indem man es in der Asche wendet», schreibt Hrabanus Maurus, «ist ein Fladen.» Doch nennt man es weiterhin «Brot», wie denn auch die unglaublichen Machwerke der Hungerzeiten «Brot» genannt werden. Denn diese Bezeichnung verbindet sich mit hehren Vorstellungen. Sie ist heiliger, vielleicht sogar magischer Natur.

Oftmals war das Brot rar oder fehlte ganz. Der große Erfolg, den das evangelische Wunder der Brotvermehrung, das von einer großen Menge von Anwärtern auf die Heiligkeit immer wieder hartnäckig propagiert wurde, im christlichen Europa erlebte, ist auch Zeichen einer zu oft enttäuschten und unbeachtet gebliebenen Nachfrage. Das Übergewicht des minderwertigen Korns im Produktionssystem wies allenfalls den Polentas und Suppen eine zentrale Rolle bei der Ernährung der meisten Menschen zu. Für derartige Gerichte waren hauptsächlich Gerste, Hafer, Hirse geeignet – Getreide, das man kochen konnte, um daraus *Zukost* herzustellen: ein anderer Schlüsselbegriff der zeitgenössischen Gastronomie, der in uns das Bild eines über einer Feuerstelle an einer Kette aufgehängten Kessels wachruft. Darin wendete man immer wieder Getreide mit Hülsenfrüchten und anderem Gemüse, das mit Fleisch und Speck gewürzt wurde. Dem primären Gegensatz zwischen Broten verschiedenen Typs und unterschiedlicher Farbe gesellte sich also ein weiterer bedeutender Gegensatz zwischen Brot auf der einen und Suppen und Polentas auf der anderen Seite hinzu – und das sollte lange so bleiben.

Auch der Fleischverbrauch war sozial bedingt. Nur wenige konnten es sich leisten, frisches Fleisch zu essen. Immer neues Wildbret gelangte jeden Tag auf die Tafel Karls des Großen, wie uns sein Biograph Einhard versichert, und ähnliches muß auch auf den bedeutenden adligen Wohnsitzen geschehen sein. Die Bauern, die vor allem darauf bedacht waren, Vorräte anzulegen, verließen sich eher auf konserviertes Schweine- und Schaffleisch; in den nördlichen Regionen war es auch Rind-, Pferde- und Auerochsenfleisch. Das Fleisch von Hirschen oder Wildschweinen wurde ebenfalls geräuchert oder gepökelt – ein wunderbares Produkt –, nahezu unabdingbar für das tägliche Überleben. «Nützlich wie die Sonne», nennt es Isidor von Sevilla im 7. Jahrhundert in den Spuren von Plinius. Nur ab und an kam mit dem Hausgeflügel – Hennen, Gänse, Enten – frisches Fleisch auf den Tisch; und das war jedesmal ein Festtag.

8. Der Nutzen der Natur

Das Buch *Leben der heiligen Väter* berichtet von einem syrischen
Einsiedler, der, nachdem er sich zum Meditieren in die Einsamkeit der Wüste zurückgezogen hatte, beschloß, ausschließlich
von Kräutern und Wurzeln zu leben. Doch verstand unser Einsiedler nicht, die guten von den ungenießbaren Pflanzen zu unterscheiden. Alle schienen ihm gleichermaßen süß, aber einige
verbargen unter dieser Süße eine giftige Natur. Der Eremit
wurde von Magenschmerzen und Brechreiz gepeinigt. Die
Kräfte verließen ihn, seine Lebensenergie schien im Schwinden
begriffen. Entsetzt sah er sich nach allem um, was er für eßbar
hielt, aber er hatte nicht mehr den Mut, irgend etwas zu kosten.
Nach siebentägigem Fasten aber erschien eine Wildziege in seiner Nähe, nahm ein Bündel von Kräutern ins Maul, die der Eremit gesammelt hatte und nicht mehr zu berühren wagte, und
trennte die ungenießbaren Pflanzen von den eßbaren. Auf diese
Weise lernte der heilige Mann, was er zu sich nehmen durfte
und was nicht.

Das ist eine lehrreiche Geschichte. Sie spricht zunächst von
der Vorliebe des Eremiten – und auch von der Kultur, die er
zum Ausdruck bringt – für eine «natürliche» Ernährungsweise,
die auf der Nutzung der Vegetation beruht. Es ist eine Lebensweise, die in den Biographien der orientalischen Asketen des
4./5. Jahrhunderts regelmäßig auftaucht. Sie wird schon bald
im Westen gang und gäbe – mit einem natürlichen Unterschied.
An die Stelle der «Wüste» des Orients tritt der «Wald», der der
täglichen Erfahrung der Europäer entspricht. Und da sich die
Einsamkeit der Wälder viel besser als die Wüste für eine auf ursprüngliche Produkte gegründete Ernährung eignete, war diese
Vorstellung wesentlich besser zu verstehen und bürgerte sich
schon bald ein. Lang ist die Liste der Heiligen, die im 6. und
7. Jahrhundert in den Wäldern Europas lebten, um Gott unmittelbar nahe zu sein, und sich von Kräutern, Wurzeln, Knollen,
Beeren und Baumfrüchten nährten.

Aber im Europa jener Zeit war – im Unterschied zur syrischen Wüste – die «wilde» Ernährung des Eremiten nur das besondere Merkmal einer weitverbreiteten Lebensform. Es war
eine Erfahrung von Einsamkeit, die gleichwohl stark im gesell-

schaftlichen und ökonomischen Kontext verwurzelt war, angesichts der Bedeutung, den die Nutzung der brachliegenden Flächen im Produktionssystem gewonnen hatte. Hier kommt uns unsere Erzählung mit einem zweiten entscheidenden Hinweis zu Hilfe: Der Gebrauch natürlicher Ressourcen ist keine Frage der Improvisation, sondern erfordert einen Lernprozeß, der an die Kenntnis des Territoriums und an die Informationen seiner Bewohner gebunden ist. Wenn, in diesem besonderen Fall, der «Lehrende» ein Tier ist, so liegt das an der freiwilligen Isolation des Eremiten von der menschlichen Gesellschaft. Anderswo betreten die Jäger, die Hirten die Szene: Schweine- und Schafhirten, die den Weg weisen oder als Führer dienen. Dies geschieht in den Heiligenlegenden. Aber auch den Prozeßakten, von denen nicht wenige unter den Dokumenten des 8. und 9. Jahrhunderts erhalten geblieben sind, entnehmen wir, wie die Richter die Hirten aufsuchten, um mehr über die Grenzen, über die Gestalt des Waldes zu erfahren. Keine Spur von Naivität also. Die Nutzung der Natur (gemeint ist die Natur-*Konzeption,* die uns Lévi-Strauss vermittelt hat) ist eine eminent kulturelle Angelegenheit, und der Kontrast zwischen diesen Polen des Natürlichen und des Kultivierten, wenn er denn zum Vorschein kommt, ist eher die Frucht einer ideologischen Entscheidung als eines realen Gegensatzes.

Im übrigen ist die Grenze zwischen der Nutzung der bebauten und der unkultivierten Flächen, zwischen dem «wilden» und dem «gezähmten» Wirtschaftssystem wesentlich weniger scharf gezogen, als man denken könnte. Es ist eine bewegliche Grenze, die einmal da ist, einmal nicht, also durchaus flexibel. Die Eroberung neuen Ackerlandes und das Fortschreiten der Kultivierung geschieht nicht ohne Sinneswandel oder Phasen der Verwahrlosung. Die Domestizierung der Landschaft, der Pflanzen, der Tiere schließt verschwommene, ja zweideutige Realitäten nicht aus. Viele Pflanzen wuchsen sowohl in wildem als auch in kultiviertem Zustand; die Kultur des Gartenbaus – nicht nur für die Ernährung, sondern auch für die Pharmakologie ein Arbeitsbereich von großer Bedeutung – fügte sich in eine lang existierende Gewohnheit des unmittelbaren Umgangs mit der Pflanzenwelt ein. Selbst von den Getreidesorten waren einige das Ergebnis jüngster Veredelungen, angefangen bei ursprünglichen Pflanzen (wir haben den Fall des Roggens betrachtet; ebenso verhielt es sich mit dem Hafer). Die Ambivalenz wildwachsend–angebaut galt auch für die Obstbäume: Apfelbäume, Birnbäume, Kastanien und so weiter. Wir stehen somit einer sich ändernden Wirklichkeit gegenüber, einer Ernährungswirtschaft und -kultur, auf dem halben Weg zwischen dem Stadium des Sammlertums und dem der Kultivierung.

Das gleiche galt für die Tiere. Arten, die wir ohne zu zögern als Haustiere bezeichnen würden, existierten damals noch in ihrer Ursprünglichkeit: Der Auerochse (der berühmte Ur) wurde in den europäischen Wäldern wenigstens bis ins 9./10. Jahrhundert hinein gejagt. Tierarten, die wir für wild halten, waren damals domestiziert: Die Langobarden hielten um ihre Häuser herum Hirsche, und während der Brunftzeit störte das Röhren die Ruhe der Dörfer (deshalb befaßten sich im 7. Jahrhundert die Gesetze Rotharis damit, die Hirschhaltung zu regeln). Und was soll man über die Hausschweine sagen, die sich, in den Wäldern gezüchtet, durch ihre Gestalt, ihre Farbe und vermutlich ihren Geschmack kaum von Wildschweinen unterscheiden ließen?

Auch die Fischerei befand sich noch im Übergang zwischen natürlichem Fang und Fischzucht. So legte man Fischteiche und -gruben vorzugsweise in Wasserläufen oder Sümpfen an: *piscarias et paludes* ist eine häufige Doppelbezeichnung in den zeitgenössischen Dokumenten.

Sicher ist, daß im Laufe der Jahrhunderte die Verwertung der angebauten Pflanzen und domestizierten Tiere zu Lasten der natürlichen Grundlage von Wirtschaft und Nahrung zunahm. Es ist unmöglich, eine präzise Chronologie dieser Veränderung zu geben, die progressiv verlief und sich nicht überall im gleichen Zeitraum abspielte. Ein entscheidender Augenblick beim Zusammentreffen dieser beiden Modelle war die Wende vom 7. zum 8. Jahrhundert, als die Integration der Nutzung unkultivierter Flächen und der bisherigen Bebauungsaktivitäten wohl ein Maximum an Ausgewogenheit und gegenseitiger Ergänzung erreichte. Der Ausgang dieses Wandlungsprozesses ist schon im 11. Jahrhundert klar: Hildegard von Bingen (1098–1178) schreibt, nur angebaute Pflanzen, die vom Menschen gezüchtet und – um es so auszudrücken – nach seinem Ebenbild geschaffen seien, eigneten sich perfekt für seine Ernährung, während wildwachsende *contrariae sunt homini ad comedendum.*

Es ist offenkundig, daß es sich mehr um ein ideologisches als um ein wirtschaftliches Problem handelt. Die Quellen sind voller «Botschaften» in dem einen oder anderen Sinne und scheinen beispielsweise einen Gegensatz zwischen den «wilden» Ansichten des weltlichen Adels und den «zahmen» der kirchlichen und (vor allem) klösterlichen Welt zu suggerieren. «Warum fällst du die Wälder, in denen ich auf die Jagd gehe?» fragt Königin Brunhilde den seligen Meneleus zornig. Und über den heiligen Remigius wird geschrieben, er habe an freigelassene Leibeigene große Parzellen von Waldboden verteilt, die er von einem ihm von König Chlodwig geschenkten Forst abtrennte, damit sie ihn urbar machten und lernten, von der Feldarbeit zu leben. Überall in Europa werden die Mönche zu den Initiatoren wichtiger Rodungs- und Kultivierungsaktionen, wobei sie eine von der der Eremiten völlig verschiedene Lebens- und Ernährungsweise verkünden. Die von Jonas um die Mitte des 7. Jahrhunderts verfaßte *vita* des Abtes von Riom, Johannes, berichtet uns, daß der Heilige auf einen Armen traf, als er sich eines Tages zum Gebet zurückzog. Dieser suchte im Wald nach Früchten, um seinen Hunger zu stillen. Johannes ermahnte ihn, auf Gott zu vertrauen und seine Arbeit als Bauer wiederaufzunehmen. Der Arme kehrte auf seinen Grund und Boden zurück, dem er bald eine reichliche Ernte verdankte, und mußte seinen Lebensunterhalt nie mehr anderswo suchen.

Der emsige Unternehmergeist der Mönche – in kurzer Zeit wurden ihre Häuser zu den reichsten und mächtigsten Orten Europas – kollidierte nicht nur mit der Jagdleidenschaft des Adels, sondern nicht selten auch mit den Interessen der bäuerlichen Welt selbst, die hartnäckig die unkultivierten Flächen nutzte. Vor allem ein für das Italien des 9. Jahrhunderts bemerkenswertes Material an Rechtsurkunden befaßt sich mit zahlreichen Streitigkeiten zwischen Mönchen und Bauern wegen der Nutzung bewaldeter Flächen. Aufgrund tatsächlicher oder vermuteter königlicher Konzessionen auf diese Bereiche Besitz- und Nutzungsansprüche zu erheben, bedeutete für die großen Klöster die Vergrößerung ihrer Ressourcen und Einnahmen, für die bäuerlichen Gemeinschaften hingegen die Unterbindung

jeder autonomen Wirtschaftsweise. Die kollektive Nutzung der
Wälder war bis dahin die Grundlage ihrer Wirtschaft und der gesellschaftlichen Solidarität. Im Herzen ihrer Interessen getroffen
– die unvermeidlichen Auseinandersetzungen endeten mit der
Niederlage der Bauern –, waren deren Gemeinschaften eine
leichtere Beute der herrschaftlichen Macht.

Demographi   Unterdessen stieg die Bevölkerungszahl wieder. Nach Jahrhunderten des Rückgangs und der Stagnation ging die demographische Kurve mit Beginn des 8./9. Jahrhunderts nach oben.
Vielleicht geschah dies, da man dank der Einbeziehung von
Nahrungsquellen, über die wir ausführlich gesprochen haben,
einen günstigen Nahrungskreislauf in Gang gesetzt hatte. Vielleicht lagen dem auch ganz andere Ursachen zugrunde, denn die
demographischen Mechanismen haben ihre ganz spezifische
Autonomie. Wenn das Wachstum einerseits auf dem mühsam
herausgebildeten Produktionssystem beruhte, so konnte es
andererseits auch einen für dasselbe System zerstörerischen
Mechanismus in Gang bringen. In der Tat ließ sich im Gesell-
schafts- und Wirtschaftssystem jener Zeit die zunehmende
Nachfrage nach Nahrungsgütern nur durch eine Vergrößerung
der Anbauflächen und eine erweiterte Rolle der Landwirtschaft
gegenüber anderen Formen der Bodennutzung befriedigen.

   Die Rodungs-, Urbarmachungs- und Besiedlungsunterneh-
mungen, die sich vor allem seit Beginn des 9. Jahrhunderts durch
die Arbeit von Kirchen und Klöstern, von Adligen und bäuerlichen Gemeinden und später auch durch die Mithilfe der Städte
in allen europäischen Regionen intensivierten, waren Zeichen
einer radikal veränderten Einstellung gegenüber dem Nahrungs-
problem. Sie stellten die einfachste – und, kurzfristig gesehen,
wirksamste – Antwort auf das progressive Bevölkerungswachstum dar. In gewisser Weise war dies auch die Antwort auf die
nachdrückliche Forderung nach «Zivilisation»: Die unberührte
Natur wird von jetzt ab an den Rand der produktiven Werte und
der vorherrschenden Ideen verbannt. Es ist dies der Anfang eines großen «Booms» – oder, vielleicht, einer großen Krise.

Die Wende

9. Eine erzwungene Entscheidung

Im Jahre 883 registriert ein Inventar des Klosters von Bobbio, eines der wohlhabendsten und mächtigsten in Norditalien, die Existenz von 32 neuen Pachtgütern, die in einem früheren Inventar aus dem Jahre 862 noch keine Erwähnung gefunden haben. Dabei handelt es sich um neue Gutshöfe, die in einem Waldgebiet errichtet wurden, das sich die Mönche erst kürzlich zu kultivieren entschlossen hatten. Von Bedeutung ist der Tenor des Dokumentes, das sich gehalten sieht, dieses Ereignis zu *rechtfertigen:* «Wir haben es der Notwendigkeit halber getan», nämlich im Anschluß an eine von Kaiser Ludwig II. verfügte Verringerung des Grundbesitzes. Nur der Notwendigkeit halber *(propter necessitatem)* hatte man sich dazu durchgerungen, die Bäume zu fällen, den kultivierten Raum zu erweitern. Dieser Ausdruck ist Sinnbild eines tiefen Widerspruchs, der genau seit dem 9. Jahrhundert in den Wirtschaftsangelegenheiten Italiens, aber auch generell ganz Europas, auftaucht: Einerseits besteht der Wunsch, die unbebauten Flächen zu schützen, die für den täglichen Lebensunterhalt wichtig sind; andererseits ist es unvermeidlich, sich von eben diesen Gebieten zu befreien, wenn der Bevölkerungsdruck zu groß wird. «Getreide oder Fleisch: Die Alternative hängt von der Zahl der Menschen ab.» Dieser Aphorismus Braudels hat seine wahre Begründung in dem Umstand, daß ein Hektar Wald ein oder zwei Schweine ernähren kann und ein Hektar Wiese mehrere Schafe; ein Hektar Ackerland ist dagegen sicherlich ergiebiger, auch unter Berücksichtigung der überaus geringen Erträge in jener Zeit (bis zum 14. Jahrhundert schaffte man es kaum, ein Saatverhältnis von 3 zu 1 zu übertreffen). Gar nicht davon zu reden, daß sich Getreide mit weniger Aufwand wesentlich länger konservieren läßt als Fleisch (unter optimalen Wärme- und Feuchtigkeitsbedingungen hält sich Hirse bis zu 20 Jahre). Außerdem ist es unter dem Gesichtspunkt der Nahrungszubereitung wohl auch vielseitiger. Die Kultivierung des Bodens ist somit also zu einem gewissen Zeitpunkt eine «erzwungene Entscheidung» (V. Fumagalli) und wird vor allem anfangs bewußt so verstanden, als sich die Überwindung der traditionellen Wirtschaftsweise besonders nachdrücklich vollzieht.

Tatsache ist, daß es zwischen den beiden Produktionsbereichen (dem des Ackerbaus und dem der Wald- und Weidenutzung) nicht zu einer regelrechten gegenseitigen Ergänzung gekommen war: Ackerbau und Viehzucht waren zwar überall miteinander verbunden, aber Arbeitstiere waren selten, und der Dung verlor sich in den großen Wäldern. Vor allem deshalb blieb die Produktivität der Felder gering und machte die Erschließung weiter Flächen für die Aussaat notwendig. Die Wiesengrundstücke wurden auf das notwendige Minimum reduziert und mit ihnen auch die Stalltierhaltung, die es gestattet hätte, über eine größere Zahl an Arbeitstieren und somit eine größere Menge an Dung zu verfügen: Der Kreis war ausweglos geschlossen. Solange sich der Bevölkerungsdruck nicht bemerkbar gemacht hatte, hatte das System funktioniert. Aber jegliche Zunahme der Bevölkerung versetzte dem ohnehin instabilen Gleichgewicht, auf dem sie gründete, einen Stoß. Der *extensive* Charakter der Produktion konnte keine anderen Folgen haben als die Erweiterung des kultivierten Bodens und die Zerstörung der unberührten Natur.

Anfangs geschah dies mit großer Umsicht. Der Wald, den die landwirtschaftlichen Verträge des 9. Jahrhunderts abzuholzen auferlegten, war nur der für die Weidewirtschaft – relativ – unergiebige, das heißt, Waldgebiete, die keine Eicheln und anderes Viehfutter hervorbrachten. Im 10. Jahrhundert verlangsamte sich der Rhythmus, weil man möglicherweise schon einige der gewünschten Ergebnisse erzielt hatte; ungefähr ab Mitte des 11. Jahrhunderts wurde er wieder intensiver, und so blieb es bis in die letzten Jahrzehnte des 13. Jahrhunderts hinein. In den meisten Fällen handelte es sich um eine langsame, nahezu furchtsame (man könnte beinahe sagen: respektvolle) Erosion. Nur in einigen Gegenden nahm die Kolonisierung schließlich wahrhaft zerstörerische Formen an. Dennoch ist es unzweifelhaft, daß diese Wende stattfand: die Erwähnungen der *novalia* oder *runca*

– also Böden, die soeben urbar gemacht wurden – nehmen in den Urkunden nach 1050 rasch zu.

Die Erosion des Waldes oder in manchen Fällen seine Zerstörung war nicht das einzige Resultat dieser Agrarisierung der Wirtschaft. Er wurde nämlich auch kultiviert. In vielen Regionen Mittel- und Südeuropas war dies die Zeit der größten Verbreitung der Eßkastanie, die aus den wilden Kastanienarten gezüchtet und oftmals anstelle der alten Eichen gepflanzt wurde. Das Motiv für diese Entscheidung ist ziemlich offensichtlich. Aus Kastanien läßt sich Mehl herstellen; ihre Bedeutung für die Ernährung ist daher ähnlich der des Getreides. Nicht grundlos wird die Kastanie *albero del pane* (Baum des Brotes) genannt.

Die grundlegenden Etappen des Kolonisierungsprozesses (eine erste Welle im 9. Jahrhundert; die entscheidende Welle zwischen dem 11. und 13. Jahrhundert) scheinen auf das engste mit den wenigen Erkenntnissen zu korrelieren, die wir über die Produktions- und Nahrungskrisen besitzen – wenn wir von lokalen Hungererscheinungen einmal absehen, deren Auswirkungen wir in einer Zeit, in der der Verbrauch noch vorwiegend von den Erzeugnissen des eigenen Bodens abhing, allerdings nicht unterschätzen dürfen. So berichtet die schriftliche Überlieferung der Jahre zwischen 750 und 1100 von insgesamt 29 großen Hungersnöten. Im Durchschnitt alle zwölf Jahre eine Krise. Doch gibt es wichtige chronologische Schwankungen (wie P. Bonnassie angemerkt hat, dem diese Berechnung zu verdanken ist): Die Hungerzeiten scheinen sich hauptsächlich auf die zweite Hälfte des 8. Jahrhunderts (6 Jahre) und auf das 9. Jahrhundert (12 Jahre) zu konzentrieren; sie lassen nach im 10. Jahrhundert (kaum 3 Jahre, alle in der ersten Jahrhunderthälfte) und verschärfen sich im 11. Jahrhundert wieder (8 Jahre). Entsprechende Ergebnisse erhalten wir, wenn wir regionale oder ganze Länder betreffende Hungersnöte betrachten. In allen Fällen scheint das 9. Jahrhundert besonders schwer heimgesucht worden zu sein. Was Frankreich angeht, so spricht ein im 18. Jahrhundert verfaßtes Verzeichnis (das sicher mit Vorsicht zu behandeln ist; doch das Gesamtbild kann nicht allzu verzerrt sein) von 26 Hungersnöten während des 11. Jahrhunderts – die mit Abstand höchste Zahl in der gesamten Geschichte des Landes (erst im 18. Jahrhundert wird man mit 16 Hungerperioden einen dieser Zeit an Dramatik vergleichbaren Stand erreichen). Daher muß es kein Zufall sein, wenn eine der schillerndsten Beschreibungen von Hungersnöten in der europäischen Literatur, gemeint ist die sehr bekannte Darstellung des Chronisten Radulf Glaber, auf genau diese Periode Bezug nimmt.

Zwischen 1032 und 1033, schreibt Radulf, «begann der Hunger sich in jeden Teil der Welt auszudehnen und fast die gesamte Menschheit mit dem Tode zu bedrohen. Die klimatischen Verhältnisse waren so durcheinandergeraten, daß vor allem wegen der Überschwemmungen für keine Aussaat jemals der geeignete Augenblick kam, noch die passende Zeit für die Mahd ... Der Boden war durch die andauernden Regenfälle so verfault, daß man drei Jahre hintereinander nicht eine einzige Furche ziehen konnte, die die Aussaat gestattete. Zur Erntezeit überwucherten das Unkraut und der schädliche Lolch die gesamten Oberflächen der Felder. Wo die Ernte besser war, erbrachte ein Scheffel Saatgut bei der Ernte ebenfalls einen Scheffel (oder auch weniger als man ausgesät hatte), und aus diesem Scheffel konnte man mit Mühe gerade eine Handvoll Korn gewinnen. Diese rächende Hungersnot hatte ihren Anfang im Orient genommen. Nachdem sie die griechischen Territorien verwüstet hatte, erreichte sie Italien, verbreitete sich von dort über Gallien und peinigte schließlich jede Region Englands. Alle Bevölkerungsschichten wurden von dem Nahrungsmangel getroffen; Reiche und weniger Reiche wurden durch den Hunger ebenso kraftlos wie die Armen. Sogar die Gewalttätigkeiten der Mächtigen hörten auf angesichts der allgemeinen Not. Wenn man etwas Eßbares zu kaufen fand, konnte der Verkäufer den Preis nach seinem Belieben in die Höhe treiben und wurde es dennoch los ... Unterdessen, nachdem sie sich von Vierbeinern und Vögeln ernährt hatten, begannen die Menschen unter den schrecklichen Qualen des Hungers jede Art von Fleisch als Nahrung zu sich zu nehmen, auch das von Kadavern und andere ekelerregende Dinge. Einige von ihnen versuchten dem Tod zu entkommen, indem sie Waldwurzeln und Wasserpflanzen aßen, aber vergebens: vor dem rächenden Zorn Gottes gab es kein Entkommen.» Und dann folgen die traurig-berüchtigten Schilderungen des Kannibalismus: «In jener Zeit – o Unglück! – zwang die Raserei des Hungers die Menschen dazu, menschliches Fleisch zu verschlingen, wie man es in der Vergangenheit nur selten gehört hatte. Vorüberziehende wurden von Menschen gepackt, die stärker waren als sie, zerlegt, auf dem Feuer gekocht und hinuntergeschlungen. Viele von denen, die von einem Ort zum anderen wanderten, um dem Hunger zu entgehen, wurden des Nachts in den Häusern, in denen sie aufgenommen worden waren, abgestochen und gaben so Nahrung für ihre Gastgeber ab. Sehr viele lockten mit einer Frucht oder einem Ei kleine Kinder an, verleiteten sie, ihnen zu abgelegenen Orten zu folgen, metzelten sie nieder und fraßen sie auf. In unzähligen Orten wurden sogar die Leichname ausgegraben und zur Stillung des Hungers verwendet. So sehr griff diese wahnsinnige Raserei um sich, daß das herumstreunende Vieh vor dem Risiko der Verfolgung sicherer war als der Mensch. Als würde das Essen von Menschenfleisch etwas ganz Gewöhnliches, schaffte einer es bereits gekocht herbei, um es auf dem Markt von Tournus zum Verkauf anzubieten, so, als handelte es sich um normales Tierfleisch. Nachdem man ihn ergriffen hatte, leugnete der Mann seine Schuld nicht; also wurde er gebunden und auf dem Scheiterhaufen verbrannt. Das Fleisch wurde beerdigt, doch ein anderer grub es in der Nacht wieder aus und aß es auf, und so wurde auch er verbrannt.» Dies ist nur der Beginn grauenhafter Ereignisse, die wir vielleicht nicht ausschließlich der Rhetorik, den literarischen Zitaten oder dem Dorftratsch zuschreiben dürfen.

Analoge Berichte tauchen in vielen anderen Texten auf. Nach Adam von Bremen regierte von 1066 bis 1072 der Hunger die Stadt, so daß «viele Arme auf den Gassen ringsum tot aufgefunden wurden». Im Jahre 1083 verhungerten ebenfalls in Deutschland viele Kinder und Alte. Eine hohe Sterblichkeit auch 1094, als es – dies versichert uns die Chronik von Cosmas – wegen der vielen Toten, die den Boden bedeckten, den deutschen Bischöfen nach der Rückkehr von einer Synode in Mainz nicht gelang, die Pfarrkirche von Amberg zu betreten. Das sind nur wenige Beispiele, die man leicht weiterführen könnte: Hunger, Unterernährung, Krankheiten, Epidemien sind die herausragenden Charakteristika der europäischen Chroniken jener Zeit. Immer enger wird die Abhängigkeit von den Ernten, immer heftiger werden die Auswirkungen der klimatischen Widrigkeiten, die

die Landwirtschaft treffen. Gleichzeitig erlegt die Wahl des anzubauenden Getreides ihre Erfordernisse einer im Wachsen be-
griffenen Bevölkerung auf. Die Konsolidierungsphase dieser
neuen Produktions- und Nahrungsrealität – eben das 11. Jahrhundert – ist voller Spannungen und Brüche: Es geht darum,
ein neues Gleichgewicht zu schaffen, eine wirkliche Agrarkultur
zu *begründen,* die die vorhergehenden Jahrhunderte lediglich zum
Teil gekannt hatten. Daher rühren die Schwierigkeiten, die Schick-
salsschläge, die Erfolge, die dramatischen Hungersnöte. Daher
rührt die Verbreitung neuer, mit dem Mißbrauch des Getreides
in Zusammenhang stehender Krankheiten: Vor allem im 10. und
11. Jahrhundert wird Europa von Ergotismus-Epidemien, der
sogenannten Kribbelkrankheit, gepeinigt (einer durch den Verzehr des besonders am Roggen vorkommenden Mutterkorns,
das stark wirksame Alkaloide enthält, bedingten Hautkrankheit),
die in den Jahren 1042, 1076, 1089 und 1094 besonders virulent
war. Dann aber treten die ersten Erfolge ein: Ab dem 12. Jahrhundert scheint die Häufigkeit und die Intensität der Hungersnöte abzunehmen, scheint sich die Ernährungslage zu stabilisie-
ren – mit all den Risiken, die wir noch betrachten werden.

Der Beginn der landwirtschaftlichen Expansion fällt also im
11. Jahrhundert – wie schon in geringerem Ausmaß im 9. Jahrhundert und dann wieder im 16. und 18. Jahrhundert – mit einer
Periode wachsender Ernährungsschwierigkeiten zusammen,
die mit der bisherigen Produktionsweise nicht zu beheben war.
Können wir daraus schließen, daß die Ausweitung der Boden-
kultivierung eine Antwort auf den Mangel an Nahrung darstellt? Erinnern wir uns an das Inventar aus Bobbio: «Wir haben
es der Notwendigkeit halber getan.»

10. Die Grundlagen der Macht

Von diesem Moment an gewinnt die europäische Wirtschaft einen immer deutlicher werdenden agrarischen Charakter. Kurzfristig hätte das gleichwohl nicht ausgereicht, um substantielle
Änderungen in der Ernährungsweise der meisten Menschen
herbeizuführen, wenn sich nicht generell ein entscheidender
Wechsel in der sozialen Ordnung vollzogen hätte. Wurde der

Waldbestand auch geringer, so blieb er doch real erhalten. Was sich insgesamt änderte, war vielmehr die Einschränkung der Nutzungsrechte. Mit dem Anwachsen der Bevölkerung und der Verkleinerung unkultivierter Bodenflächen verschärfte sich die Konkurrenz um die Nutzung dieser Flächen. So wuchsen soziale Spannungen und mit ihnen die Definition der Privilegien, die an die Machtausübung gebunden waren. Mehr oder weniger streng wurde die Nutzung der Waldressourcen den sozialen Oberschichten zum Nachteil der kleinen Leute vorbehalten. In Ländern mit einem starken Königtum – etwa in Frankreich oder England – blieben Kontrolle und Nutzung der Wälder in der Hand des Königs und der Lehnsaristokratie. Anderswo waren es örtliche Grundherren, die hier das Wort führten: Burgherren, Bischöfe, Äbte; aber auch die Städte, deren wirtschaftliches und soziales Geflecht diese Entwicklung begünstigte.

Die frühesten Auseinandersetzungen um die Nutzung der Wälder gehen bis ins 8./9. Jahrhundert zurück. Wir haben bereits gesehen, wie manche Klöster damals die Herrschaft über die Menschen gewannen, indem sie sich die Kontrolle über Böden sicherten, die sie den bäuerlichen Gemeinschaften entzogen. Etwa um die Wende vom 10. zum 11. Jahrhundert treten vor allem die weltlichen Herren in Aktion. Es ist die Zeit der größten Erfolge lokaler Potentaten, die Menschen und Ländereien unter die eigene Herrschaft zwingen und neben der Kontrolle der Landwirtschaft auch die öffentliche Verwaltung und die Gerichtsbarkeit an sich ziehen. Das Verhältnis zu den Bauern wird gespannter: jetzt fordern die Herren mehr als in der Vergangenheit, und zwar nicht nur in bezug auf private Vorrechte (sofern sie die Grundherren sind), sondern auch hinsichtlich der öffentlichen Einnahmen. Auch der Besitz der Kirchen und Klöster (Menschen, Tiere, Sachwerte) wird zum Objekt von Räubereien und Gewalttätigkeiten. Eine Raserei der Macht, eine Art «Hunger» – parallel zu dem der Bauern – durchzieht die adlige Welt. Diese Unruhe geht wohl auf das Bedürfnis zurück, sich auf lokaler Ebene seinen Anteil an Reichtum und Macht zu sichern, denn auch im Adel verspürt man die Auswirkungen des Bevölkerungswachstums.

Diese turbulente Situation führt zur herrschaftlichen Aneignung von Nutzungsrechten am unkultivierten Land. Überall nehmen die *Reservate* zu, Vorbehalte also, die die Bauern von der Jagd ausschließen: Sie gewinnt den Rang eines Privilegs. Von nun an wird die Wilderei mit der diesen Unterschichten vorbehaltenen Härte verfolgt. Auch die Weidenutzung wird strikt reglementiert: Die Weiderechte und die Abgaben für die Eichelernte (das heißt, die Nutzung von Wiesen für die Schafzucht und die Verwendung von Eicheln als Schweinefutter) werden Verpflichtungen und Beschränkungen unterworfen. Sogar die Vorrechte der Nachlese, die bislang die freie Nutzung der Stoppelfelder für das Weidevieh nach der Ernte zugestanden hatten, wurden beschnitten. Um die Wende des 13. zum 14. Jahrhundert waren diese Vorrechte «in großen Teilen der Mittelgebirge und Ebenen Italiens praktisch vollkommen verschwunden» (Ph. Jones), wie auch in Gegenden anderer von der Agrarwirtschaft geprägter Länder Europas. Dennoch bestanden sie in den Randgebieten weiterhin für lange Zeit, ohne aber eine so entscheidende Rolle zu spielen wie zuvor. Auch die Städte, die in einigen europäischen Regionen, wie Mittel- und Norditalien, dem Landadel die Herrschaftsrechte auf die Ländereien streitig machten, partizipierten an dieser grundsätzlichen Enteignung, indem sie vollständige Waldstücke der ausschließlichen Nutzung durch die *cives* vorbehielten. Durch eine bedeutsame semantische Abweichung wurden viele «gemeinschaftliche Wälder» zu «Wäldern der Kommune»*, das bedeutet: der Stadt.

Die Bauern betrachteten diese Vorgänge mit verständlichem Mißbehagen. Im Rahmen ihrer Möglichkeiten versuchten sie, ihnen entgegenzuwirken, wie uns die Prozeßakten seit dem 9. Jahrhundert zeigen, die eine unendliche Reihe von Anzeigen, Streitigkeiten und Demütigungen beinhalten. Gelegentlich gelang es den Bauern, ihre Rechte zu verteidigen und mit den Herren eine gegenseitige Rücksichtnahme auszuhandeln (so gelang es zum Beispiel bestimmten Bauerngemeinschaften Norditaliens im 12. Jahrhundert, die Jagdrechte auf öffentlichem Grund und Boden zu erlangen beziehungsweise zurückzugewinnen). Häufiger jedoch wurden sie auf brutale Weise endgültig enteignet. Auf jeden Fall blieben die das brachliegende Land

---

* It. *boschi comuni – boschi del comune;* A. d. Ü.

betreffenden Rechte für lange Zeit im Mittelpunkt ihrer Aufmerksamkeit. Mit ihnen befaßt sich Wilhelm von Jumièges, ein Chronist des 11. Jahrhunderts, als er von dem Bauernaufstand berichtet, der 966 das Herzogtum der Normandie mit Blut tränkte. «Die einzige vom Autor ausdrücklich erwähnte Manifestation von Selbstbewußtsein ist der von den Bauern geäußerte Wunsch, die Wälder und Gewässer selbst zu nutzen» (R. Hilton). Die Revolte wurde vom Grafen von Evreux, Raoul, einem Onkel Herzog Richards II., mit extremer Grausamkeit erstickt. Einer besonderen Härte bei der Verteidigung adliger Privilegien begegnen wir dann in England, wo sich der König die Rechte auf die «große» Jagd (Hirsche und andere große Tiere) vorbehielt und den örtlichen Herren das Monopol der kleinen Jagd überließ. Bedenkt man diese Situation, dann «fällt es leicht», so nochmals Hilton, «sich vorzustellen, daß die Popularität von Legenden, die um solche Persönlichkeiten wie Robin Hood entstanden sind, nicht nur die Faszination von Abenteuern am Rande der Zivilisation reflektiert, sondern auch die utopische Vorstellung einer Welt, in der man frei auf die Jagd gehen und Fleisch essen könnte.» Der Zugang zu den natürlichen Ressourcen wird in den folgenden Jahrhunderten weiterhin eine zentrale Forderung der Bauern sein; so im Verlauf des englischen Aufstandes von 1381, so in Deutschland im Jahre 1525.

Die Einschränkung oder Abschaffung der Nutzungsrechte für die unkultivierten Räume ist, abgesehen davon, daß sie ein wichtiges Kapitel der Sozial- und Wirtschaftsgeschichte darstellt, ein Ereignis von entscheidender Bedeutung in der Geschichte der Ernährung. Daraus resultierte eine grundlegende qualitative Auffächerung der Nahrung: nämlich die Anerkennung ihrer gesellschaftlichen Differenzierung (die es in irgendeiner Weise schon immer gegeben hatte, aber unter hauptsächlich quantitativen Gesichtspunkten) in noch stärker qualitativem Sinne. Die Ernährung der unteren Bevölkerungsschichten gründete von da an überwiegend auf Lebensmitteln vegetarischen Ursprungs (Getreide und Gemüse), während der Fleischkonsum (in erster Linie frisches Wildbret) ein Privileg zu werden begann und immer deutlicher als *Statussymbol* empfunden wurde. In gewisser Weise könnte man sagen, daß die alte Gegenüberstellung von tierischer und pflanzlicher Kost, die verschiedene Ernährungs*kulturen* gekennzeichnet hatte, mit einer nachdrücklich *gesellschaftlichen* Konnotation wieder an Bedeutung gewann. Diese neue «Sprache» der Ernähung setzte sich seit dem 11. Jahrhundert in Europa immer deutlicher durch.

Derartige Veränderungen kamen keinesfalls aus heiterem Himmel, auch wenn es Momente gab (wie eben im 11. Jahrhundert), in denen sie sich besonders rasch vollzogen. Waren sie in bestimmten Fällen schnell abgeschlossen, so handelte es sich in anderen einfach nur um die Bildung einer Tendenz. Verallgemeinernd können wir behaupten, daß die Fleischversorgung der europäischen Bauern im 12. und 13. Jahrhundert – den vom landwirtschaftlichen Transformationsprozeß in kultureller nicht weniger als in wirtschaftlicher Hinsicht am stärksten gekennzeichneten Zeiten – vor allem im Vergleich mit anderen Epochen oder Kulturen relativ gut war. Als Abaelard um 1130 einen Brief voller Ratschläge für die materielle und spirituelle Organisation des Lebens der Klosterfrauen an seine geliebte Heloisa und deren Nonnen von Le Paraclet richtet, versäumt er nicht klarzumachen, daß die obligatorische Enthaltsamkeit von Fleisch, die so stark vom traditionellen Mönchtum propagiert wird, sich geradezu in einen Anreiz zur Naschsucht verwandeln kann: Fleisch sei in der Tat ein ausreichend vorhandenes Nahrungsgut, das sich alle ohne Schwierigkeit verschaffen könnten; überdies sei es ein wesentlich «gewöhnlicheres» Lebensmittel als Fisch, durch den die Mönche es normalerweise ersetzten. «Fleisch kräftigt mehr als Fisch, kostet weniger und ist leichter zuzubereiten.» Für erlesene Gaumen und volle Geldbeutel ist Fleisch also ein Leckerbissen. Deutlich geringer – im Nährwert, wenn schon nicht in der Form – sei die Auswahl für denjenigen, der, indem er es sich erspare, mit dem Verzicht auf Fleisch zu prahlen, einer wirklich bescheidener und einfacher angelegten Ernährungsweise den Vorrang gebe – was man auch tun könne, indem man nur «dreimal in der Woche» Fleisch äße, wie Abaelard rät. So ernähre man sich also von dem gebräuchlichsten Nahrungsmittel, das wesentlich weniger verlockend sei als Fische oder Vögel – die übrigens «Benedikt uns durchaus nicht zu essen verbietet». Die ausgesprochen nahrhafte Rolle des Fleisches, das noch immer (später wird es nicht mehr so sein) als ein unabdingbarer Bestandteil des Essens der Armen gilt, geht aus vielen anderen Texten dieser Epoche hervor. Im 13. Jahrhundert endet der erste *Kampf zwischen Fastenzeit und Karneval* – ein Thema, das große Erfolge in der europäischen Literatur der nachfolgenden Jahrhunderte feiern wird – noch mit dem Sieg der Fleischernährung über die fleischlose Kost, was vor allem durch die Überlegung gerechtfertigt wird, daß die Armen Fleisch brauchten: Die Fastenzeit sei recht grausam, da sie letztendlich nur die Bedürftigen träfe, während es den Reichen nicht verwehrt werde, nach anderen Leckereien Ausschau zu halten. Die Botschaft entspricht der Abaelards.

Bleibt die Tatsache, daß der Bauer des 12. und 13. Jahrhunderts auf seinem Hof immer eingeschlossener und isolierter lebt. Der Zugang zu den Wäldern ist jetzt schwieriger; Jagd und Viehzucht spielen nicht mehr die entscheidende Rolle wie einige Jahrhunderte zuvor. Die unabhängige Versorgung mit Fleisch läßt nach: weniger Wild, weniger Schweine. Auf das Hausgeflügel kann man noch immer zählen, doch ist es eine Tatsache, daß in der Literatur jener Zeit das Huhn grundsätzlich als Luxusessen dargestellt wird oder zumindest den Festtagen vorbehalten bleibt. Auch muß man erwähnen, daß die bäuerliche Welt im Begriff ist, sich grundlegend zu wandeln. Das Wiederaufleben des Handels und der Geldwirtschaft in einer Welt, die die Lebensmittelproduktion mit kontinuierlichem Rhythmus wachsen sieht, ruft Differenzierungserscheinungen hervor, die vorher kaum wahrnehmbar waren. Neben reichen Bauern, die es verstanden haben, die Gelegenheit beim Schopf zu packen, um sich einen Platz in der Marktwirtschaft zu sichern, leben viele andere versunken in der herkömmlichen wirtschaftlichen Selbstversorgung. Währenddessen wächst die Kategorie der Lohnarbeiter, eines Agrarproletariates, das in Zeiten von Versorgungskrisen besonders verwundbar ist.

11. Unser tägliches Brot gib uns heute . . .

Mit Beginn des 11. Jahrhunderts erhält das Brot eine zentrale Bedeutung für die Ernährung der breiten Volksschichten. Alles andere wird jetzt als zusätzlicher Nahrungsbestandteil betrachtet, als einfache Beilage, die das Brot «begleitet»; die Verbreitung des Begriffs *companatico* (Zuspeise zum Brot) in den Sprachen des romanischen Einflußgebietes, das damals von der Brotkultur am stärksten geprägt war, ist dafür der beste Beweis. Die Perspektive hat sich radikal geändert, ja umgekehrt, seit im 7. Jahrhundert Isidor von Sevilla geschrieben hatte, daß das Brot seinen Namen dem Umstand verdanke, daß «man es zu der anderen Nahrung hinzufügt»: *panis dictus, quod cum omni cibo adponatur.** Das, was nun hinzugefügt wird, ist nicht länger das Brot, sondern die übrige Nahrung.

Die Erwähnung des Brotes durchzieht die Dokumente in fast obsessiver Weise. In den die Landwirtschaft betreffenden Verträgen werden die urbar gemachten Flächen als «Brotland» bezeichnet. Der Ertrag der Felder wird durch eine Antonomasie zur «Broternte». Ein Teil «des Brotes» wird als Mietzins oder als Zehnter verlangt. In erster Linie ist Brot, entweder aus Korn oder aus Mehl hergestellt, die Hauptnahrungsquelle der Bauernfamilien, was bisweilen in den Besitzverzeichnissen festgehalten wird. Unter den Haushaltsgegenständen kommt dem Backtrog eine besondere Bedeutung zu, weil darin der Teig geknetet und das Brot aufbewahrt wird. Die Familiengemeinschaft, die unter dem gleichen Dach ißt und schläft, wird als Gesamtheit derer bezeichnet, die von demselben Brot leben: «zu einem Brot» (und von demselben Wein). Und wenn das Brot einmal fehlt, ist Hungerszeit. Andere Produkte können eventuell das Überleben sichern, aber *dieser* Mangel ist ein Indiz für eine Krisensituation und wird immer stärker als unerträglich empfunden. Die Gewöhnung an das Brot zwingt dazu, es um jeden Preis zu produzieren – in Zeiten von Erzeugungskrisen unter Verwendung aller möglichen Zutaten.

Das waren keine neuen Verhaltensweisen. Ähnliche haben wir bereits im 6. Jahrhundert kennengelernt (man erinnere sich an Gregor von Tours), und es wäre keine Schwierigkeit, weitere Zitate zu sammeln: Das «Brot der Hungerszeit» (unter Umständen mit Erde vermischt, wie es die französischen Bauern im Jahre 843 machen mußten) ist eine weithin bekannte und in der Geschichte des Hungers überall präsente Realität. Während der

---

* Lat. *panis:* Brot – *ad-ponere:* hinzu-fügen, hinzu-legen; A. d. Ü.

Hungersnot von 1032/1033, erzählt Radulf Glaber, «wurde ein Versuch durchgeführt, von dem uns nicht bekannt ist, ob er je woanders vorgenommen worden war. Viele gruben einen weißen Sand aus, der dem Ton ähnelte, und machten daraus, indem sie ihn mit der vorhandenen Menge an Mehl und Kleie vermengten, Brotlaibe, um so zu versuchen, dem Hunger zu entkommen.» Doch leider, «der Ausgang war erfolglos: Alle Gesichter wurden bleich und hohl, etliche hatten einen aufgeblähten Körper und gespannte Haut; ihre Stimmen wurden schwach, bis sie der Klage sterbender Vögel glichen». Doch trotz dieser erbarmungswürdigen Konsequenzen war dies noch immer die «rationalste» Art (P. Bonnassie), dem Hunger zu begegnen, bevor man – in den gravierendsten und dramatischsten Fällen – andere Verhaltensweisen an den Tag legte, die von Panik oder Wahnsinn bestimmt waren (Gras zu essen «wie die Tiere» sowie jegliche Art «unreiner» Nahrung zu sich zu nehmen). Die Herstellung von Brot mittels Erde war ein noch kontrollierter Akt der Verzweiflung. Man wandte damals Überlebenstechniken an, die von Generationen von Hungernden entwickelt und mündlich weitergegeben worden waren. «Wie es die Art der Armen ist, mischten sie Kräuter mit ein wenig Mehl», berichtet eine Chronik im Zusammenhang mit der Hungersnot des Jahres 1099 in Schwaben. Doch selbst die gelehrten Schriften versäumten nicht, sich damit zu befassen: Umfangreiche Hinweise auf «Hungerbrote» finden sich in den agronomischen Traktaten des maurischen Spanien. «Im Augenblick der europäischen Agrarexpansion mobilisierten sie ein komplexes Wissen zum Nutzen der täglichen Ernährung» (L. Bolens), das ein Erbe der landwirtschaftlichen, pharmakologischen und diätetischen Tradition der Griechen und Römer war. Beginnend mit dem Getreide, mit den Hülsenfrüchten und den Futterpflanzen über das Gemüse und das Obst bis hin zu den Wildkräutern, den Haselnüssen und den medizinischen Pflanzen handelt es sich um eine Aufeinanderfolge von im Vergleich zur Norm durchgehend verschiedenen Techniken der Nahrungsmittelverarbeitung. «Die Existenz der Arzneikunde wird immer wichtiger, je mehr sich die zum Brotbacken verwendete Pflanze von den geeignetsten botanischen Bedingungen entfernt, daraus eine Kulturpflanze zu machen.» So schreibt beispielsweise Ibn al-Awwam, daß man, «falls die Frucht nicht genießbar ist, ihre Geschmacksbasis reinigen und versuchen muß, diese mit den geeigneten Maßnahmen zu beseitigen; ist der Geschmack zunichte gemacht, trocknet man die Frucht, mahlt sie, und hernach vollzieht man die Brotbereitung». Mangelndes Wissen bestimmter Regeln, Hast sowie Fehler bei der Auswahl der Kräuter oder ihrer Verwendung konnten fatal sein. «Unter den gesammelten Kräutern befand sich ein giftiges, *collo* genannt; und viele starben», lesen wir in einer Chronik, die uns über die Hungersnot im Deutschland des Jahres 1099 unterrichtet.

Auf jeden Fall ist offensichtlich, daß im Laufe der Jahrhunderte die Möglichkeit, Nahrungskrisen zu lösen, indem man auf alternative Ressourcen zum Getreide (oder seinen untauglichen Surrogaten) zurückgreift, immer geringer wird. Dies entspricht der Mitteilung, die wir über das Jahr 779 besitzen, als sich – so die *Vita* des heiligen Benedikt von Aniane – eine Menge ausgehungerter Armer vor den Toren des Klosters versammelte, um Essen bat und jeden Tag bis zur neuen Ernte «mit Schaf- und Rindfleisch» gespeist wurde, was einige Jahrhunderte später undenkbar gewesen wäre. Nach und nach mußte man sich mit dem Gedanken vertraut machen, daß es «ohne Landwirtschaft schwierig zu überleben» war (so ein hagiographischer Text, der über eine Hungersnot berichtet, die sich 1095 in einer Region des heutigen Belgien abspielte), und erst jetzt wurde das Fehlen von Brot – die *penuria panis, exiguitas panis, inopia panis* – unerträglich.

Dabei handelte es sich nicht bloß um «Brot». Wir haben schon darauf hingewiesen, daß dieser Begriff viele andere in sich birgt; daß er, symbolisch, jegliche Nahrung repräsentiert, die aus der Feldarbeit hervorgeht. Zwar stimmt es, daß es in der europäischen Landwirtschaft zwischen dem 11. und 13. Jahrhundert zu einer bemerkenswerten Ausbreitung des Weizens kam, der gegenüber den minderen Getreidesorten an Boden gewann. Daraus resultierte vor allem der gesteigerte Verbrauch von Weißbrot. Doch das Phänomen betraf nahezu ausschließlich zwei engbegrenzte Arten von Verbrauchern, die gelegentlich übereinstimmten: jene Grundbesitzer, die von den Bauern Weizenabgaben forderten und das übrige Getreide verschmähten (einen Teil des Weizens sahen sie für den familiären Konsum vor, einen anderen für den Markt); und jene Stadtbewohner, die, sofern sie nicht selbst Land besaßen, den Weizen auf dem Markt kaufen konnten. Die Bauern hingegen, die nur sporadisch die Märkte aufsuchten und dort hauptsächlich ihre Überschüsse verkauften, beschieden sich um so mehr mit den Erzeugnissen ihrer Höfe – mit dem, was blieb, nachdem sie den Besitzern den geschuldeten Teil entrichtet hatten. Deshalb bestand ihre Ernährung weiterhin in großem Umfang aus minderwertigerem Getreide, aus Hülsenfrüchten und manchmal aus Eßkastanien; weiterhin gab es Schwarzbrot, Polenta und Suppen. «Der Überfluß an Kastanien, Kolbenhirse und Bohnen», behauptet ein Mailänder Autor des 13. Jahrhunderts, Bonvesin de la Riva, «stärkt sehr häufig anstelle des Brotes *(panis loco)* eine große Zahl von Menschen.» Nur in bestimmten Gebieten scheint auch die bäuerliche Nahrung dem Weizen und dem Weißbrot Platz zu machen; dies geschieht – allerdings nicht vor dem 13. Jahrhundert – in der toskanischen Region zwischen Siena und Florenz, wo der städtische Einfluß auf die Landwirtschaft derart stark war, daß er sich auch bei den bäuerlichen Schichten in einer Imitation des Konsums der Stadtbewohner niederschlug. Oder in Süditalien, wo eine Produktionsweise römischer Prägung überdauert hatte, die sich auf Weizen und Gerste stützte. Auch hier war der Weizen vorwiegend den Handelswegen vorbehalten, den reichen Städten des Nordens oder überseeischen Königreichen. Die Ernährung der ansässigen Bauern stützte sich in großem Maße auch auf Gerste, aus der man Suppen, Fladen und miserable «Brote» bereitete, sowie auf Gemüse.

Trotz aller möglichen Ausnahmen blieb das weiße Weizenbrot also ein für die meisten unerreichbarer Luxus. Im 12. Jahrhundert kann es in einem Gedicht Wilhelms von Aquitanien auf die gleiche Stufe mit dem extrem wertvollen Pfeffer und mit Qualitätswein gestellt werden: «Das Brot war weiß und der Wein gut und der Pfeffer reichlich.» Und Humbert de Romans erzählt – oder erfindet, was auf dasselbe hinausläuft – in einer Predigt für zisterziensische Laienbrüder eine recht bedeutsame Episode: «Die Laienbrüder kommen oft aus einem Zustand der Armut und fühlen sich zu uns hingezogen durch den Wunsch, besser zu leben. Einmal geschah es, daß einer, der in seiner

Familie immer Schwarzbrot aß, Laienbruder werden wollte,
um Weißbrot essen zu können. Am Tag der Aufnahme, als er
vor dem Abt niedergestreckt dalag, wurde er gefragt: Was
wünschst du? Er antwortete: Weißbrot, und zwar oft!» Was die
Vorstellungen angeht, die sich die Städter von den Bauern
machten, begnügen wir uns damit, aus einer Novelle Giovanni
Sercambis zu zitieren: «Was verstehen diese Bäuerinnen schon»,
läßt er eine vornehme Dame aus Florenz fragen, «von gutem
und schlechtem Mehl? Denn denen erscheint das Brot aus Hirse
so gut wie das aus Weizen.»

Es zeichnet sich somit also um das 12./13. Jahrhundert eine
neue Gegenüberstellung zweier Ernährungsmodelle ab, die
dazu bestimmt ist, in der europäischen Kultur lange fortzuwir-
ken: die zwischen Land und Stadt.

12. Der Schlund der Stadt

«Du, der du dem Durchgang der Nahrungserzeugnisse vor-
stehst, bist sozusagen an die Spitze des von der Stadt vorgeschriebenen Weges gestellt, an ihren Schlund selbst.» Mit diesem Brief, der an die Präfekten der Stadt gerichtet war, die der
Proviantversorgung vorstanden, berührte Cassiodor einen le-
benswichtigen Punkt der staatlichen römischen Organisation,
die im 6. Jahrhundert mittlerweile von einem «Barbaren» wie
Theoderich – gegenüber der traditionellen Politik allerdings
ausgesprochen respektvoll – kontrolliert wurde. Die Stadt hatte
hier eine zentrale Bedeutung bei der administrativen Koordinie-
rung inne; sie war die Achse, um die sich außer der Politik das
gesamte Wirtschaftsleben des Staates drehte; der Ort, an dem
alle Arten von Nahrungserzeugnissen und Lebensmittelressour-
cen zusammenkamen, die, abgesehen von den Geschäften der
Großgrundbesitzer, zu einem beträchtlichen Teil dem öffentlichen Markt zugeführt wurden. Die Politik der Annona, das
heißt, die Leitung und Kontrolle der städtischen Proviantversorgung, war ein fundamentaler Bestandteil der städtischen Aktivitäten, der besondere Beamte vorstanden. Nach der Auflösung
des politischen und gesellschaftlichen Gewebes, zumindest im
Westen des Römischen Reiches, hatte die europäische Landwirt-

schaft lange Zeit mit verschiedenen anderen Bezugspunkten, wie Dorfgemeinschaften, Herrenhöfen, Abteien und Dorfkirchen, gelebt. Vielleicht konnte sich die bäuerliche Gesellschaft auch deshalb – wegen der zunehmenden Ohnmacht eines unterdrückerischen, habgierigen Staats- und Stadtapparates – auf neuer Grundlage reorganisieren und neue, verschiedenartige Wirtschafts- und Verpflegungsformen entwickeln, die vorwiegend auf den Selbstverbrauch ausgerichtet waren. Das Anwachsen der Landwirtschaft vom 9. bis zum 11. Jahrhundert ging mit dem Wiederaufblühen der Märkte einher, hauptsächlich auf lokaler Ebene: Dörfer, Burgen und Klöster wurden die Mittelpunkte eines erneuerten, wiederauflebenden Tauschhandels. Die jeweils ansässigen Herren zögerten nicht, die neuen Überschüsse für sich zu hamstern. In bestimmten Ländern, wie Italien oder Flandern, nahm diese Entwicklung einen deutlich städtischen Charakter an, und hier waren die Städte selbst die «Herren», um die herum sich die Landwirtschaft zu reorganisieren begann. Eine neue Form städtischen Imperialismus prägte das Land, dessen Ressourcen in erster Linie hinsichtlich ihrer Funktion für den Verbrauch und die Märkte der Stadt bewertet wurden. Eine pedantische, wenn auch manchmal improvisierte Ernährungspolitik trug dazu bei, die Kräfte auf das eine Ziel der ausreichenden städtischen Verproviantierung zu konzentrieren, den Schlund der Stadt zu befriedigen – wie Cassiodor gesagt hätte.

Die gesetzgeberische Intervention der städtischen Autoritäten (einzelne Verordnungen, geschlossene Statuten) betrifft sämtliche Phasen des Produktionsprozesses: Überwachung der Agrarlandschaft mittels Anordnungen, die dazu geeignet sind, die Produktivität der Böden zu steigern; Kontrolle der bäuerlichen Arbeit, die hinsichtlich der Ausführungszeiten und -modalitäten genauestens geregelt wird; Kontrolle der Weiterverarbeitung der Erzeugnisse mit Hilfe von Normen, die an erster Stelle die Mühlen und Bäckereien betreffen; Kontrolle des Marktes, den man Bestimmungen wie der Differenzierung von Zöllen überantwortet, die niedriger oder höher ausfallen, abhängig davon, ob man die Ein- oder die Ausfuhr begünstigen will. Mit den von den Behörden der Stadt verabschiedeten Gesetzen stimmen die Agrarverträge überein, die von den Grundbesitzern mit

den Bauern der Umgebung auf privater Basis abgeschlossen
werden. Es verwundert nicht, hier dieselben Interessen – oft in
den gleichen Worten – wiederzufinden. Sind diese Grundbesitzer etwa nicht identisch mit jenen, die in den Städten die Macht
haben? Die Wahrung ihrer privaten Interessen fällt zusammen
mit jener des städtischen Marktes; ihre Rechte zu schützen bedeutet, den Konsum der Stadtbewohner zu sichern. Daher werden die auszuführenden Arbeiten präzisiert: wie oft und in welchem Zeitraum die Felder zu pflügen sind; wieviel Dünger darauf auszustreuen ist; welche Kulturen angebaut werden sollen
(mit besonderer Berücksichtigung des Weizens, weil die Städter
kein anderes Korn wollen). Der Bauer wird mit neuen Augen
gesehen. Er ist nicht mehr nur ein zu beherrschendes Objekt, als
den ihn vor allem der alteingesessene Adel verstanden hatte,
sondern eher ein Arbeitsinstrument, um mehr zu produzieren,
mehr zu verdienen. Die Optik des Profites ist ein neuer Aspekt
der europäischen Kultur, der sich seit dem 11./12. Jahrhundert
in den frühbürgerlichen Schichten durchsetzt – eine gesellschaftliche Realität, die nicht nur das Bürgertum in engerem Sinne
umfaßt, sondern ebenfalls Angehörige des niederen und mittleren Stadtadels.

Die ackerbaukundlichen Abhandlungen, die nach Jahrhunderten des lediglich durch die arabische Literatur in Spanien un-
terbrochenen Schweigens im Abendland wieder aufzutauchen
beginnen, sind meistens Ausdruck dieser städtischen Wirklichkeit und verkünden in deutlicher Form deren Interessen. Es ist
zum Beispiel bedeutsam, daß Paganino Bonafede, ein Bologneser Grundbesitzer und Agronom des 14. Jahrhunderts, sich nur
mit dem Weizenanbau befaßt und dabei sämtliche Hirsekulturen
übergeht, da «beinahe jedermann die Jahreszeit ihrer Aussaat
kennt». Minderwertiges Korn verstünden alle anzubauen; den
Weizen dagegen nicht, man müßte es den Bauern erst beibrin-
gen. Ebenso widmen die englischen Traktate des 13. und
14. Jahrhunderts, von denen der Walter von Henleys am be-
rühmtesten ist, ihre gesamte Aufmerksamkeit dem Weizen, und
zwar unter einem weniger spezifisch städtischen, sondern klar
am Geldhandel und am Markt orientierten Gesichtspunkt. In
diesem Kontext müssen wir das Phänomen der Umstellung
auf den Weizen bewerten, das – abhängig von der jeweiligen

Gegend in mehr oder weniger auffälliger Weise – die europäische Landwirtschaft des 12. und 13. Jahrhunderts charakterisierte. Damals wurde der Weizen zum wichtigsten Getreide für die Stadtbewohner wie auch für die Herren der ländlichen Umgebung; die Bauern ernährten sich weiterhin von anderen Kornarten.

Auch das Brot der Städter machte allmählich den minderwertigen Getreidesorten, Hülsenfrüchten und Eßkastanien Platz. Die Statuten von Bologna aus dem Jahre 1288 – nur ein Beispiel von vielen – beschäftigen sich mit drei wesentlichen Arten von Mehl: dem aus reinem Weizen (für dessen Mahlen man eine Steuer von 4 Pfennigen pro *corba** zahlte), dem aus «gemischtem» Korn (2 Pfennige) und dem aus Ackerbohne und Weizen (das offensichtlich für ein «Gemisch» von Qualität gehalten wurde, wenn man dafür je *corba* 3 Pfennige entrichtete). Es ist jedoch bekannt, daß dieses gemischte Korn nur von den unteren Schichten der Stadtbevölkerung konsumiert wurde, und auch von diesen nicht immer. Auf Weizen und Weißbrot, die eine Art von *Statussymbol* der Ernährung und des städtischen Lebens geworden waren, verzichtete man nur in Notzeiten. Die Macht des Gesetzes, der Diplomatie und der Waffen – es gab Fälle, in denen die städtischen Behörden mit diesen Mitteln die Requirierung von Getreide auf dem Land durchsetzten – bildete einen Schutzschild für die Stadt und verwandelte sie in eine Insel künstlichen Überflusses. Ob aus der Nähe oder von weither, man bemühte sich, auch aus Gründen der öffentlichen Ordnung, den Weizen von überall herbeizuschaffen. Denn auf minderwertiges Getreide zurückgreifen zu müssen war für die Stadtbewohner ein Zeichen der Demütigung, der Rückkehr zu «bäuerlichen» Lebensbedingungen; wenn sie sich dazu gezwungen sahen, protestierten sie und zogen gegen die Behörden los.

Für sie bedeutete eine Hungersnot *carum tempus,* eine «Zeit der hohen Preise». Diese Abhängigkeit vom Markt, die in normalen Zeiten ein höheres und abwechslungsreicheres Konsumniveau als das auf dem Land garantierte, konnte in kritischen Phasen in riskantere Lebensbedingungen umschlagen als die,

---

* Altes Bologneser Raummaß. Eine *corba* entspricht 78,644 m³; A. d. Ü.

unter denen die mehr auf sich gestellten Bauern lebten, denen die Produktionsmittel direkt zugänglich waren. Auch fehlte es nicht an Fällen, in denen die Schwierigkeit, die armen Bevölkerungsteile bei extremer Nahrungsmittelknappheit zu unterstützen, eine strenge Einschränkung aller Privilegien und die Schließung der Stadttore zur Folge hatte, durch die nicht nur die Bauern vom Land, sondern ebenso die Armen aus der Stadt selbst fortgejagt und anschließend ausgestoßen wurden. «In Genua gab es einmal eine große Teuerung, und man fand dort immer mehr Spitzbuben als in jedem anderen Land.» Die Behörden verfügten die Bewaffnung der Schiffe und ließen in den Straßen ausrufen, «daß alle Armen zum Ufer gehen und Brot von der Stadt bekommen sollten»; eine große Menschenmenge drängte sich auf der Mole, nicht nur Arme aus der Stadt, sondern auch fremde «Spitzbuben». Die Beamten der Stadtverwaltung taten so, als wollten sie sie voneinander trennen: die Städter sollten auf ein Schiff gehen, die Fremden* auf ein anderes. Alle folgten der Anweisung. Auf einmal warfen sich die Ruderer in die Riemen, und all die Armen (echte und falsche) wurden nach Sardinien deportiert. «Und dort ließen sie sie, denn dort war Überfluß, und in Genua endete die Teuerung.» Dies lesen wir im *Novellino*, einem Buch mit Erzählungen, Märchen und Fabeln, das gegen Ende des 13. Jahrhunderts geschrieben wurde. Räumen wir ruhig ein, daß diese Episode erfunden ist; jedenfalls war so etwas – in der zeitgenössischen Vorstellung – durchaus möglich. Im übrigen werden in den folgenden Jahrhunderten in den Chroniken und Gesetzesverfügungen analoge Beispiele «bürgerlicher Grausamkeiten» nicht fehlen – wie Fernand Braudel sie genannt hat.

13. Viel essen, gut essen

Nicht ohne Spannungen, Widersprüche und Auseinandersetzungen scheint die europäische Gesellschaft in der ersten Hälfte

---

* Aufschlußreich ist die etymologische Verwandtschaft des hier im italienischen Original für «Fremde» benutzten Wortes *forestieri* mit dem Wort für «Wald», *foresta*; A. d. Ü.

des 13. Jahrhunderts eine Situation verbreiteten, wenn auch
nicht allgemeinen Wohlstands erreicht zu haben. Das wirtschaftliche Wachstum brachte wohltuende Auswirkungen für
die umfassende Ordnung von Stadt und Land mit sich, aber zu
dem Preis, den jedes Wachstum in Begriffen wie Ausgrenzung
und soziale Unausgewogenheit verlangt. Das Gleichgewicht
zwischen Bevölkerung und Ressourcen bleibt instabil; die Aufeinanderfolge von Rodungen und Kultivierungsarbeiten, Zeichen eines zunehmenden und ständig unbefriedigten Nahrungs-
bedarfs, ist dafür der vielleicht beste Beleg. Doch all dies erzeugt auch Reichtum, räumt breiteren Bevölkerungsschichten
Möglichkeiten des Konsums und des Luxus ein, die in den vorhergehenden Jahrhunderten deutlicher begrenzt waren. Um
1250 hat Europa wahrscheinlich den Höhepunkt dieser Blüte erreicht, die ungefähr ein Jahrhundert zuvor begonnen hatte; eine,
in gesellschaftlicher Hinsicht, partielle Blüte; aber darum nicht
weniger wahr. Im übrigen scheinen selbst die niederen Schichten nicht vollständig davon ausgeschlossen gewesen zu sein. Die
Zahl der Hungersnöte und deren Auswirkungen geht im 12.
und 13. Jahrhundert stark zurück. Und ist es nicht sogar gerade
die Leistungsfähigkeit der Bauern (die wir nicht gänzlich den
verbesserten klimatischen Bedingungen zuschreiben können),
die die Einnahmen und den Reichtum der Herren und der Stadtbewohner ermöglicht? Im Jahre 1255 kann der heilige Bonaventura in einer seiner Abhandlungen schreiben, daß der Hunger ein Problem der Vergangenheit sei, und sich der glücklichen
Nahrungsausgewogenheit in seiner Generation erfreuen. Eine
Ansicht, die man offensichtlich nicht verallgemeinern darf
(kaum drei Jahre später versichert Matthäus Paris, daß die Hungersnot in England 15000 Menschenleben gefordert habe), die
aber immerhin bezeichnend für ein bestimmtes gesellschaft-
liches und kulturelles «Klima» bleibt.

Wie wir bereits gesagt haben, betrifft dieser Vorgang hauptsächlich die Städte. Riccobaldo da Ferrara bezeichnet gegen
Ende des 13. Jahrhunderts die Epoche Kaiser Friedrichs II. (die
ein halbes Jahrhundert zurückliegt) als eine Zeit, in der «die Gewohnheiten und Bräuche der Italiener grob waren»; damals
«war die Kost einfach, und das Volk aß nicht mehr als dreimal
in der Woche frisches Fleisch. Mittags aßen sie gekochtes Ge-

müse mit Fleisch. Abends ernährten sie sich von demselben Fleisch, das kalt aufbewahrt wurde.» Richten wir unsere Aufmerksamkeit zunächst auf einen quantitativen Aspekt: Für einen Stadtbewohner des 13. Jahrhunderts ist es ein Zeichen von Armut und Plumpheit, dreimal wöchentlich *frisches* Fleisch zu essen (und diesem «bißchen» Fleisch müssen wir wenigstens noch das gepökelte Schweinefleisch hinzufügen). Das ist wirklich nicht wenig, doch Riccobaldo und den Stadtbewohnern seiner Zeit scheint es nicht auszureichen. Es ist auch möglich, daß der Akzent auf dem qualitativen Aspekt lag: Einmal täglich aß man schlecht, nämlich kaum gewürzte Gemüsesuppen und kaltgewordenes Fleisch. Wie dem auch sei – da das Beweinen der glücklichen Vergangenheit eine unvermeidbare Konstante des Menschenlebens zu sein scheint, ist diese ungewöhnliche Umkehrung der Perspektive in Riccobaldos Schilderung das Symptom einer starken und selbstsicheren Gesellschaft.

Natürlich würden auch die Bauern – jene, die die Gelegenheit einer besonders dynamischen Phase der Wirtschaft ergriffen und es verstanden hatten, die Verfügbarkeit über Land und Geld zu vergrößern – gern besser essen, ihren Lebensstil dem der Herren und Stadtmenschen annähern. Im Deutschland des 13. Jahrhunderts empfiehlt der alte Bauer Helmbrecht (Hauptfigur in dem gleichnamigen* Versepos von Wernher der Gartenaere) dem Sohn «seine» Art der Ernährung mit Mehlspeisen und behauptet, daß Fleisch und Fisch den Herren vorbehalten seien: «Du sollst von dem leben, wovon ich lebe und was dir deine Mutter gibt. Trink Wasser, lieber Sohn, bevor du von dem Raub Wein kaufst. (...) Wochenlang kann dir deine Mutter ausgezeichneten Brei kochen. Den stopfe dir ins Maul, bevor du ein geraubtes Pferd für eine Gans hergibst. (...) Sohn, vermische doch lieber den Roggen mit Hafer, bevor du in Schande Fische ißt.» Aber der Sohn macht da nicht mit: «Lieber Vater, du kannst ja ruhig Wasser trinken, ich jedenfalls ziehe Wein vor. (...) Und iß du deinen Brei, ich dagegen will gekochtes Huhn essen.»

Wie es in solchen Fällen immer geschieht, werden die Wohlhabenden die Schwelle der gesellschaftlichen Unterscheidungs-

* Der ursprüngliche Titel lautet «Meier Helmbecht»; A. d. Ü.

kriterien weiter nach oben verlegen. In einer Welt, in der der Überfluß weit verbreitet (wir sagen nicht: allgemein verbreitet) ist, reicht es nicht mehr aus, *viel* zu essen, wie es der Brauch bei den herrschenden Schichten Europas war. Gewiß, ein wichtiges Unterscheidungsmerkmal des Adels bleibt bestehen: Der Held der Ritterepen ist gleichzeitig auch eine Persönlichkeit mit robustem Appetit. In dem *Chanson de Guillaume* zieht sich der Titelheld von der Schlacht zurück und tröstet sich mit einer Wildschweinschulter, einem gebratenen Pfau, einem großen Laib Brot sowie zwei großen Süßspeisen. Seine Frau Guibourc schimpft deshalb mit ihm, da jemand, der in dieser Weise essen kann, nicht die eigene Abstammung verleugnen könne, indem er die Waffen niederlege. Bereits zuvor hatte dieselbe Guibourc dem Neffen Guillaumes, Girart, eine ähnliche Mahlzeit serviert: Wie sein Onkel hatte auch er alles verspeist, ohne auch nur einmal den Blick zu heben. Als sie ihn bei so gutem Appetit sah, hatte sich Guibourc überzeugt geäußert, daß es sich um einen wertvollen Krieger handele, und, zu ihrem Mann gewendet, gesagt: «Man sieht gleich, daß er von eurer Herkunft ist.»

Aber neben diesem Weiterbestehen kultureller Muster und traditioneller Lebensstile, die an etwas animalische Vorstellungen von der Kraft und den Werten der Adligen geknüpft sind, fehlt es nicht an Fällen, in denen der höfische Held – oder der Autor, der ihm Stimme und Gestalt verleiht – eine gemäßigte oder nahezu distanzierte Haltung dem Essen gegenüber einnimmt; eine Mäßigung, eine Selbstkontrolle, die man nicht einfach nur als Festhalten an der religiösen Moral deuten darf, als das neue Bild des «christlichen» Kriegers, das sich gerade in diesen Jahrhunderten durchsetzt und an Konturen gewinnt. In den Epen des 12. und 13. Jahrhunderts werden die mit der Ernährung in Zusammenhang stehenden Aspekte des aristokratischen Lebens oft kaum gestreift. «Man beschäftigt sich lediglich damit, jeden Verdacht auf beschränkte Verhältnisse oder Knausrigkeit mit der Versicherung zu zerstreuen, daß jeder ausreichend zu essen hätte» (Martellotti – Durante). «Über die verschiedenen Gerichte, die ihnen aufgetragen werden, könnte ich Euch, auch wenn ich sie nicht sah, wohl Auskunft geben, doch ich muß mich mit etwas anderem befassen, als über das Essen zu berichten», macht Chrétien de Troyes in *Erec et Enide* kurzen

Prozeß mit der Darstellung eines Mahles am Hofe König Artus. Wir wissen nur, daß es Geflügel, Wildbret, Obst und kostbaren Wein gab. Auch der Bericht vom abschließenden Mahl, mit dem die prunkvolle Krönung Erecs endet, ist recht enttäuschend für jemanden, der daraus das Menü und die verschiedenen Gänge rekonstruieren wollte: «Tausend Ritter trugen Brot auf und tausend Wein und tausend die Gerichte.» Drastischer ist Hartmann von Aue, der in seiner Version des Erec so endet: «... denn sie achteten mehr auf ehrenvolles Betragen als darauf, viel zu fressen.»

Es handelt sich also – überwiegend – nicht um christliche Mäßigung. Die auffällige Distanz dieser Personen zum Essen und das Hinweggleiten der Autoren über allzu deutliche Beschreibungen verbergen in Wirklichkeit eine sehr lebhafte Aufmerksamkeit gegenüber dem «adligen Benehmen» und all dem, was als wünschenswertes Ambiente des Essens gilt: die Schönheit der Tafel, der Tischdecken und des Geschirrs; die gute, vornehme Gesellschaft und die angenehme Unterhaltung; die Musik, die Vorführungen; die Feinheit der Mode. Es ist dies die Geburt der «guten Manieren», die Geburt eines Tischrituals, das eher auf der Eleganz als auf der Kraft gründet, eher auf den Formen als auf der Nahrung. Im höfischen Ambiente des 12. und 13. Jahrhunderts beginnen sich diese «Manieren» genauer herauszubilden, und zwar als Zeichen einer sozialen Differenzierung, die sich nicht mehr (oder nicht mehr allein) auf die Quantität, sondern auf die Qualität und die Moden des Konsums bezieht.

Doch ist es nicht nur das Ambiente der Mahlzeiten oder sagen wir: ihre Bräuche, die die Aufmerksamkeit auf diese neue aristokratische Kultur lenken. Auch verlangt man jetzt hinsichtlich des Geschmacks, des Duftes und der Farben verfeinerte und sorgfältiger bereitete Nahrungsmittel. Nicht so sehr der Appetit (der aber weiterhin ein wichtiges Attribut des Adels bleibt) als vielmehr die Fähigkeit auszuwählen, die gute von der schlechten Nahrung zu unterscheiden, wird zum Zeichen einer korrekten Einführung in das höfische Leben. Als der Eremitengraf von *Tirant lo Blanc* (der berühmte Roman von Joanot Martorell) der Enthaltsamkeit abschwört, um sich endlich in die Kleider eines vornehmen Mannes zu werfen, ist dies eine der grundlegenden Proben, denen er unterworfen wird: «Viele verschiedene Gerichte wurden ihm auf der Tafel serviert, und er, erfahren und klug, aß nichts außer den guten Speisen und ließ die anderen aus.» Dasselbe machte er anschließend mit den Süßspeisen, die auf einem großen Teller aus Gold präsentiert wurden, auf dem die Obstkonfitüren hervorstachen.

Wundern wir uns also nicht, in der europäischen Literatur des 13. Jahrhunderts die ersten Beispiele von Kochbüchern zu entdecken, eine «Gattung», deren Spuren sich nach dem Apicius zugeschriebenen spätrömischen Handbuch verloren hatten. Es ist die klarste und greifbarste Manifestation einer neuen Freude am Essen.

14. Die Entstehung der Kochkunst

Anfang des 13. Jahrhunderts hatte die scharfe Verurteilung der weltlichen Eitelkeit durch Papst Innozenz III., *De contemptu mundi,* nicht die Sünden des Gaumens und die neue Naschhaftigkeit ausgespart, die der ungesunden Leidenschaft der Menschen sich auszudenken gelungen war. Wein, Bier und Most reichten nicht mehr aus: «Man stellt neue Emulsionen, neue Sirupe her»; die guten Dinge, die uns die Bäume, die Erde, das Meer, der Himmel zukommen lassen, genügten nicht mehr: «Man verlangt nach Gewürzen, man erwirbt Düfte.» Und für jedes neue Gericht vertraute man sich den Künsten der Köche an.

Tatsächlich handelte es sich dabei um keine Neuigkeit in engerem Sinne. Die reichliche Verwendung von Gewürzen war eine seit langem verbreitete Praktik in der – wohlhabenden – europäischen Küche. Schon im 9./10. Jahrhundert wird ein bemerkenswerter Zustrom an Gewürzen auf die Märkte Italiens und Frankreichs festgetellt, und die Dokumente zeugen von einem wachsenden Interesse an Produkten wie Ingwer, Zimt, Galangawurzel oder Nelkengewürz, von denen die römische Küche keinen oder nur geringen Gebrauch gemacht hatte, da sie sich fast ausschließlich auf den Pfeffer beschränkte, wie uns das Kochbuch des Apicius bestätigt. Andere Gewürze tauchen zunächst in den Abhandlungen über die Ernährung auf, die sich vor allem mit medizinischen Fragen befassen. So schreibt im

6. Jahrhundert die Epistel *De observatione ciborum* von Anthimos die Verwendung des Ingwers vor, der Apicius noch unbekannt gewesen war. Aus dem medizinischen Bereich gelangen die Gewürze allmählich in die Gastronomie – ein Übergang, der sich bei einer Vielzahl von Produkten so ereignet hat. Als gegen Ende des 11. Jahrhunderts die Kriegszüge der Kreuzfahrer die Menschen des Okzidents in engeren Kontakt mit dem Orient bringen, intensiviert sich der Zufluß an Gewürzen und findet für seine Verbreitung in einem schon auf diese Düfte und Geschmacksrichtungen orientierten Europa fruchtbaren Boden. Für die venezianischen Kaufleute wird dies zu einem Glücksfall. Lange Zeit werden sie die wichtigste Rolle in diesem Handelszweig spielen.

In den Kochbüchern des 13. und 14. Jahrhunderts werden diese neuen Ernährungsgewohnheiten wie auch andere gastronomische Veränderungen erstmals schriftlich festgehalten. Worauf lassen sie sich zurückführen?

Man muß eine falsche Auffassung beiseite räumen, die noch heute weit verbreitet ist, obwohl deren völlige Unhaltbarkeit längst bewiesen ist: die Auffassung nämlich, der hohe Verbrauch (vielmehr sogar der *Mißbrauch,* wie man gewöhnlich mit eilfertiger Überheblichkeit sagt) an Gewürzen sei von der Notwendigkeit bestimmt gewesen, den Geschmack der Speisen, und hier in erster Linie den des Fleisches, für das die bevorzugten Gewürze Verwendung fanden, zu verbergen, da eben diese Speisen zu oft schlecht erhalten, wenn nicht sogar völlig verdorben gewesen seien. Daneben wird noch immer behauptet, die Gewürze hätten dazu gedient, das Fleisch zu konservieren. Aber beide Auffassungen sind offenkundig unbegründet. Zunächst einmal aßen die Reichen – und nur um sie, um sie allein handelt es sich, wenn wir über so exotische und teure Produkte wie die Gewürze sprechen – nur ganz frisches Fleisch: wenn möglich Wildbret, das noch am selben Tag erlegt worden war, wie wir uns im Zusammenhang mit Karl dem Großen erinnern, der sich täglich auf dem Bratspieß die Jagdbeute zubereiten ließ; oder man aß das auf dem Markt gekaufte Fleisch, ebenfalls ganz frisch, da es üblich war, jeden Tag auf Nachfrage der Kunden zu schlachten: Die Tiere kamen nämlich *lebend* in die Läden. Das gleiche gilt für den Fisch, ob man ihn nun direkt aus dem fließenden Wasser zog oder auf dem Markt kaufte. Bestimmte Arten, wie der Aal oder die Lamprete (nicht grundlos die meist-gefragten), wurden lebend von ihrem Fangort zur Verkaufs-stelle transportiert. Übrigens weisen die Kochbücher die Köche ziemlich deutlich an, die Gewürze *nach* dem Kochen hinzuzufü-gen, also «so spät wie möglich», wie wir im *Ménagier de Paris* aus dem 14. Jahrhundert lesen. Somit wird auch die «konservie-rende» Erklärung hinfällig, denn es gab andere Mittel, um Fleisch und Fisch länger frisch zu halten: etwa das Pökeln (dies an erster Stelle), die Trocknung und das Räuchern. Dabei wurden keine Gewürze verwendet, auch weil der Konsum ge-salzenen Fleisches eher für die Ernährungsweise der sozial Schwachen typisch war, für eine Schicht, die den Gebrauch von Gewürzen praktisch ignorierte. Sicher war der Genuß konser-vierten Fleisches bei den Reichen auch nicht unbekannt. Aber insgesamt müssen wir davon ausgehen, daß die Gewürzkonsu-menten und die Verbraucher von frischem und qualitativ besse-rem Fleisch weitgehend identisch gewesen waren.

Eine andere Erklärung führt uns zu den diätetischen Vorstel-lungen jener Zeit zurück. Die Ärzte stimmten darin überein, daß die «Wärme» der Gewürze die Nahrungsverdauung, ihr «Kochen» im Magen fördere. Nicht ohne Grund begann man, sie nicht nur auf den Speisen, sondern auch in Form von Dra-gées am Ende der Mahlzeit zu essen – entweder bei Tisch oder vor dem Schlafengehen. Diese «Schlafgemach-Gewürze» durf-ten neben dem Bett eines Königs niemals fehlen. Im 14. Jahr-hundert führen die *Ordinaciones* Peters IV. von Aragon sie unter den wenigen wirklich unverzichtbaren Dingen auf, zu denen auch Getränke – Wasser und Wein – und Kerzen oder Fackelbe-leuchtung gehören. Nur allzu gut sehen wir, was etliche gastro-nomische Erfindungen – um mit dem Zuckerwerk zu beginnen – der Wissenschaft und der pharmazeutischen Praxis schulden. Auch wissen wir, daß die Erfordernisse der Gesundheit immer einen besonderen Stellenwert bei der Nahrungswahl der Men-schen eingenommen haben. Doch auch das Gegenteil ist richtig: Früher wie heute hat das Verlangen nach Neuem (neue Er-zeugnisse für den Konsum, neue Geschmacksrichtungen zum Ausprobieren) immer die beruhigende Bestätigung durch die Wissenschaft geliebt und gesucht, die Bestätigung einer ratio-

nalen Motivation, die die Tollheit der Begierden rechtfertigen
könnte.

«Tollheit der Gewürze»: Braudels Definition trifft ins
Schwarze. «Ich wette mit jedem», schreibt G. Rebora, «daß er
es nicht schafft, seinen Teil der Suppe oder der Soße ‹für XII Personen› zu verspeisen, in der [nach den Anweisungen eines italienischen Kochbuchs aus dem 13. Jahrhundert] 26 Gramm Nelkengewürz, 3 Muskatnüsse, Pfeffer, Ingwer, Zimt und Safran
zerkocht sind. Allein eine Unze Nelkengewürz genügt, um ein
wirkungsvolles Anästhetikum herzustellen; die Muskatnuß
wiederum wirkt in übertriebener Menge giftig.» Diese Konsumgewohnheiten können wir auf der Ebene rationaler Gedan-
kengänge nur schwer verstehen. Es ist ein von Wunschvorstel-
lungen und Phantasien diktiertes Verbrauchsverhalten. Es handelt sich um das Verlangen nach Luxus und Prahlerei. Der Preis
der Gewürze, die für die meisten unerreichbar sind, ist bereits
Grund genug, um daraus ein Objekt der Begierde zu machen.
Weshalb wohl wünscht man sich heutzutage Kaviar oder Räu-
cherlachs? Nicht zufällig scheint die vorgeschlagene Menge von
Gewürzen in den Büchern (wie jenen aus der Toskana des 13.
und 14. Jahrhunderts), die für ein Publikum von Bürgern und
Stadtbewohnern bestimmt sind, noch reichlicher zu sein als in
den Kochbüchern (wie die am Hofe der Anjous in Neapel verfaßten oder die ältesten französischen) des herrschaftlichen und
höfischen Umfelds. Der Bürger muß eher als der Adlige seinen
Reichtum und seinen sozialen Aufstieg hervorheben. Außerdem
würde man die zahlreichen moralischen Vorhaltungen nach Art
Papst Innozenz III., die im 12. und 13. Jahrhundert erhoben
werden, schlecht verstehen, wenn es sich nicht grundsätzlich
um eine Frage des Luxus handeln würde. Der Gebrauch ge-
würzter Weine *(pigmentorum respersa pulveribus)* wurde den clu-
niazensischen Mönchen von Bernhard von Clairvaux vorge-
worfen; Petrus Venerabilis verbot ihn in seinen *Statuten*. Doch
hat das nicht verhindert, daß auch weiterhin Gewürze zu pharmazeutischen und medizinischen Zwecken eingesetzt wurden.
Im Schrank des Krankensaals von Cluny durften nach Aussagen
der *Consuetudines* von Ulrich von Grüningen (der im 11. Jahrhundert über die Regeln in Cluny berichtet hat) niemals Pfeffer,
Zinnamom, Ingwer und andere «Gesundheitswurzeln» fehlen.

Darum sollten wir die medizinisch-diätetischen Ansichten nicht unterschätzen; doch können wir auf dieser Ebene sicherlich nicht die Antwort auf den Boom der Gewürze in der europäischen Küche des 13. Jahrhunderts finden. Allmählich wird die Gewöhnung an diese Gewürze tief in die «Strukturen des Geschmacks» (wie J. L. Flandrin sie zu bezeichnen pflegt) eingedrungen sein. Die reichlich gewürzten Speisen werden als *gut* eßbar erschienen sein. Und jeder wird seine persönlichen Vorlieben entwickelt haben. Die europäischen Kochbücher (nachdem es sie schon in Italien und Frankreich gibt, erscheinen sie auch in Katalonien, England, Deutschland) stimmen in der Leidenschaft für die Gewürze überein, sind aber nicht frei von bedeutsamen Unterschieden in der jeweiligen Auswahl. Darüber hinaus begnügt man sich in vielen Fällen damit, zu der bereiteten Speise die allgemeine Zugabe «guter Gewürze» zu empfehlen. Dies ist kein Mangel an Genauigkeit, sondern die dem Koch überlassene Freiheit, sich seinen eigenen Vorstellungen gemäß zu verhalten oder eine *Mixtur* von Gewürzen zu verwenden, wie es die Norm gewesen zu sein scheint. Ein italienisches Buch liefert uns dafür ein Beispiel: «Nimm eine Unze Pfeffer, eine Unze Zinnamom und eine Unze Ingwer; ein halbes Viertel Nelkengewürz und ein Viertel Safran.» Dies passe gut «zu allen Speisen».

Als Gegenstand der Prahlerei und Zeichen der gesellschaftlichen Unterscheidung vereinen die Gewürze auf sich auch Traumbilder – eben jene, die auf den Orient übertragen werden, dieses geheimnisvolle und weit entfernte Land, ein «Traumhorizont» (J. Le Goff), auf den die Abendländer jede Art von Wünschen und Utopien projizieren. In den kartographischen Darstellungen dieser Zeit ist der Orient dem irdischen Paradies benachbart, und man stellt sich vor, daß er davon zutiefst geprägt sei. Es sind Welten des Überflusses, der Glückseligkeit und – vor allem – der Ewigkeit, bevölkert von viele hundert Jahre alten Menschen, mit immergrünen Bäumen und dem überirdischen Phönix, der dort lebt; an diesen Orten entstehen auch die Gewürze. Sie stammen sogar direkt aus dem Paradies. Joinville beschreibt die Nilfischer, wie sie ihre Netze ziehen, die gefüllt sind mit «den Gütern, die diese Erde erzeugt, das heißt Ingwer, Rhabarber, Sandelholz und Zimtrinde; und man sagt, daß diese

Dinge aus dem irdischen Paradies kommen». Vom Wind ge-
schüttelt, sollen diese kostbaren Dinge von den Bäumen des
Gartens Eden in den Fluß gefallen sein. *Man sagt* – unmöglich
zu wissen, bis zu welchem Punkt unser Autor und seine Leser
der Legende Glauben schenken. «Wie dem auch sei, für die
Zeitgenossen Taillevents hatten die Gewürze ohne Zweifel einen Geschmack – und einen Duft – von Ewigkeit.» (B. La-
rioux)

Wir haben auf das unterschiedliche Milieu (bürgerlich/herr-
schaftlich, städtisch/höfisch) hingewiesen, in dem die Kochbücher gegen Ende des 13. Jahrhunderts erstmals verfaßt wurden. In beiden Fällen ist ihr Zweck einheitlich klar und deutlich: «gib dem Herrn», «bring dem Herrn» lesen wir in den
Rezeptbüchern der Höfe, wie dem von Anjou; die der Toskana setzen eine kleine Schar «reicher» Tischgenossen voraus,
wobei «reich» kein dem traditionellen Adel eigenes Adjektiv
ist: «XX reiche Ehrenmänner», «XII reiche Genießer» etc.
Doch sind nicht sie die *direkten* Empfänger dieser Werke. Die
Rezeptbücher wenden sich offenkundig an ein Publikum von
Berufstätigen: an Köche im Dienste eines Herrn oder eines
«Reichen», oder aber an die Betreiber eines Wirtshauses.
Ihnen gelten Empfehlungen und Ratschläge: Die Aaltorte,
«laß sie ein wenig abkühlen oder die Reichen verbrennen sich
den Mund»; die Ravioli, «mach sie aus ganz dünnem Teig,
sonst schmecken sie den Reichen nicht». Ihnen rät man zum
Beispiel, das Lampreten-Ragout nicht zu lange zu kochen,
«damit die Stücke sich nicht auflösen», und die Fische nicht zu
stark zu salzen, weil diese schon von Natur aus sehr salzig
seien. Ihnen läßt man weitgehende Freiheit, den Geschmack
und die Zutaten der Speisen abhängig vom Angebot des
Marktes oder den vorhandenen Bedürfnissen zu variieren.
«Wegen dieser Dinge, die gesagt wurden», so ein italienischer
Text des 14. Jahrhunderts, «wird auch der mittelmäßige Koch
in allen Angelegenheiten gelehrt sein können, je nach der Verschiedenheit der Königreiche, und wird die Essen wechseln
und färben können wie es ihm geboten erscheint.» Und aus einem deutschen Kochbuch: «Nach dieser Vorschrift ersinne dir
auch andere Speisen.» Das Fehlen von Mengenangaben, charakteristisch für viele europäische Rezeptbücher, scheint mit

dieser professionellen Bestimmung zusammenzuhängen – die Köche wissen gut, daß Kochen eine außerordentlich kreative und experimentelle Kunst ist und daß die Angabe der Dosierungen in der Regel nur Dilettanten und Anfängern dient. Es muß kein Zufall sein, daß die wenigen Handbücher, in denen solche Hinweise auftauchen, zumindest in Italien der «bürgerlichen» Abteilung dieser Literatur anzugehören scheinen. Vielleicht, weil die «reichen Genießer» auf ihre Geldbörse achteten und die Ausgaben mehr aus der Nähe kontrollieren wollten. Oder eher, weil in der Stadt das Publikum für Kochbücher unterschiedlicher und potentiell weitgefächerter war als jenes der Professionellen, die – wir lesen es in einer Novelle Giovanni Sercambis – «diese Arbeit des Koches machen, mit Büchern und Geschicklichkeit bemühen sie sich, die Speisen so lecker zu machen, damit in ihrem Laden großes Gedränge herrsche und ebensolcher Verdienst». Ihnen wird man wenigstens einige Neugierige und Naschsüchtige hinzugesellen müssen, wie jenen Meoccio, den Pfaffen in einer Novelle Gentile Serminis, der sein bevorzugtes Kochbuch als Brevier getarnt hatte: «Alles war voll mit Rezepten für das Kochen, es wurde von allen Speisen und Leckereien erzählt, die man machen könnte, auf welche Weise man sie kochen müßte und mit welchem Geschmack und zu welchen Jahreszeiten. Und nur davon und von nichts anderem handelte es.»

Sicher war dies nicht die alltägliche Küche und, vor allem, nicht die Küche von jedermann. Die Qualität der Zutaten (beginnend bei den Gewürzen) und die Komplexität der Zubereitungen weisen auf eine zweifellos elitäre gastronomische Dimension hin. Aber innerhalb dieser Dimension war die *schriftlich festgehaltene* Kochkunst durchaus *real*: «Wir bekamen also an jenem Tage», erzählt Salimbene da Parma über einen Besuch König Ludwigs IX. im Konvent der Minoritenmönche von Sens, «zuerst Kirschen, dann schneeweißes Brot (...). Dann bekamen wir junge Bohnen in Milch gekocht, Fische und Krebse, Aalpastete, Reis mit Mandelmilch und gestoßenem Zimt, Aale in einer ausgezeichneten Soße, Torten und Quarkkäse; und auch die üblichen Früchte bekamen wir reichlich und geziemend.» Es handelt sich um ein streng fleischloses Mahl, das nicht sonderlich prunkvoll ist; aber die Gänge sind mehr oder weniger die-

selben, die wir in den Rezeptbüchern finden: angefangen mit
dem berühmten «Weißessen», einer Speise, die möglicherweise
arabischen Ursprungs ist, ausschließlich aus weißen Zutaten
wie Reis, Mandelmilch etc. besteht und von der die europäischen Abhandlungen über das Kochen zahlreiche Varianten auf-
führen – mit und ohne Fleisch, mit Hühnchenbrust und Fisch
oder, wie in diesem Fall, nur mit Gemüse. Die Vielfalt der jeweils vorgeschlagenen Zutaten (bei der Untersuchung von 37
Rezepten von «Weißessen», die in englischen, französischen,
italienischen und katalanischen Büchern enthalten sind, konnte
J. L. Flandrin *keines* entdecken, das mit irgendeinem anderen
übereinstimmt) spricht nicht gegen die Annahme, daß es sich
hierbei, wie auch in anderen Fällen, um ein «internationales»
Gericht, um den Ausdruck jener gastronomischen *Koiné* handelt, die die europäische Kultur zwischen dem 13. und dem
15. Jahrhundert ausgeprägt zu haben scheint. Beide Realitäten
scheinen unbestreitbar: gemeinsame Umgangsformen, wieder-
kehrende Speisen und Geschmacksrichtungen, Austausch und
Anleihen zwischen den verschiedenen Regionen auf der einen
Seite; auf der anderen lokale, regionale oder nationale Eigenhei-
ten, die an eine frühe Differenzierung der europäischen Küche
denken lassen. «Die Verschiedenheit des Geschmacks und der
Zubereitungsarten – ausreichend bezeugt zu Beginn des
16. Jahrhunderts in diätetischen Abhandlungen, in dem Essen
gewidmeten Werken sowie in Reisebeschreibungen – hatte mit
ihrer Entstehung nicht die Zeit der Renaissance und der Reformation abgewartet» (Flandrin). Die Zeitgenossen selbst waren
sich dessen bewußt, wie die (manchmal sogar zufälligen oder
phantasievollen, aber dennoch immer bedeutsamen) Bezeichnungen vieler Speisen nach diesem oder jenem Lande zeigen:
«Brühe aus England», «Brühe aus Deutschland», «Weißessen
nach katalanischer Art» . . .

Zu den bestimmenden Merkmalen der «neuen» europäischen
Küche sind gewiß auch die *Kuchen* hinzuzurechnen, eine in allen
Ländern weit verbreitete Mode, die in der antiken Tradition
kaum eine Entsprechung hatte. Hauptsächlich gefüllte Torten,
deren Zusammensetzung stark variierte und die mit einer
Vielzahl von Namen bezeichnet wurden (pastello, pastero,
enpanada, crosta, altocreas), schienen einen außerordentlichen

Erfolg gehabt zu haben. Fleisch, Fisch, Käse, Eier, Gemüse ...
alles kann hineinkommen, in Schichten, Stücken oder wie
Pastete vermischt und von einer Teighülle umgeben. Es ist eine
Kochkunst, die, bedingt oder zumindest begünstigt durch die
Verfügbarkeit eines Backofens, dazu tendiert, sich von der häus- *Backofen*
lichen Dimension des Kochens zu entfernen. Ihr natürliches
Umfeld ist vor allem die Stadt mit ihren öffentlichen Lokalen,
die, den Dokumenten jener Zeit zufolge, wegen ihres warmen
Essens ständig besetzt sind. Auch fehlt es nicht an Garküchen
und «Kochläden», in denen man Kuchen und andere Speisen bereits fertig kaufen kann. «Ich habe für gewöhnlich keine Gäste»,
versichert ein Handwerker aus Pisa in einer Novelle Giuseppe
Sercambis, «und wenn doch mal einer zu mir zum Abendessen
käme, lasse ich vom Koch ein gekochtes Huhn holen.» So erscheint in dieser Zeit auch ein Lichtstrahl über den Küchen der
breiten Volksschichten: Die für den Adel oder das reiche Bürgertum bestimmten Speisen gingen nicht selten durch den «Filter»
der Hausköche oder der öffentlichen Garköche und Bäcker, die
gewiß nicht den höchsten sozialen Schichten angehörten. Tagtäglich muß es zu einem – möglicherweise von den Kochbüchern «vermittelten» – Austausch von Erfahrungen und Kennt-
nissen gekommen sein. Somit ist also «die Küche nicht so sehr
eine *Erfindung* der herrschenden Klassen, sondern vielmehr ein
Bedürfnis derselben, das durch die Kunst des Volkes befriedigt
wird» (G. Rebora). Und es überrascht nicht, daß «ein Teil der
Gerichte, die für den Adel und das reiche Bürgertum bestimmt
waren, in den Allgemeinbesitz übergegangen ist.» Vielleicht
geschah dies sogar durch eine gezielte Senkung der Kosten, die
dadurch bewirkt wurde, daß man beispielsweise die Menge der
Gewürze reduzierte oder sie durch aromatische Kräuter ersetzte, die wahren «Gewürze der Armen», die die Gärten zur
Genüge lieferten.

Ob es sich nun um eine elitäre Gewohnheit handelt, die sich
im Volk weit verbreitet hat, oder aber um eine volkstümliche,
die in die Gastronomie der Elite übergegangen ist: die Gewohnheit des Tortenbackens scheint Mitte des 13. Jahrhunderts ein
unabdingbarer Bestandteil der europäischen Küche geworden
zu sein – zumindest der städtischen. Noch nicht einmal während der Hungersnot von 1246, als man Brot aus Leinsamen buk

– «und es schien ausgezeichnet» –, wollten die Bürger von Parma auf ihre Torten verzichten und gaben sich damit zufrieden, sie fast ohne Füllung zuzubereiten, indem sie ein paar Kräuter und Wurzeln sowie halbgefüllte Schichten von Teig aufeinanderstapelten: *et fiebant turtae in duabus crustis, quatuor, et quinque* . . .

Jedem das Seine

15. Die Rückkehr des Hungers

Ungefähr ab 1270 kommt das europäische Wirtschaftswachstum zu einem besorgniserregenden Stillstand. Die landwirtschaftliche Expansion verlangsamt sich, die Zahl der bebauten Böden nimmt ab. Doch ist dies kein Anzeichen für das Erreichen eines Nahrungsgleichgewichtes. Im Gegenteil: Die Situation wird dramatischer denn je, da es nicht mehr gelingt, auf das Anwachsen der Bevölkerung in adäquater Weise zu reagieren. Der kultivierbare Raum hat sich übermäßig ausgedehnt; der Rückgang der Felder ergibt sich aus der Feststellung, daß eine unüberwindbare Grenze erreicht worden ist, deren Überschreitung bedeutet hätte, umsonst zu arbeiten. Die Nutzung der Randgebiete, die ungeeignet für das Wachstum des Korns sind, hat die Getreideerträge bereits mehr als zuträglich verringert. Das labile Gleichgewicht von demographischem und produktivem Wachstum ist am Zerbrechen: Das ist es, was J. Le Goff die «Rückkehr des Hungers» nennt. Nun verhält es sich nicht so, daß der Hunger jemals aufgehört hätte, die Bewohner von Stadt und Land zu bedrohen. Aber wie wir gesehen haben, durchdrang seine Stimme kaum die allgemeine Euphorie des 12. und 13. Jahrhunderts. Jetzt hingegen wird er wieder zum Protagonisten der europäischen Geschichte.

Während der letzten Jahrzehnte des 13. Jahrhunderts verringert sich die landwirtschaftliche Produktion. Zu Beginn des 14. Jahrhunderts setzt eine Reihe schwerster Hungersnöte ein, auf die unmöglich einzeln eingegangen werden kann, da jede Region – wie immer – ihre besonderen Wechselfälle und Zeiträume hatte. Im Jahre 1302 erreichte der Hunger die Iberische Halbinsel, und nach der *Chronik* Ferdinands IV. von Kastilien «war die Sterblichkeit so groß, daß ein Viertel des Volkes starb. Niemals, in keiner Zeit, hatte die Menschheit eine Plage von so großen Ausmaßen erlebt». Zwischen 1315 und 1317 traf eine

schreckliche Hungersnot weite Teile Europas und insbesondere
die Atlantikregionen. Infolge meteorologischer Störungen kam
es wiederholt zu Beeinträchtigungen des Handels, und die Völker Frankreichs, Englands, der Niederlande und Deutschlands
befanden sich zwei Jahre lang am Rande einer Nahrungskata-
strophe. Italien wurde vor allem von 1328 bis 1330 und im Jahre
1347 getroffen, doch sind dies bloß die Daten der erinnerungs-
würdigsten Heimsuchungen, denn Jahre der Not gab es wesentlich mehr. In Florenz signalisierten die Preisschwankungen von
1303, 1306, 1311, 1323 und 1340 durch Getreidemangel bedingte
Hungersnöte. In den Jahren 1333 und 1334 waren wieder Spanien und Portugal an der Reihe; zwischen 1340 und 1347 Südfrankreich ... Ein halbes Jahrhundert vom Hunger gezeichnet.
Im Zeitraum von 1277 bis 1343 wurden allein für die Gegend
von Forez 34 Hungerjahre errechnet - im Durchschnitt jedes
zweite Jahr.

Und wieder Geschichten, die wir bereits gehört haben, Not-
lösungen, die wir schon kennen. 1329 bemerkt ein Florentiner
Chronist, viele Menschen würden über kein Getreide mehr verfügen, «und sie ernähren sich von Kohl und von Pflaumen und
von Lattich und von Wurzeln, von Melonen und von Kresse,
gekocht und roh. Und von verschiedenen Fleischsorten, manche vom Pferd und manche vom Esel und manche vom Büffel.
Aber alles das», kommentiert er verbittert, «ohne Brot.» Eine
weitere Chronik berichtet, daß die Menschen in Rom während
der Hungersnot von 1338 Kohl «ohne Brot» aßen; einige auch
ohne Fleisch, aber alle «ohne Brot»; und «Brot, Brot» hörte
man es durch die Straßen rufen. Es fehlte auch nicht an patheti-
schen Versuchen, selbst Rüben «in Form von Brot» zu verarbei-
ten. Die Gewöhnung an das Brot, die tief verwurzelte Gewohnheit, diese Art von Nahrungsmittel herzustellen und zu verzehren, zwangen dazu, es um jeden Preis und mit allen möglichen
Zutaten zu backen.

In Augenblicken der Not verschärften sich die Spannungen
zwischen Städtern und Bauern. Die in normalen Zeiten Privilegierten waren auch in Krisenperioden geschützter, vor allem,
wenn ihre Heimatstadt reich und politisch mächtig war. Während der Hungersnot von 1328–30 praktizierte die Kommune
von Florenz beispielsweise eine sehr kostspielige Versorgungs-

politik, indem sie – wie der Chronist Giovanni Villani erwähnt
– «mehr als 60000 Goldflorin zur Unterstützung des Volkes»
ausgab. Korn und Mehl wurden zu politischen Preisen abgege-
ben, um «die Raserei des Volkes und der armen Leute» zu befriedigen, «so daß wenigstens ein jeder Brot zum Leben haben
konnte». Daher strömten in Zeiten des Hungers viele Bauern
durch die Straßen der Städte in der – mitunter vergeblichen –
Hoffnung, hier etwas Eßbares zu finden. «Die Bauern kamen in
die Städte», berichten die Bologneser Chroniken über den Hunger von 1347. Auch in der Toskana kam es während der Krisen
der Jahre 1323, 1329 und 1347 zu einem großen Zustrom Bedürf-
tiger «vom Land in Richtung Stadt und von den kleinen Städten
in Richtung der großen» (G. Pinto).

Nicht selten geschah es jedoch, daß die Vorräte ganz fehlten
oder nicht ausreichten. Dann verließen die Einwohner selbst
ihre Städte auf der Suche nach Eßbarem. Während des Hunger-
jahres von 1338, schreibt ein unbekannter römischer Chronist,
«flüchteten alle Armen von Rom, Frauen und Männer und ein-
same Alte zu den Zufluchtsorten». Sie flüchteten auf die Felder
und in die ländlichen Ortschaften, wo sie, vielleicht, etwas zu
essen finden konnten. Der Chronist versäumt nicht, an ein Ereignis von belohnter Großzügigkeit zu erinnern: an die Tat jenes
Bauern, der gerne bereit war, die Hungernden mit den Bohnen
seines Hofes zu ernähren, bis nach dem Ende der Hungersnot
«die Armen nach Rom zurückkehrten» – und seine Güte wurde
mit einer überreichlichen Ernte vergolten. Es fällt nicht schwer
zu glauben, daß das Land gelegentlich mehr als die Stadt zu bieten hatte. Dies gilt vor allem für die ärmsten Bevölkerungsschichten, die sich, wenn sie weder auf den Feldern noch in den
Wäldern etwas Eßbares aufzutreiben vermochten, auch nicht
auf den städtischen Markt verlassen konnten – sei es wegen des
fehlenden Angebots, sei es wegen der trotz politischer Preise zu
großen Teuerung.

Der fortwährende Ernährungs-Streß, dem die europäische
Bevölkerung in der ersten Hälfte des 14. Jahrhunderts unterworfen war, führte zu einem Zustand verbreiteter Fehlernährung
und körperlicher Schwäche, wodurch der Pestepidemie, die den
Kontinent von 1347 bis 1351 heimsuchte, der Boden bereitet
wurde. Sicher gibt es zwischen diesen beiden Erscheinungen

keine *direkten* Kausalverbindungen. Jede von ihnen hat ihr eigenes Leben, ihre eigene Geschichte, und wir wissen sehr wohl,
daß der Pestbazillus durch Ratten verbreitet wurde. Andererseits ist aber auch klar, daß die Lebensweise der Bevölkerung
(Hygiene, Wohnverhältnisse, Ernährung) eine wichtige Rolle
spielt, da sie die organische Verteidigung des menschlichen Körpers gegen Infektionskrankheiten begünstigen oder behindern
kann. Eine «Pandemie» wie jene, die Europa genau in der Mitte
des 14. Jahrhunderts erschütterte, «kann nicht das Ergebnis eines zufälligen Unfalls sein; durch viele schwere Jahre hindurch,
die eine zu umfangreiche Bevölkerung vor eine prekäre Situation stellten, ist ihr der Weg bereitet worden» (J. N. Biraben).
Das ist vielleicht der Grund, weshalb die Epidemie zum Beispiel
in den Niederlanden die Küstenbewohner in beträchtlich geringerem Ausmaß traf, da ihnen Viehzucht und Fischerei eine
Zufuhr an tierischen Proteinen und Fetten sicherten, die entschieden größer war als jene, über die die Menschen im Landes-
innern verfügen konnten.

Insgesamt scheint die Pest mindestens ein Viertel, in manchen
Regionen aber auch über ein Drittel der europäischen Bevölkerung ausgelöscht zu haben.

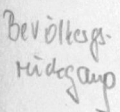

16. Ein fleischessendes Europa?

Nach der Tragödie der Pest «glaubte man, muß wegen des Feh-
lens der Menschen Überfluß an all den Dingen sein, die die Erde
hervorbringt». Diese grausam malthusische Prognose bewahr-
heitete sich nicht: Matteo Villani, der florentinische Chronist,
der sie uns überliefert hat, schreibt der Bosheit der Überlebenden – die, statt Gott zu danken und ihre Sünden zu bereuen,
nichts Besseres zu tun gewußt hätten, als sich ins Vergnügen zu
stürzen – den Hunger und die neuen Hungersnöte zu, die folgen
sollten. Dennoch besserte sich die Lage tatsächlich, wie es auch
nach einer Katastrophe dieser Größenordnung gar nicht anders
hätte sein können. Nach Giovanni de Mussis, der im Jahre 1388
darüber berichtet, hatte sich die Stadt Piacenza in eine Art von
Schlaraffenland verwandelt: «Beim Essen vollbringen alle Wunder, vor allem bei den Hochzeitsbanketten, die meistens dieser

Ordnung folgen: Weißwein und Rotwein für den Anfang, aber vor allem anderen Zuckerkonfekt. Als ersten Gang reichen sie einen Kapaun oder zwei und ein großes Stück Fleisch für jeden Schnitt [d. h. für je zwei Personen], das mit Mandeln und Zucker und anderen guten Gewürzen geschmelzt ist. Dann reichen sie gebratene Fleischsorten in großer Zahl, das heißt Kapaune, Hühner, Fasane, Rebhühner, Hasen, Wildschweine, Rehe oder andere, je nach der Zeit des Jahres. Dann reichen sie Torten und Quark mit Zuckerkonfekt darauf. Dann Obst. Schließlich, nach dem Händewaschen, bevor man die Tafeln aufhebt, reicht man zu trinken und Zuckerkonfekt und dann nochmals zu trinken. Statt der Torten und des Quarks reichen manche zu Beginn des Mahles Kuchen, die aus Eiern, Käse und Milch gemacht sind und oben eine gute Menge Zuckers haben. Zum Abendessen reicht man, des Winters, Fleisch von wilden Tieren, vom Kapaun, vom Hühnchen oder Kalb oder Fisch in Aspik; dann Braten vom Kapaun und vom Kalb; dann Obst. Nachdem die Hände gewaschen sind, reicht man vor dem Aufheben der Tafeln zu trinken und Zuckerkonfekt, dann nochmals zu trinken. Im Sommer dagegen reicht man, immer zum Abendessen, Aspik mit Hühnchen und Kapaun, mit Kalb, Zicklein, Schwein; oder Aspik mit Fisch. Dann Braten vom Huhn, Zicklein, Kalb; oder vom Gänserich, von der Ente oder von anderem Fleisch, abhängig von der jeweiligen Verfügbarkeit; am Ende Obst. Nach dem Händewaschen fährt man wie gewohnt fort. Am zweiten Tag nach der Hochzeit reicht man Lasagne aus Teig mit Käse und Safran, Zibeben und Gewürzen. Dann Kalbsbraten und Obst. Zum Abendessen kehrt jeder nach Hause zurück; das Fest ist beendet. Zur Fastenzeit reicht man als erstes zu trinken und Zuckerkonfekt; darauf Feigen mit geschälten Mandeln, dann große Fische mit Pfeffersoße, darauf Reissuppe mit Mandelmilch, Zucker und Gewürze [dies ist das bereits erwähnte Weißessen]; und gesalzene Aale. Nach all dem reicht man gebratenen Hecht in Essigsoße oder Senfsoße mit gekochtem Wein und Gewürzen. Dann reicht man Nüsse und anderes Obst. Und nach dem Waschen der Hände, bevor die Tafeln aufgehoben werden, das letzte Getränk mit Zuckerkonfekt.»

Diese Unmengen von Speisen (*ciborum lauticia* nennt sie unser Text) machen nicht den Anschein, als seien sie nur den Hochzeitstafeln vorbehalten gewesen. Wir wissen, daß man es vor allem in Augenblicken wie diesem liebt, Reichtum, Wohlstand und Großzügigkeit unter Beweis zu stellen. Dennoch scheint durch die Worte des Chronisten eine grundlegendere Bedeutung dieses konsumistischen Eifers hindurch, der nicht nur den Wunsch manifestiert, sich gesellschaftlich aus der Masse hervorzuheben (nicht grundlos beginnen die Stadtregierungen genau jetzt damit, ausschweifende Zurschaustellungen von Luxus zu verbieten, die als Gefahr für das soziale Gleichgewicht betrachtet werden), sondern vielleicht auch den wiederentdeckten Willen zu leben und zu feiern. Auf jeden Fall läßt sich erkennen, daß das Fleisch (oder alternativ der Fisch; diese beiden Erzeugnisse scheinen unterschiedlichen semantischen Bereichen anzugehören und sich gegenseitig auszuschließen) der absolute Mittelpunkt der verschiedenen geschilderten Menüs war. Die gesamten Beilagen werden nicht einmal erwähnt: Wir erfahren nichts über das Brot, die Hülsenfrüchte, das andere Gemüse, die einfach zu verbreitet waren, um in Erinnerung gerufen zu werden. Aus anderen Quellen wissen wir, daß bei den reichen Bürgern und dem Stadtadel der Konsum pflanzlicher Nahrung – eine Ausnahme wurde für das weiße Weizenbrot gemacht – einen sehr geringen Stellenwert hatte.

Der Verzehr von Fleisch, wir haben es gesehen, war seit langem ein *Statussymbol* gesellschaftlicher Vorrechte: Adlige und Bürger hatten daraus das grundlegende (wenn auch nicht das einzige) Kennzeichen ihrer Ernährungsweise gemacht. Dennoch ist es wahrscheinlich, daß in der zweiten Hälfte des 14. Jahrhunderts der Fleischverbrauch auch wegen des Eßverhaltens der unteren Gesellschaftsschichten allgemein zunahm. Der Rückzug der Getreidekulturen, der sich seit den letzten Jahrzehnten des 13. Jahrhunderts abzuzeichnen begonnen hatte, setzte sich fort und verschärfte sich nach dem demographischen Zusammenbruch Mitte des 14. Jahrhunderts. Weiden und Naturwiesen begannen in vielen Gegenden wieder zu dominieren, während in bestimmten Gebieten – von Nordfrankreich bis zur Lombardei – die landwirtschaftlichen Betriebe erstmals den Futterpflanzenkulturen Platz einräumten. Auch gab es Höfe, die auf die Viehzucht spezialisiert waren, und zwar hauptsächlich in den Hoch- und Mittelgebirgen, von Schwaben bis Bayern, von Kärnten bis Tirol, bis zur Schweiz und dem Elsaß. Das alles bedeutete sowohl auf lange als auch auf kurze Sicht einen bemerkenswerten Impuls für den Fleischhandel. Die osteuropäischen Länder – Polen, Ungarn und der Balkan – begannen damit, Vieh in den Westen zu schicken. Die städtischen Märkte wurden mit ungewohnter Leichtigkeit und Beständigkeit mit Fleisch versorgt. Die Preise fielen, während die demographische Krise das Ansteigen der Reallöhne beschleunigte. Dies ermöglichte einer größeren Schicht von Verbrauchern den Zugang zum Fleischkonsum. Es war die Zeit des «fleischessenden» Europa, wie wir sie aufgrund einer gelungenen Definition Braudels für gewöhnlich nennen, «eine Zeit individuellen, glücklichen Lebens» (bis zu welchem Punkt und innerhalb welcher Grenzen werden wir sogleich sehen), die bis zur ersten Hälfte des 16. Jahrhunderts andauerte.

Nach W. Abel, der sich hauptsächlich auf Deutschland bezieht, verbrauchten die Menschen des 15. Jahrhunderts jährlich durchschnittlich 100 kg Fleisch *pro Kopf*. Eine enorme Menge, ein «wahres und echtes physiologisches *Maximum*» (R. Mandrou), das – wenn wir die von den kirchlichen Richtlinien auferlegten Tage der Abstinenz in Betracht ziehen – um die 400–500 g Fleisch täglich bedeuten würde, bei 200–220 Tagen effektiven Konsums. Es mangelt aber nicht an Hinweisen, aufgrund derer man Angaben wie diese, wenn auch nicht für wirklich plausibel, so doch wenigstens für möglich halten kann. Allerdings nur, wenn man sie auf die nördlich der Alpen liegenden Länder, in denen der Fleischverbrauch generell höher ist, sowie auf die mittleren und oberen Gesellschaftsschichten bezieht oder zumindest auf die Stadtbewohner. Das hohe deutsche Niveau beim Fleischkonsum wird auch durch Polen, Schweden, England und die Niederlande bestätigt. Im Paris des 16. Jahrhunderts bemerkte ein Beobachter, daß «alle Handwerker und Händler, nicht weniger als die Reichen, an den fetten Tagen Zicklein oder Rebhuhn essen wollen».

In den Mittelmeerregionen hatte das Fleisch für die Ernährung keine vergleichbar entscheidende Bedeutung. Auch hier aber enthüllen die Dokumente des 14. bis 16. Jahrhunderts alles andere als ein unerhebliches Konsumniveau. Die Studien L. Stouffs über die Provence geben für die Jahre zwischen 1430 und 1442 die Zahl von gut 66–67 kg Fleisch für die Angehörigen des Bischofs von Arles an; lediglich 26 kg jährlich war dagegen der durchschnittliche *Pro-Kopf*-Verbrauch der Bevölkerung von Carpentras 1472/73. Der gesellschaftliche Bezugsrahmen scheint also entscheidend bei der Bestimmung der «Stufen» des Konsums. Davon unterscheiden sich die Zahlen für einige sizilianische Städte, die sich aus den Untersuchungen von A. Giuffrida, M. Aymard und H. Bresc ergeben, nicht sonderlich: Um die Mitte des 15. Jahrhunderts scheint sich der Verbrauch bei 20 kg jährlich stabilisiert zu haben und ist somit weit entfernt von den von Abel vermuteten 100 kg für Deutschland, aber dennoch bemerkenswert, wenn man ihn den heutigen Parametern gegenüberstellt. Es ist hinzuzufügen, daß diese Berechnungen die Einkäufe auf dem Markt zur Grundlage haben und offensichtlich nicht den häuslichen Eigenverbrauch mit einbeziehen können (Schweine, Schafe, Geflügel). Auch in Tours schwankt der Fleischverbrauch gegen Ende des 15. Jahrhunderts zwischen 20 und 40 kg jährlich *pro Kopf*.

Es ist durchaus nicht klar, ob dieser hohe Fleischkonsum das Resultat einer *neuen* Situation war, die nach der wirtschaftlichen und demographischen Krise Mitte des 14. Jahrhunderts entstand, oder ob es sich vielleicht dabei nicht um die – sogar verstärkte – Fortsetzung einer bereits gegebenen Lage handelte. Auch im 13. Jahrhundert waren die europäischen Städte große Fleischverbraucher, und einige Daten aus der ersten Hälfte des 14. Jahrhunderts scheinen keine andersartigen Schlußfolgerungen zuzulassen. 1308 bezog in Sizilien ein Beschäftigter einer Schlachterei neben seinem Monatslohn einen «Korb» von täglich drei Broten und 2,4 kg Fleisch in der Woche. Dabei handelt es sich natürlich um eine Vergütung, nicht um den Verbrauch selbst; doch wird damit eine unvermutete Fülle an Fleisch aufgedeckt. Für die zwanziger und dreißiger Jahre jenes Jahrhunderts hat E. Fiumi für einige toskanische Städte einen *Pro-Kopf*-Verbrauch an Fleisch ermittelt, der dem der sizilianischen Städte des 15. Jahrhunderts sehr nahekommt: rund 20 kg in Prato; ungefähr 38 kg in Florenz. Letztere Zahl ist sicherlich zu hoch gegriffen, aber darum nicht weniger interessant.

Kaum haben wir die Stadtmauern hinter uns gelassen, ändert sich die Lage. Zwar nicht radikal, weil das Fleisch auf den

Tischen der Bauern des 14./15. Jahrhunderts wie auch in den Jahrhunderten davor durchaus keine Seltenheit war. Doch gewinnt man den – von sehr wenigen Angaben, die noch hypothetischer sind als jene für die Städte – Eindruck, daß es bei der Versorgung mit Lebensmitteln größere Schwierigkeiten gab. Stouff zufolge aßen die provenzalischen Bauern im 15. Jahrhundert zweimal in der Woche Fleisch. Entschieden höher (40 kg *pro Kopf* jährlich) ist die Schätzung E. Le Roy Laduries hinsichtlich der Entlohnungen in der Landwirtschaft des Languedoc. Günstig war die Lohnsituation auch für die Beschäftigten der sizilianischen Weinberge, die im 15. Jahrhundert eine tägliche Ration von mindestens 800 g Fleisch erhielten, manchmal aber sogar bis zum Doppelten. Die nichtspezialisierten Arbeiter aßen es dreimal in der Woche. Anders erging es da den elsässischen Bauern, die im Jahre 1429 für geleistete Frondienste «zwei Stück Rindfleisch, zwei Stück gebratenes Fleisch, ein Maß Wein und Brot für zwei *Pfennige*» erhielten. Doch befinden wir uns hier weit oberhalb der Ernährungsbedingungen, mit denen die europäischen Bauern vom 18. Jahrhundert an notgedrungen ihre Erfahrungen machen werden.

Der Kontrast Stadt – Land bleibt – für lange Zeit – ein wesentlicher Faktor der gesellschaftlichen Nahrungsverteilung. Vor allem für den städtischen Markt sind die Rinder gedacht, die die Ausdehnung der Weiden und die Weiterentwicklung der Viehzuchtbetriebe in größeren Stückzahlen als in der Vergangenheit zu liefern ermöglichen. Ein Rind zu schlachten ist fast niemals eine Familienangelegenheit, nicht zuletzt auch wegen der Fleischmenge, die solch ein Tier liefert. Nur die Anwesenheit einer großen Zahl von Konsumenten, wie sie sich in der Stadt zusammendrängt, macht diesen Vorgang einträglich. Hier zeichnet sich also, auch in Hinsicht auf das «Image», eine Gegenüberstellung ab von Schweinefleisch, dem Symbol einer tendenziell autarken Familienwirtschaft, und Rindfleisch, dem Symbol einer neuen Handelsdynamik. Auf der einen Seite die alte Wald-, auf der anderen die neue Viehwirtschaft. Hier das Land, da die Stadt. War im 12. und 13. Jahrhundert gesalzenes Schweinefleisch noch für alle, Stadtbewohner und Bauern, das Fleisch schlechthin (in *Raoul de Cambrai* scheint es sogar den Brand von Origny zu begünstigen: «sie verbrennen die Schinken, schmelzen die Speckreserven, das Fett nährt das große Feuer»), so lieben es die Städter jetzt, sich als Verzehrer von Ochse, Rind und Kalb hervorzutun, dem teuersten und exklusivsten Fleisch auf dem Markt – für die, die es sich leisten können. Wer das nicht kann, begnügt sich mit Schafen und Hammeln, einer Tierart, die im 14. und 15. Jahrhundert aus zweierlei Gründen ihre größte Verbreitung findet: Zum einen hatte die Umgestaltung des flachen Landes viele kultivierte Flächen beseitigt, aber offensichtlich die zerstörten Wälder nicht wiederhergestellt worden; anstelle der alten Waldgebiete waren große Wiesen entstanden, Böden, die eher für Schafe als für Schweine geeignet waren. Zum anderen war das wollverarbeitende Gewerbe, ein Bereich, der schnell und mächtig expandierte, gerade auf diese Tiere angewiesen. Beide Umstände hatten das Schaf zu einer Art «Modetier» der städtischen Gesellschaft des 14./15. Jahrhunderts werden lassen: Wenn man es unter dem Aspekt der Ernährung auch nicht sonderlich schätzte (ihr Fleisch, liest man, sei nur für Personen mit wenig auserlesenem Geschmack geeignet), war es doch ein Merkmal der Unterscheidung und, um es so auszudrücken, der *Emanzipation* gegenüber der Ernährungsweise des Landes, gegenüber einer Nahrung – gesalzenes Schweinefleisch –, die zum wahren Symbol des Landlebens geworden war. Also «adoptierte» die europäische Stadtbevölkerung das Schaffleisch in bewußtem Gegensatz zu jenem des Schweines, das auf den städtischen Märkten nach dem 14. Jahrhundert im Abstieg begriffen war, nicht nur wegen des Wunsches nach frischem Fleisch, sondern auch eines Image-Faktors und eines Bedürfnisses der Selbstfindung wegen. Dies geschah in Italien wie in Frankreich und in England in derselben Zeitfolge und unter denselben Bedingungen. Selbst dort, wo die meisten auch weiterhin gesalzenes Schweinefleisch aßen, war die befreiende Bedeutung seiner gelegentlichen Ersetzung durch «neue» Fleischsorten offensichtlich. Im Bergland von Forez ersetzte im 15. Jahrhundert anläßlich von Festlichkeiten «ein Teller Rind- oder Schaffleisch die üblichen Stücke vom Schwein» (Alexandre – Beck). Und in einer Novelle Gentile Serminis behauptet ein armer Bauer: «Meine Familie ißt niemals frisches Fleisch, außer ein paarmal im Monat ein wenig Hammel.»

Was schließlich die Nutzung der Wälder betrifft, die Möglichkeit, sich dort Wildbret zu beschaffen und Tiere zu weiden, so
sind im 14./15. Jahrhundert die Würfel gefallen. Der Großteil
der unkultivierten Flächen ist – einige Gebiete in den Bergen
ausgenommen – der Nutzung durch die Allgemeinheit verschlossen. Die freie Tierhaltung hat mit Ausnahme des Schafes
der Stalltierhaltung Platz gemacht. Im 15. Jahrhundert hat sich
auf den Bauernhöfen bereits die «Domestizierung» der
Schweine durchgesetzt, und einige medizinische Traktate beginnen, vom Fleisch «eingekerkerter Tiere, wie in Ställen gemäste-
ter Rinder und Schweine», abzuraten. Dagegen werden die in
den Bergen, die im Freien erlegten Tiere empfohlen. Wer aber
kann überhaupt noch jagen gehen? Die Jagdrechte werden jetzt
eher in Form von *Konzessionen* als in Form wirklicher Rechte
verliehen. Konzessionen, die – immer seltener – von denjenigen
erteilt werden, die deren Alleinrechte innehaben. Für gewöhnlich ist dies die öffentliche Hand. Es handelt sich um Konzessionen, die jederzeit aus jedwedem Grund entzogen werden können. So geschehen im Jahre 1465, als die Republik Venedig die
Jagd auf den Ländereien von Brescia untersagte, um sie einem
illustren Gast zur vollen Verfügung zu überlassen, dem Mar-
chese von Ferrara, Borso d'Este. Es ist sehr bezeichnend, daß
für die Fürsten des 15. und 16. Jahrhunderts die zeitweilige Öff-
nung der Reservate ein einfaches Mittel war, ein schnell wir-
kendes und effektives Instrument, um die Sympathien der niederen Schichten für sich zu gewinnen. Darauf griff unter anderem im Jahre 1494 Ludovico il Moro zurück, als er sich die
Unterstützung des Volkes in einem für seine Herrschaft besonders heiklen Augenblick sichern wollte, denn der französische
König Karl VIII. war dabei, in Italien einzufallen. Das waren
Maßnahmen eindeutig demagogischen Charakters (nennen wir
sie *carnem et circenses?*), die sofort wieder rückgängig gemacht
wurden, sobald deren Anlaß nicht mehr vorhanden war und die
mit dem Privileg verbundenen Vorrechte wieder die Oberhand
gewannen.

17. Der Verzicht auf Fleisch

Fasten

Dieser Gesellschaft von «Fleischessern» wurde von den kirchlichen Normen auferlegt, sich rund 140–160 Tage im Jahr des Fleischverzehrs zu enthalten. Diese Form des Verzichts – deren große Bedeutung, wie wir schon gesehen haben, auf indirekte Weise die zentrale Rolle des Fleisches in der Ernährung jener Zeit bestätigt – war seit vielen Jahrhunderten im kulturellen Umfeld des Christentums verbreitet. Anfangs hatten vor allem Eremiten und Mönche in individueller Entscheidung oder unter Beachtung bestimmter Regeln eine derartige Enthaltung praktiziert; dann hatte sich dieses Vorbild auf die gesamte Gesellschaft ausgebreitet, wobei es von den Vorschriften der kirchlichen Autoritäten abgeschwächt und gefestigt wurde. Diese Vorschriften betrafen einige Wochentage (insbesondere den Mittwoch und den Freitag; später nur letzteren) und bestimmte Tage oder Perioden des Jahres. Dazu gehörten die Vortage von Festlichkeiten sowie lange und kurze Fastenzeiten. Neben der Osterzeit gab es drei «kleinere» von unterschiedlicher Dauer, die von den jeweiligen lokalen Bräuchen abhingen.

Die Motive für diese Fastenzeiten sind ziemlich komplex und nicht völlig geklärt. Zu den Gründen der Bußübung (wie zum Beispiel der tägliche Verzicht auf ein liebgewonnenes Vergnügen) kamen noch weitere hinzu, die sowohl mit dem Fortbestehen einer bestimmten «heidnischen» Vorstellung vom Fleischverzehr in Verbindung standen als auch mit der durch Schriften der Medizin wissenschaftlich bestärkten Konvention, daß der Verzehr von Fleisch sexuelle Ausschweifung (dieser großen Feindin des perfekten Christen) begünstige. Außerdem spielten noch die Traditionen des vegetarischen «Pazifismus» eine Rolle, ein Erbe der griechischen und hellenistischen Philosophie. Tatsache ist, daß die Abstinenz vom Fleisch seit den ersten Jahrhunderten des Christentums wie ein zentrales *Leitmotiv* die Moraltraktate und Bußvorschriften durchzog. Daraus resultierte die Notwendigkeit alternativer Nahrungsmittel und der – ökonomisch wie kulturell – große Erfolg von «Ersatz»-Produkten, wie von Hülsenfrüchten, Käse, Eiern – und Fisch. Dessen Aufstieg zum Fleischersatz schlechthin, zum wahren «Nahrungsmerkmal» der «mageren» Zeiten und Tage verlief jedoch weder

linear noch unangefochten. Während der ersten Jahrhunderte *Fisch*
des Christentums schien die Tendenz, auch den Fisch von der
Fastendiät auszuschließen, ziemlich stark gewesen zu sein.
Dann brach sich eine Haltung stillschweigender Toleranz Bahn,
die ihn nicht verbot, aber auch nicht vorschrieb. Erst ab dem
9./10. Jahrhundert gab es keine Bedenken mehr, den Fischverzehr – der inzwischen in weiten Teilen des christlichen Europa
eine Gewohnheit geworden war – während der Tage der Abstinenz zu gestatten. Nur die sogenannten «fetten» Fische wurden
von der Diät der Fastenzeit ausgenommen, das heißt, große
Meerestiere wie Wale, Delphine etc., deren Fleisch vermutlich *Meeressäuge*
vor allem wegen der großen Menge Blutes, die es enthielt, dem
der Landtiere zu ähnlich erschien. Von solchen Ausnahmen abgesehen, nahm der Fisch (und mit ihm alles, was im Wasser
lebte) von da an allmählich immer klarer und unmißverständ-
licher die kulturelle Gestalt eines «fleischlosen» Nahrungsmittels
an. Er wurde zum Symbol der Diät der Mönche und der Fastenzeit (von der unterdessen Milchprodukte und Eier ausgeschlossen wurden). Der *Gegensatz* des Fisches zum Fleisch, der anfänglich stark verschleiert, wenn nicht sogar negiert worden
war, trat immer deutlicher zutage. Die Zusammenstellung der
Menüs orientierte sich deutlich in die eine oder andere Richtung, wobei «Verunreinigungen» vermieden wurden. Die Tei-
lung der Rollen war klar, die Grenzen unüberschreitbar. Der
«Kampf» zwischen Fleisch und Fisch, zwischen «Karneval» und
«Fastenzeit», ist ein seit Beginn des 13. Jahrhunderts verbreiteter rhetorischer Kunstgriff, der eine tiefgehende kulturelle Integration des Konsums von Fleisch und Fisch in sich birgt, die
zwar einander gegenüberstehen, sich aber auch ergänzen und
im Laufe des Jahres ritterlich miteinander abwechseln. Nicht
ohne Grund war es in bestimmten europäischen Städten, wie
beispielsweise in Florenz, ein und dieselbe «Kunst», den Verkauf von Fleisch und Fisch gleichzeitig auszuüben.

Die Ausbreitung des Christentums hatte also eine bemerkens-
werte und vielleicht entscheidende Bedeutung dabei, die «Kultur des Fisches» der des Fleisches an die Seite zu stellen. Beda berichtet, daß die heidnischen Angelsachsen, obwohl das Meer
und die Flüsse «Fische im Überfluß» hätten, keinen Fischfang
praktizierten, so daß es zu den ersten Maßnahmen Bischof

Wilfriths gehörte, der gekommen war, um das Land zu evange-
lisieren, ihnen beizubringen, «sich durch Fischen Nahrung zu
verschaffen». Wie H. Zug-Tucci im übrigen bemerkt, führt
noch im 11. Jahrhundert das *Domesday Book* eine unerhebliche
Anzahl von Fischern gegenüber einer exorbitanten Zahl von
Schweineställen auf: In Devonshire beträgt das Verhältnis 17 zu
1168. Ebenfalls im 11. Jahrhundert gingen nach dem Zeugnis
Thietmars von Merseburg die polnischen Fürsten gegen die
Übertreter der kirchlichen Gesetze über den Fleischverzicht auf
brutale Weise vor: «Wer nach der Septuagesima offensichtlich
Fleisch ißt, wird mit Ausbrechen der Zähne bestraft.» Aber im
Grunde war die Strafe sogar milder geworden im Vergleich zu
jener, die Karl der Große für dasselbe Vergehen im Kapitular *De
partibus Saxoniae* vorgesehen hatte: nichts weniger als den Tod.

Doch mußte man einige Jahrhunderte warten, ehe die Fortschritte der Konservierungsmethoden aus dem Fisch ein wirklich allgemeines Nahrungsmittel machten. Im Frankreich des
12. Jahrhunderts war er noch mit einer Vorstellung von Luxus
behaftet, als Abaelard, indem er ein Motiv der antiken christlichen Libellistik wiederaufgriff, vom Verzicht auf Fleisch abriet,
um andernfalls nicht auf wesentlich seltenere und teurere Fisch-
köstlichkeiten zurückgreifen zu müssen. Das größte Problem
war das des Transports, denn Fisch ist ein leichtverderbliches
Nahrungsmittel. Daher das einzigartige Glück desjenigen, der
Aal genießen konnte, ein Fisch, welcher nach Thomas von
Canterbury «sechs Tage ohne Wasser überlebt», worauf uns
H. Zug-Tucci hinweist; «vor allem», so Albertus Magnus,
«wenn man ihn an einem kühlen und schattigen Ort ins Gras
legt und ihn nicht daran hindert, sich zu bewegen». Transportiert und konsumiert wurden hauptsächlich Süßwasserfische,
die leichter zu finden, zu fangen und schneller zu befördern
waren. «Um in Kampanien die Heringe zu finden, die Thomas
von Aquin in Frankreich schätzengelernt hatte, ist ein Wunder
nötig»: Also verwandeln sich frische Sprotten, die in einem
Korb liegen, auf wunderbare Weise in ebenfalls frische Heringe.
Frische Meeresfische waren tatsächlich eine Rarität. Auf die
städtischen Märkte gelangten in erster Linie die konservierten.
Die Gewohnheit, sie zu pökeln (oder zu trocknen, zu räuchern,
in Öl zu legen), war zwar sehr alt, doch erst mit Beginn des

12. Jahrhunderts führte die Verbesserung dieser Techniken, die von der steigenden Nachfrage beschleunigt wurde, zu einem allgemeinen Konsum dieser Art von Fisch – im Gegensatz zum frischen, der weiterhin als Luxusspeise galt.

In eben diesem 12. Jahrhundert begann man, den (gesalzenen) Hering aus dem Baltikum auf breiter Basis zu handeln. Im dar- *Hering* auffolgenden Jahrhundert stellte der bereits zitierte Thomas von Canterbury fest, daß auf diese Weise konservierter Fisch «mehr als alle anderen Fische» frisch bleibe. Um die Mitte des 14. Jahr- hunderts entwickelte der Holländer Willem Beukelszoon ein System, Heringe schnell auszunehmen, sie einzusalzen und in demselben Boot zu verstauen, von dem aus sie gefangen wur- den. Auf dieser Verarbeitungsmethode gründete sich der Erfolg der Hanse und, später, der der holländischen und seeländischen Fischer. Doch um das 14./15. Jahrhundert verließ der Hering die Ostsee. Von da an verfolgten ihn die holländischen und seeländi- schen Schiffe auf hoher See vor den englischen und schottischen Küsten.

Entsprechend begann man mit den Süßwasserfischen zu ver- fahren. Für die Zeit ab dem 13. Jahrhundert sind an der Nieder- donau große Fischteiche für die Züchtung von Karpfen doku- *Karpfen* mentiert, die gesalzen oder in Essig eingelegt wurden. Der Karpfen scheint einige Jahrhunderte zuvor von süddeutschen Mönchen zusammen mit dem christlichen Glauben in diese Re- gion eingeführt worden zu sein. Im Laufe der Zeit wurde er zu einer der Hauptnahrungsquellen des Landes. Böhmen, so be- richtet der venezianische Gesandte Giovanni Michiel im 16. Jahrhundert, «hat so volle Fischteiche, daß sie einen großen Teil des Reichtums des Königreiches darstellen». In den Bergre- gionen wich die Ziegenhaltung der Züchtung von Hechten und *Forelle* Forellen. Anderswo fischte man Lachse, Lampreten und Störe – *Lachse* letztere waren vor allem dank ihrer Größe hochgeschätzt. Be- *Störe* rühmt waren jene aus dem Po, der Rhône, der Garonne, aus dem Schwarzen und dem Kaspischen Meer. Getrocknet und ge- salzen stellten sie hauptsächlich für venezianische und genuesi- sche Kaufleute ein Handelsobjekt dar.

Ab dem Ende des 15. Jahrhunderts begann eine neue wichtige Fischart den Fischhandel und -konsum zu dominieren, die nach und nach den Stör und andere Konkurrenten verdrängte: der

Kabeljau Kabeljau, der seit Jahrhunderten in ozeanischen Gewässern gefangen, jetzt aber in praktisch unerschöpflichen Mengen in den
seichten Küstengewässern vor Neufundland aufgespürt wurde.
Um die Nutzung dieser Gewässer setzte ein wahrer Krieg ein;
Basken, Franzosen, Holländer und Engländer nahmen daran
mit wechselndem, immer von der Macht der Kanonen diktier-
tem Glück teil. Am Ende sicherten sich nur die stärksten Flotten,
das heißt, die englische und die französische, den Zugang zu
den Fischbänken. Getrocknete und gesalzene Kabeljaue sowie
Stockfische und Klippfische, einmal nach Gewicht, ein andermal stückweise verkauft, waren auf den Tischen breiter Bevölkerungsschichten ständig präsent, vor allem in den Städten.

Trotz alledem blieb der Fischverzehr von kulturellen Bedeu-
tungsgehalten gekennzeichnet, die verhinderten, daß er wirklich «populäre» Sympathien erlangte. Der konservierte Fisch
rief Vorstellungen von wirtschaftlicher Armut und gesellschaftlicher Subalternität hervor; der frische Fisch Bilder des Reichtums, aber eines kaum beneidenswerten Reichtums, denn Fisch
macht nicht *satt*. Er ist ein «leichtes» Essen, und gerade deshalb
eine Fastennahrung, weil er nur von demjenigen voll genossen
werden kann, der nicht den täglichen Hunger vor Augen hat.
Aus beiden Gründen hatte es der Fisch schwer, in den Kreis der
Nahrungsmittel aufgenommen zu werden, die man grundsätzlich positiv bewertete. Man aß ihn, und zwar reichlich; aber in
kultureller Hinsicht blieb er immer ein Ersatz für das Fleisch.

18. Eine Frage der Qualität

14.–16. Jh.
gesell.
Mobilität
Zwischen dem 14. und dem 16. Jahrhundert, nicht ohne Grund
auch in bestimmten Schichten der bäuerlichen Welt eine Epoche
großer gesellschaftlicher Mobilität, erweist sich die Ideologie
der herrschenden Klassen besonders darauf bedacht, die *Lebensstile* der verschiedenen sozialen Schichten zu definieren: Das
Eßverhalten (dies besonders), die Kleidung und die Wohnverhältnisse werden sorgfältig kodifiziert. Zu beachten ist aber,
daß die Absicht, die dahintersteht, nicht deskriptiver Art ist, bewegt man sich doch eigentlich eher im Bereich der Vorschriften.
Exemplarisch dafür sind die sogenannten «Luxus-Gesetze», die

darauf ausgerichtet waren, «private» Verhaltensweisen und Konsumgewohnheiten zu kontrollieren, um Exzesse von Prahlerei und Verschwendung zu verhindern, wie jene, die anläßlich der Hochzeitessen vorkamen und das öffentliche Ansehen und die Macht der einzelnen Familien, Innungen und Zünfte schädigten. Doch bis zu welchem Punkt läßt sich ein Festessen tatsächlich als eine private Angelegenheit bezeichnen?

Nicht so sehr Gründe der moralischen Ordnung bildeten das Fundament dieser Gesetze als vielmehr Fragen der gesellschaftlichen und politischen Kontrolle. Die herrschende Ordnung sollte garantiert und bewahrt, ein Anwachsen des Prestiges von Genossenschaften oder Berufsverbände verhindert werden, denn sie hätten dem bestehenden Gleichgewicht einen Stoß versetzen können. Aus diesem Grund waren die Aufrufe zur Mäßigung in solchen politischen Gemeinschaften besonders intensiv und zahlreich, die sich – zumindest aus ideologischer und programmatischer Sichtweise – ausdrücklich auf die Ideen von Gleichheit und Demokratie beriefen. Dies ist der Fall in der Republik Venedig, in der die Überwachung der Tischsitten eigens dafür eingesetzten Aufsichtsbeamten anvertraut war. Ein Dekret aus dem Jahre 1562 zum Beispiel forderte dazu auf, daß man «zu jedwedem Fleischgericht nicht mehr als eine Handvoll Braten und eine voll Gesottenes geben soll, worin nicht mehr als drei Sorten Fleisch sein sollen oder Hühner». Das Fleisch wilder Tiere, «so aus der Luft wie von der Erde», war verboten. Bei fleischlosen Mahlzeiten durfte man «zwei Sorten Braten, zwei Gesottenes und zwei Gebackenes mit ihren Vorspeisen, Salate, Milcherzeugnisse und andere gebräuchliche und gewöhnliche Dinge, eine Handvoll üblicher Torten, Marzipan und normales Konfekt» anbieten. Dagegen waren Forellen oder Störe, Fische aus Seen, Kuchen oder «pastelli» (getrocknete Teigstückchen) sowie aus Zucker hergestellte Süßigkeiten verboten. Erlaubt waren lediglich die gewöhnlichen, vom Bäkker produzierten Teigwaren. Weiterhin galt als ausgemacht, «zu ein und demselben Mahl nicht Fleisch und Fisch zusammen zu reichen». Das Dekret versäumte nicht, den Amtsvertretern die Erlaubnis zu erteilen, persönlich die Arbeit der Köche zu kontrollieren und die Küche und Speiseräume zu inspizieren.

Derartige Normen enthüllen den Willen, die Ernährungsgewohnheiten festzuschreiben und zu «normalisieren», wodurch in einer Zeit intensiver gesellschaftlicher Veränderungen,
bei denen die bürgerlichen Schichten neben den traditionellen
Adel treten (oder gegen ihn antreten), Ordnung im Innern der
herrschenden Klasse geschaffen werden soll. Das Benehmen,
der Lebens-«Stil» kann für dieses Vorhaben einen geeigneten
Ausgangspunkt darstellen. Wichtigstes Anliegen aber ist, die
herrschende Klasse von den anderen gesellschaftlichen Gruppierungen zu unterscheiden, vom städtischen Kleinbürgertum,
den «Kleinen Leuten», den «Flegeln». Ein wenig ist die gesamte
Literatur dieser Jahrhunderte (private und öffentliche Urkunden,
Erzählungen, Polemiken, agronomische und gelehrte Abhandlungen, medizinisch-diätetische Handbücher etc.) von einem immer wieder auftauchenden Charakteristikum geprägt: Sobald
das Thema der Ernährung und des Ernährungsverhaltens ange-
schnitten wird, tritt deutlich zutage, daß man sich auf genau
präzisierte Kategorien, Gruppen und soziale Schichten bezieht.

Die grundlegende Annahme ist, daß man «abhängig von der
Qualität der Person» essen solle – dem nicht zuzustimmen wäre
schwierig, wenn man unter «Qualität» die physiologischen
Charakteristika und die spezifischen Lebensgewohnheiten eines
jeden Individuums versteht. Genau dies war der Schlüsselbegriff des griechisch-lateinischen Denkens gewesen, die Basis
der europäischen Medizinwissenschaft: Die Modalitäten der
Nahrungsaufnahme sind in strikt individueller Weise festgelegt,
unter Berücksichtigung des Alters, des Geschlechts, der «Hu-
moralkonstitution», des Gesundheitszustands, der Art der ver-
richteten Aktivitäten; und schließlich auch des Klimas, der Jahreszeit und sämtlicher Umweltbedingungen, die auf die spezifischen Auswirkungen übertragen werden, die sie vermutlich auf
den Menschen aufgrund dessen subjektiver Eigenschaften haben können. Ein ziemlich anspruchsvolles und offensichtlich
elitäres diätetisches Programm, allein wegen der Tatsache, daß
es viel Aufmerksamkeit, Zeit und Kultur voraussetzt. Hippokrates war sich dessen vollständig bewußt, als er seine ausführ-
lichen Vorschriften an eine Minderheit ausgesuchter und kulturell vorbereiteter Personen richtete, wobei er «für die Masse
der Menschen» wenige allgemeine Hinweise aufsparte. Doch

eigentlich war der Mensch ohne Eigenschaften – beziehungsweise der «freie» Mensch, aber für Hippokrates war das gleichbedeutend mit dem Menschen *tout court* – das Versuchsobjekt
dieser Lehre. In der Folge tritt – indem sich diese Idee einer
«Qualität der Person» unter vorwiegend *gesellschaftlichen* Gesichtspunkten durchsetzt – eine Veränderung der Perspektive
ein. Diese stimmt immer mehr mit dem sozialen Status des Individuums, seiner hierarchischen Stellung, seinem Vermögen und
vor allem mit seiner Macht überein. Und es handelt sich dabei –
zumindest in der Überzeugung oder Vorstellung der herrschenden Klasse – um eine unveränderbare und sozusagen der jeweiligen Person immanente «Qualität», um einen *Status,* der, einmal
für alle definiert, starr und unerschütterlich wie die gesellschaftliche Ordnung ist.

Bereits zur Zeit der Karolinger scheint der Begriff klar umris-
sen zu sein, als die königlichen Kapitularien verfügen, daß die
für das Reich auf Reisen Geschickten *(missi)* «abhängig von der
Eigenschaft ihrer Person» *(iuxta suam qualitatem)* mit Nahrung
versorgt werden sollen. Bei der Beschreibung der unterschiedlichen Arten, in denen sich die Laster des Gaumens manifestieren
können, versäumt Alkuin nicht, die Sünde desjenigen zu bekla-
gen, der sich erlesenere Speisen zubereiten läßt, als sie die «Qualität» seiner Person erfordert *(exquisitiores cibos ... quam ... suae
qualitas personae exigat).* Diese hierarchische Auffassung der Ernährung beginnt das symbolische, vom Glauben verliehene
Bild des «spirituellen Mahls», der «inneren Fülle» zu beeinflussen. In der im 12. Jahrhundert verfaßten *vita* des Mönchs Ap-
pian lesen wir, daß er «mit dem Wort Gottes die Armen labte,
die Mittelmäßigen sättigte und die Reichen und Mächtigen mit
spirituellen Mahlzeiten erfüllte». Die paradoxe Steigerung der
für diese drei Kategorien *(recreavit; pleniter refecit; spiritualis epulis
saturavit)* verwendeten Begriffe ist der Spiegel einer Mentalität
und Kultur, die daran gewöhnt ist, den Nahrungsverbrauch mit
dem auf der sozialen Leiter besetzten Rang zu identifizieren.
«Beim Essen und beim Kleiden gestattet man den Vornehmen
mehr als den einfachen Leuten, da sie von höherem Stand sind.»
So schrieb im 13. Jahrhundert Salimbene de Adam, obwohl er
wahrscheinlich nicht die Exaktheit des Patriarchen von Aquileia
teilte, welcher «zur Ehre und zum Ruhm des Patriarchats» den

Geist der Fastenzeit auf recht ungewöhnliche Weise interpretierte: Am ersten Tag ließ er sich 40 verschiedene Gerichte servieren und anschließend jeden Tag eines weniger – bis zum Ostersamstag. König Peter IV. von Aragon wollte seinerseits, daß bei Tisch die Rangunterschiede mit mathematischer Genauigkeit gekennzeichnet würden: «Da es beim Bedienen richtig ist, daß einige Personen dem Verhältnis ihres Standes entsprechend mehr als andere geehrt werden», lesen wir in den *Ordinacions* aus dem Jahre 1344, «wünschen Wir, daß auf Unserem Teller Platz für die Speisen von acht Personen ist.» Essen für sechs sollte auf den Tellern der königlichen Prinzen, der Erzbischöfe und Bischöfe sein und Essen für vier auf den der anderen Prälaten und Ritter, die an der Tafel des Königs saßen.

Das Verhältnis zwischen Nahrung und sozialem Status war anfangs durch einen überwiegend quantitativen Charakter gekennzeichnet (aber nicht nur: man beachte den soeben zitierten Text Alkuins). Wir haben gesehen, daß der robuste Appetit und die Möglichkeit, ihn zu befriedigen, in der «barbarischen» Epoche eine grundlegende Komponente der Gestalt des Mächtigen gewesen ist. Mit der Zeit hatte die qualitative Dimension immer mehr an Bedeutung gewonnen. Auch darüber haben wir schon gesprochen, als wir die Geburt einer «höflichen» Ideologie des Essens im 12. und 13. Jahrhundert betrachtet haben. Es ist offensichtlich, daß unter derartigen kulturellen Voraussetzungen das Essen bestimmter und auf bestimmte Weise zubereiteter Erzeugnisse nicht mehr bloß die Frucht einer Gewohnheit oder Nahrungsauswahl war. Vielmehr handelte es sich um den Ausdruck einer gesellschaftlichen Identität, die man genauestens zu wahren gehalten war, falls man nicht die Berechtigung der bestehenden Gleichgewichte und Hierarchien in Frage stellen wollte. Um so mehr, als man andernfalls riskierte, die eigene Gesundheit zu gefährden. «Gemäß der eigenen Qualität» zu essen, stellte in der Tat eine physiologische Notwendigkeit dar, wie seit Hippokrates sämtliche Ärzte bestätigten. Alles war dabei, sich über den Sinn zu verständigen, dem man diesem so klaren und gleichzeitig so zweideutigen Wort *Qualität* verleihen wollte.

Im Europa des 14. bis 16. Jahrhunderts scheint das kulturelle Vorstellungsvermögen der herrschenden Klassen in diesem Zu-

Macht

sammenhang keine Zweifel zu kennen: Qualität ist Macht. Auf diese Weise vereinfacht sich alles enorm, da sich die gesellschaftliche Rolle und das Ernährungsverhalten gegenseitig und mit unmittelbarer Evidenz bestätigen. Für den Magen des Edelmannes ziemen sich kostbare, aufwendig zubereitete und verfeinerte Nahrungsmittel – nämlich genau solche, die Macht und Reichtum ihnen tagtäglich auf dem eigenen Tisch zu zeigen und zu konsumieren gestatten. Dem Magen der Bauern dagegen bleibt das gewöhnliche, kärgliche Essen vorbehalten. Die Armen und die wachsende Menge der Ärmsten, der sozial Ausgegrenzten haben sich mit dem Abfall zu begnügen: Die bereits zitierten *Ordinacions* Peters IV. von Aragon verfügen, daß der sauer gewordene Wein, das harte oder verschimmelte Brot, das faule Obst, der verdorbene Käse sowie alle ähnlichen Lebensmittel für das Almosen-Ritual beiseite gelegt werden sollen.

Armut

Wer diese Regeln nicht respektiert, ist verloren. Angriffe auf die Klassenprivilegien, die – geplant und bewußt durchgeführt – zumindest in der Literatur nicht fehlen, werden hart bestraft: Zuco Padella, ein Bauer aus der Umgebung Bolognas, macht sich jede Nacht auf, um im Garten Messer Lippos Pfirsiche zu stehlen, die, wie alles frische Obst, eine eindeutig herrschaftliche Nahrung sind. Entdeckt und mittels einer Tierfalle gefangen, wird er mit kochendem Wasser «gewaschen» und mit harten Worten überschüttet: «Laß in Zukunft die Früchte meinesgleichen in Ruhe und iß deine, die da sind Rüben, Knoblauch, Lauch, Zwiebeln und Schalotten mit Hirsebrot.» Es gibt somit also Nahrungsmittel für die Bauern und Nahrungsmittel für die Herren, und wer sich nicht an die Regeln hält, ist ein Zerstörer der gesellschaftlichen Ordnung. In dieser Novelle aus dem 15. Jahrhundert von Sabadino degli Arienti tritt klar der absichtlich regelverstoßende, aggressive und herausfordernde Charakter im Verhalten des immer wieder rückfällig werdenden Bauern zutage.

Fehler bei der Ernährung können sich schnell in Tragödien verwandeln: So, als im *Bertoldo* von Giulio Cesare Croce Hofärzte versuchen, die Krankheit eines Dörflers mit seltenen und köstlichen Speisen zu heilen, die für seinen Bauernmagen völlig ungeeignet sind; vergeblich beschwört er die Ärzte, «daß sie ihm einen Topf Bohnen mit der Zwiebel darin brächten und in der Asche gekochte Rüben». Nur indem er gemäß *seiner* Natur äße, könne er sich retten. Das aber geschieht nicht, und Bertoldo stirbt «unter heftigen Schmerzen».

Wir könnten uns auch darauf beschränken zu lächeln, wenn Croces zu Beginn des 17. Jahrhunderts veröffentlichter Text nicht die parodistische Antwort auf gelehrte, in medizinischen, botanischen und agronomischen Traktaten der vorausgehenden Jahrhunderte gebieterisch vorgebrachte Theorien gewesen wäre. Anfang des 14. Jahrhunderts bemerkte Piero de' Crescenzi, der berühmte Bologneser Agronom, daß der Weizen die mit Abstand geeignetste Getreideart zur Brotherstellung sei. Dessen ungeachtet empfahl er denjenigen, die hart und mit hohem Energieaufwand arbeiteten, aus weniger feinem Getreide gebackenes Brot zu essen; so zum Beispiel aus Hirse, die außer für Schweine, Ochsen und Pferde auch für Bauern ausgesprochen geeignet sei. Giacomo Albini, Arzt der Fürsten von Savoyen, drohte denjenigen Schmerzen und Krankheiten an, die sich nicht von den für ihren Rang bestimmten Lebensmitteln ernährten. Die Reichen, behauptete er, sollten von dicken Suppen, wie jenen aus Hülsenfrüchten, oder von wenig nahrhaften und schwer verdaulichen Innereien Abstand nehmen; die Armen hingegen sollten allzu erlesene und verfeinerte Gerichte meiden, die ihre derben Mägen nur schlecht verdauen könnten. Es handelt sich hierbei um eine «wissenschaftliche» Untermauerung des Nahrungsprivilegs, die von vielen Intellektuellen dieser Zeit – wie so oft eilfertig darum bemüht, die Interessen der Mächtigen zu vertreten – immer wieder vorgenommen wird. Auch Michele Savonarola, Autor einer Abhandlung über die Ernährung aus der Mitte des 15. Jahrhunderts, achtet darauf, zwischen Gerichten «für Höflinge» und solchen «für Bauern»* zu unterscheiden. Über Zicklein schreibt er beispielsweise, daß «es Fleisch für Feine ist und keine Speise für Flegel»; über den Pastinak, daß er «Essen für den armen Mann und den Bauern» sei. Zwischen 1542 und 1546 veröffentlicht der Arzt Jacques Dubois, genannt Sylvius, in Paris vier der Ernährung der Armen gewidmete kleinere Werke, die in ganz ausführlicher Weise «geeig-

---

* Der in der it. Fassung hier für das Wort *Bauer* verwendete Begriff *villano* bedeutet auch *Flegel, Rüpel;* A. d. Ü.

nete» Nahrungsmittel und Rezepte anbieten. «Die Armen haben ihre besondere Kost, die ohne Zweifel schwer und unverdaulich, aber ihrer Konstitution perfekt angepaßt ist» (J. Dupèbe). Knoblauch, Zwiebeln, Lauch, Hülsenfrüchte, Käse, Bier, Rindfleisch, Würste, Suppen – das alles repräsentiert die Welt der «bäuerlichen», dem «Volk» entsprechenden Ernährung, innerhalb derer sich die Betrachtungen des fürsorglichen französischen Arztes und vieler seiner Kollegen bewegen. Der Zusammenhang zwischen der «Qualität der Nahrung» und der «Qualität der Person» wird nicht als eine einfache faktische Gegebenheit wahrgenommen, die an zufällige Situationen des Wohlergehens oder des Bedürftigseins gebunden ist, sondern als absolute und sozusagen ontologische Wahrheit postuliert: Gut essen oder schlecht essen ist ein dem Menschen innewohnendes Attribut, wie auch seine gesellschaftliche Rolle verinnerlicht (und wünschenswert unabänderlich) ist. Die französischen und spanischen Abhandlungen über den Adel verweilen gerne bei dem Verhältnis zwischen Ernährung und gesellschaftlichem Stand, wobei sie den Wert beider Seiten hervorheben: Die Zugehörigkeit zu einer festgelegten sozialen Schicht gestattet eine bestimmte Art der Ernährung, ist aber ihrerseits deren Produkt. Auch aus diesem Grund legt man viel Wert auf die Ernährung der Kinder, die zubereitet sein muß, wie es die «Natur» (beziehungsweise der soziale Rang) erfordert. Selbst die Ernährung des Babys vor seiner Geburt wird zu diesem Zweck unter strenger Kontrolle gehalten. Das erklärt, warum in den Worten Girolamo Cirellis weder Verwunderung noch ein wirklich besorgter Ton festzustellen ist, als er uns gegen Ende des 17. Jahrhunderts in einer Broschüre darüber informiert, daß die Bauern «wie Schweine» äßen, «die Festzeiten ausgenommen». Der Titel dieser kleinen Schrift *(Der demaskierte Bauer)* verrät selbst ohne jede Doppeldeutigkeit die kulturelle Perspektive, von der aus solche Betrachtungen vorgenommen werden. Die Eßgewohnheiten und, allgemeiner, der Lebensstil enthüllen, *demaskieren* den gesellschaftlichen Status der Menschen. Sie dienen dazu, genau diesen Status aufzuzeigen und, im selben Moment, zu bestätigen. Daß der Bauer sich schlecht benimmt und ebenso ißt («wie ein Schwein»), ist natürlich und richtig. Solange es sich so verhält, ist die gesellschaftliche Ordnung gesichert.

Mit Gewißheit war es kein Zufall, daß diese nahrungsbezo-
gene Ideologie, die schon in den vorhergehenden Jahrhunderten
erwacht war, zwischen dem 14. und 16. Jahrhundert eine bis dahin unbekannte Planmäßigkeit und Härte annahm. Es war eine
Zeit einzigartiger Elastizität des gesellschaftlichen und ökonomischen Systems; eine Zeit der Mobilität, der Ansprüche, der
Revolten. Niemals zuvor war die Bevölkerung der Städte und
Dörfer dermaßen unruhig gewesen. Daraus resultierte das Verlangen, die eigenen Privilegien zu bewahren und die Zugänge
zur Macht zu beschränken, die mittlerweile zu breit und zu zahlreich geworden waren. Die Folge war eine fortschreitende Ab-
kapselung der herrschenden Klassen gegenüber anderen sowie
eine tiefgreifende «Aristokratisierung» der Gesellschaft und
Kultur.

Der Ausschluß des «Volkes» von den köstlichsten Genüssen
des Tisches – ein Ausschluß von stark symbolischer Bedeutung,
der in ideologischer Hinsicht noch mehr *gedacht* als tatsächlich
durchgeführt wurde – diente der Macht dazu, sich selbst zu feiern, diente der Selbstdarstellung im Augenblick der größten
oder zumindest der konkretesten und greifbarsten gesellschaftlichen Diskriminierung Außenstehender.

Die Idee einer Parallelität von Essen und Gesellschaft, von
einer Hierarchie der Nahrungsmittel und einer Hierarchie der
Menschen hatte sich tief in der Kultur und dem Bild der Macht
verwurzelt. Zur Bekräftigung solcher Hierarchien fehlte es –
wie bereits erwähnt – nicht an gefälligen Meinungsäußerungen
von seiten der Ärzte und anderer Gelehrter. Eine weitere Unterstützung kam von bestimmten, einige Jahrhunderte zuvor for-
mulierten «wissenschaftlichen» Theorien, die eine enge Parallelität von menschlicher Gesellschaft und – nennen wir es – «natürlicher Gesellschaft» postulierten. Unter den verschiedenen
Interpretationen und Klassifikationen der natürlichen Ordnung
der Welt hatten jene großen Einfluß gewonnen (wenn sie auch
im 15. und 16. Jahrhundert nicht wirklich zu den führenden
Theorien gehörten), die die Lebewesen, das heißt: Pflanzen und
Tiere, als Glieder einer vertikalen Kette oder als Stufen einer
Treppe bezeichneten. Was das zwischen Mineral- und Tierreich
angesiedelte Pflanzenreich anbelangte, so betrachtete man
Knollen und Wurzeln als auf der niedrigsten Stufe stehend, da

sie mit dem Element der Erde am engsten verbunden waren und ihr eßbarer Teil im Boden wuchs; anschließend folgten die Kräuter, die Sträucher und schließlich die Bäume, deren Früchte mit Zweigen und Laubwerk in den Himmel ragten. Der größere Adel der Baumfrüchte im Vergleich zu den Knollen und Wurzeln war nicht bloß im metaphorischen Sinne mit Bezug auf die mehr oder weniger große Nähe zum Himmel gerechtfertigt oder aufgrund göttlicher Perfektion, sondern auch in wissenschaftlicher Hinsicht: Man dachte tatsächlich, daß die «Verdauung» der Nahrung bei den Pflanzen, das heißt, die Nahrungsaufnahme, um so intensiver sei, je höher die Pflanze wachse. So konnte Piero de' Crescenzi schreiben, daß «der Nährsaft der Pflanze in der Wurzel fader ist, und je mehr er sich von der Wurzel entfernt, desto mehr gewinnt er vorteilhaften Geschmack». Ein anderer Agronom und Naturforscher, Corniolo della Cornia, bestätigte, daß «viele Früchte auf dem Wipfel des Baumes Geschmack haben, aber nahe am Boden fade sind wegen der Vorherrschaft der wäßrigen Substanz». Analog dazu wies man den Vögeln den obersten Platz im Tierreich zu.

Dieses «Geschmacksbild» sollte seinen Part bei der Orientierung der Nahrungswahl spielen, wenigstens bei den Menschen, die es sich erlauben konnten, eine Wahl zu treffen. Die hohe Stufe des Federviehs auf der Treppe der Tiere legte dessen besondere Eignung als Speise der oberen Gesellschaftsschichten nahe. Vielleicht war es auch eine Frage des Geschmacks; doch hatte sich dieser seit der Zeit bemerkenswert geändert, als Karl der Große und seinesgleichen hauptsächlich erlegtes Großwild genossen. Im 15. und 16. Jahrhundert zweifelten nur noch wenige daran, daß Fasane und Rebhühner das Maximum feiner Eßkultur seien, das Essen schlechthin, der absolute Bezugs- und Vergleichspunkt für jede Art von Fleisch. Die Zahl der Hirsche und Wildschweine in Europa hatte nach den massiven Zerstörungen der Wälder zwischen dem 11. und 13. Jahrhundert sicherlich abgenommen; doch reicht das nicht aus, um das Verschwinden dieser Fleischarten von den Tischen der Aristokratie zu erklären. Vielmehr hätten deren größere Seltenheit das Verlangen danach steigern müssen. Stattdessen aber hatte sich der Lebensstil geändert. Der Kriegsadel hatte dem Hofadel weichen müssen. Die Verfeinerung der Bräuche hatte die Vorliebe auf «weißeres» und «leichteres» Fleisch gelenkt, die ein italienischer Arzt des 16. Jahrhunderts nicht zögerte, «sehr bekömmlich für diejenigen» zu nennen, «die mehr auf die Übungen der Seele als auf die des Körpers bedacht sind». Nicht ohne Grund hatte auch die Mönchskultur diesen Fleischsorten besondere Aufmerksamkeit gewidmet; sie gelegentlich den Fischen gleichgestellt und aus der Zahl der verbotenen Nahrungsmittel ausgeschlossen. «Natürlich geschah diese Veränderung nicht unvermittelt», schreibt B. Andreolli. «Von diesem Gesichtspunkt aus kann man das 15. Jahrhundert als ein Scharnier betrachten (...). Zwei gegensätzliche, nicht gut miteinander vermengte Ernährungsmodelle existieren gleichzeitig nebeneinander.» Die Theorien über die natürliche Ordnung der Welt dienten ebenfalls dazu, die Veränderungen mitzutragen und auch auf wissenschaftlicher Ebene die Auffassung zu stützen, daß *diese* die besten Speisen seien, die sich für eine herrschaftliche Tafel eigneten. Der größere Vorzug des Geflügels gegenüber den Vierbeinern wurde schon bald zur allgemeinen Überzeugung: «Er ging, um leckere Kapaune zu essen und dort zu verweilen», beklagte sich in einer Novelle Matteo Bandellos eine Frau über ihren Mann, «und ich blieb zurück mit ein wenig Rindfleisch oder Schafffleisch.» Vor allem der Fasan scheint sich universeller Wertschätzung und Berücksichtigung zu erfreuen. In seinem *Commentario delle più notabili e mostruose cose d'Italia e d'altri luoghi* aus dem Jahre 1548 erinnert sich Ortensio Lando daran, in Piacenza ganz bestimmte, exquisite Früchte gegessen und sich damit so getröstet zu haben, «als hätte ich einen ausgezeichneten Fasan verspeist». Und Lazarillo von Tormes führt sich selbst hinters Licht, als er behauptet, die Rinderhaxe vor sich auf dem Teller sei «der beste Happen der Welt», «und es gibt keinen Fasan, der mir so gut schmeckt».

Vegetarische Speisen, Knollen und Wurzeln wie auch die «niedrigsten» und gewöhnlichsten Kräuter überließ man gerne den Bauern. Als geeigneter für die Tafeln der Herren schätzte man die Früchte der Bäume. Außer wenn ihre Fülle, ihre besonderen Verwendungsmöglichkeiten in der Küche oder ihre Haltbarkeit sie – ausnahmsweise – zu einem populären Produkt werden ließen: Die Rede ist von den Kastanien, die deshalb kein Bestandteil des ideologischen Universums der Herren wurden.

Aber von dieser Besonderheit der Kastanien einmal abgesehen, verstehen wir jetzt die symbolische Dichte der Novelle des Sabadino degli Arienti besser, die wir weiter oben erwähnt haben. Hinter den wütenden Worten Messer Lippos, der das Privileg beansprucht, Pfirsiche verspeisen zu können und Zuco Padella zwingt, seinen Knoblauch und seine Zwiebeln zu essen, verbirgt sich – jenseits von Geschmacksfragen, sogar jenseits der Verteidigung des Besitzes und der Grundlagen der Macht – eine unvermutete philosophische und wissenschaftliche Dimension. Und gewiß handelt es sich nicht um einen Zufall, wenn die Leidenschaft für das Obst in zahlreichen Texten als einer der spezifischen Züge der herrschaftlichen Genußsucht auftaucht. Von den *chansons de geste* bis zur Novellistik, von den Kochbüchern bis zu den Traktaten über die Ernährung gäbe es viele Beispiele zu zitieren. Auf jeden Fall ist offensichtlich, daß bei diesen kulinarischen Vorlieben die Fragen des Prestiges und der Prahlerei gewöhnlich die des Geschmacks überwiegen. Das Obst schafft ein «Image», sei es, weil es teuer und schwer zu beschaffen ist, sei es, weil die wissenschaftlichen Koordinaten jener Kultur ihm eine «hohe» hierarchische Stellung innerhalb der Pflanzenwelt zuteilen. Kultur und Macht, Phantasie und Realität kreuzen sich unentwirrbar.

19. Eine Tafel für das Auge

Der grundlegende Gegensatz zwischen Herrschern und Beherrschten wird mehr als jeder andere durch die gesellschaftlichen Rituale der oberen Klassen bestimmt. Sowohl der Nahrungskonsum als auch die Tischsitten, in denen er zum Ausdruck kommt, sind Instrumente, die eigene Macht zur Schau zu stellen.

Dennoch ist in der europäischen Gesellschaft zwischen dem 14. und dem 16. Jahrhundert der Machtbegriff nicht mehr derselbe wie ein halbes Jahrtausend zuvor. Nicht mehr so sehr die physische Kraft und der Kampfesmut werden als wichtigste Attribute der Führungsschicht angesehen, sondern das administrative und politische Können. Gleichzeitig damit hat sich die Art und Weise geändert, in der Macht durch das Essen zum Ausdruck gebracht wird. Nicht mehr die individuelle Fähigkeit, viel zu essen, schätzt man bei den Herren, sondern die Geschicklichkeit, um sich herum einen weise organisierten Küchen- und Tischapparat aufzubauen, die richtigen Menschen zu plazieren und – noch vor dem Essen – die kostbar hergerichteten Speisen bewundern zu lassen, die der eigene Reichtum sowie die Phantasie der Köche und Zeremonienmeister auf der Tafel zu versammeln verstehen. Ein immer deutlicher *prahlerischer* Zug wird zum Kennzeichen der Tafel der Reichen. Nicht, daß es je daran gefehlt hätte, aber jetzt wird daraus das wichtigste Motiv, zum Beweis einer tiefgreifenden gesellschaftlichen, politischen und kulturellen Veränderung. Es ist die zunehmende Abschließung der herrschenden Schichten in sich selbst, es ist die Distanz zwischen dem Fürsten und seinem «Volk»; es ist das neue Bild einer Macht, die sich aus der Ferne zeigt und aus dieser Ferne ihre Vorrechte zur Schau stellt. Die Tafel ist nicht mehr länger der Ort des sozialen Zusammenhalts um einen Anführer herum, statt dessen aber der der Separation und des Ausschlusses. Nur wenigen ist es gestattet, daran teilzunehmen, während die meisten außen vor bleiben und zuschauen. «Bevor sie vorne serviert wurden, waren [die Speisen] mit überwältigender Ehrenbezeigung auf dem Platz des Palastes herumgetragen worden . . ., um sie dem Volk zu zeigen, damit es soviel Herrlichkeit sehe.» So schreibt der Chronist Cherubino Ghirardacci in seinem Bericht über das große Bankett, das im Jahre 1487 von Giovanni II. Bentivoglio ausgerichtet wurde, um die Hochzeit seines Sohnes Annibale mit Lucrezia d'Este zu feiern. Das Festessen – vielen anderen ähnlich, die wir in den Chroniken oder den Abhandlungen über die Küche beschrieben finden – dauerte sieben Stunden, von acht Uhr abends bis drei Uhr nachts, währenddessen folgendes serviert wurde: kleine Vorspeisen und Waffeln mit Weinen unterschiedlichster Qualität; gebratene Tauben, gebratene Schweinslebern, Drosseln, Rebhühner «mit kandierten Oliven und Eiern» und Brot; eine Burg aus Zucker «mit Zinnen und sehr künstlerisch gestalteten Türmen» voller lebender Vögel, die, sobald die Platte in den Saal getragen wurde, «zur großen Freude und zum Gefallen der Gäste» herausflogen. Dann folgten ein Reh und ein Strauß, umlegt mit verschiedenen «Teilchen», Kalbsköpfen, gesottenen Kapaunen, Kalbsbrüsten und

-lenden, Zicklein, Würsten, Tauben mit «Suppe und Gewürzen», das heißt Soßen. Anschließend wurden Pfauen präsentiert, «auf eine Weise mit ihren Federn gekleidet, daß sie ein Rad schlugen» – einer für jeden geladenen Herren; dann Mortadellas, Hasen und geschmorte Rehe, die jedoch wieder so perfekt in ihre Haut gesteckt worden waren, «daß sie wie lebendig aussahen». Danach servierte man Turteltauben und Fasane, «aus deren Schnäbeln Feuerflammen kamen», begleitet von Zitrusfrüchten und verschiedenen Soßen. Anschließend Zuckertorten mit Mandeln, Quark und Kekse.

Dann wieder Köpfe von kleinen Ziegen, Turteltauben, gebratene Rebhühner sowie «eine Burg voller Kaninchen», die zur großen Belustigung der Eingeladenen heraushüpften. Darauf «süßer Teig, gefüllt mit Kaninchenfleisch» und «ummantelte Kapaune». Danach kam eine «künstliche Burg» an die Reihe – der Leser wird bemerkt haben, daß die für die Tafel vorgesehene Architektur überwiegend auf diesem herausragenden Symbol der Macht aufbaut –, in der ein großes Schwein steckte, das vergeblich zu fliehen versuchte und deshalb inmitten der Amseln quiekte und grunzte. In der Zwischenzeit brachten die Diener «gekochte, vollständig vergoldete» – mit Ei überzogene – Ferkel, verschiedene Arten von Braten, Wildgänse «und ähnliches». Am Ende präsentierten sie Süßes aus Milch und Gelee, Birnen, Teigwaren, Bonbons, Marzipan «und andere ähnliche Liebenswürdigkeiten». Und bevor die Gäste – die darüber hinaus am nächsten Tag zum Frühstück wiederkommen sollten – verabschiedet wurden, verteilte man mit «kostbaren Weinen« gewürztes Konfekt. Bevor dies alles auf die Tafel kam, wurde es, wie man sich erinnert, über den Platz getragen, damit das Volk «soviel Herrlichkeit sehe». Bei vielen dieser Dinge aber werden sich auch die Gäste lediglich auf das Betrachten beschränkt haben: Nicht einmal ein pantagruelischer Appetit hätte es ermöglicht, von alldem zu kosten. Übrigens beabsichtigte das auch niemand, denn die Gerichte wurden nicht eines nach dem anderen dargeboten, sondern – in Gruppen – alle zusammen *ausgestellt*. Ein jeder wählte also nach eigenem Geschmack aus, hatte aber vor allem genau wie das «Volk» den Überfluß und die Qualität der Speisen zu bewundern und sich – wie im Theater – über die Art und Weise der Präsentation und der szenischen Einfälle verblüfft zu zeigen. *Zeigen* lautete die neue Parole.

So entstand das glänzende Bild, das die herrschenden Klassen des 15. und 16. Jahrhunderts von sich hinterließen. Denn auf das Bild, die Erscheinung, die Theatralik verwendeten sie den Großteil ihrer Energie. Die gastronomischen Bemühungen, die sich in diesen Jahrhunderten mit einem Übermaß an Phantasie und professioneller Kunstfertigkeit entwickelten, schienen selbst von drängenden Erfordernissen ästhetischer und formaler Art diktiert oder jedenfalls vorbestimmt. Zu Recht hat das Auge immer einen Teil für sich beansprucht. Doch gab es eine Zeit, in der dieser Teil überwog; in der die Suche nach neuen Formen die Gesetze diktierte. Gastronomische Formen: die Zubereitung der Speisen, ihr Aussehen, ihre Farbe … Formen der Umgebung: die Inszenierung der Bankette, die Präsentation der Speisen, die Gebärden der Bedienungen … Verhaltensformen: die «guten Manieren», der korrekte Gebrauch der Bestecke, die Regeln für das Kauen … Das alles und noch mehr diente der Festlegung eines separaten und sozusagen «geschützten» Essens-Bereiches: andersartig, vornehm, abgeschlossen. Es ist dies der Bereich des gesellschaftlichen Privilegs und der politischen Macht – der Welt des Hungers und der Angst in immer krasserer Weise grob gegenübergestellt.

20. Der Überfluß der Armen

Das wirksamste Gegengift gegen Hunger und Angst ist der Traum. Der Traum von Frieden und gutem Essen oder vielmehr von Überfluß und Völlerei. Der Traum von einem Schlaraffenland, in dem es griffbereit unerschöpfliche Mengen von Speisen gibt; in dem gigantische Töpfe voller Klöße über Bergen von geriebenem Käse ausgeschüttet werden; in dem die Weinreben mit Würsten festgebunden werden und die Kornfelder mit gebratenem Fleisch eingefriedet sind. Die Bilder vom Schlaraffenland, eine volkstümliche Version der «gelehrten» paradiesischen Mythologie, entstehen zwischen dem 12. und dem 14. Jahrhundert. In einem berühmten französischen *fabliau* – dem ersten, das eine detaillierte Beschreibung davon liefert – ist der *païs de*

Coquaigne jenes Land, in dem «die Mauern und alle Häuser aus Barschen, Lachsen und Heringen gemacht sind; das Dachwerk besteht aus Stören und das Dach selbst aus Schinken und die Holme aus Würsten ... Aus Stücken gebratenen Fleisches und aus der Schulter von Schweinen sind sämtliche Kornfelder umgeben; auf den Straßen brät man fette Gänse, die sich von allein um sich selbst drehen und aus der Nähe gesehen von weißer Knoblauchsoße begleitet werden. Und ich sage euch, daß man allerorten, auf den Pfaden und den Wegen gedeckte Tische mit schneeweißen Decken darauf findet. Alle, die möchten, können ungezwungen essen und trinken; ohne Verbot und Widerstand nimmt ein jeder, was er sich wünscht, Fisch und Fleisch, und wer davon eine Fuhre mitnehmen will, kann es nach Belieben tun ... Und es ist die hochheilige Wahrheit, daß in dieser glückseligen Gegend ein Fluß voll Wein fließt ... zur Hälfte aus Rotwein, dem besten, den man in Beaune oder jenseits des Meeres finden kann; zur anderen Hälfte aus Weißwein, edler und vortrefflicher als er jemals in Auxerre, in La Rochelle oder in Tonnerre erzeugt worden ist.»

Hauptsächlich mit Beginn des 14. Jahrhunderts tauchen viele solcher Welten – die unser Autor, der Arme, verlassen hat und nun nicht wiederfindet – in literarischen Texten aller europäischen Länder auf: England, Deutschland, Frankreich, Spanien, Italien ... In einer von Boccaccios Novellen heißt dieses Land Bengodi [ungefähr: «genieße wohl»], seine Wunder werden von Maso dem naiven Calandrino gepriesen: «... wo ein Berg sei aus lauter geriebenem Parmakäse, und dort oben täten die Leute nichts anderes, als Maccheroni und Klößchen machen, die sie in Kapaunenbrühe kochten und dann herunterwürfen, und je mehr sich einer davon nehme, desto mehr habe er ...». In diesen utopischen Darstellungen fehlt weder die Sehnsucht nach einer freien und glücklichen Sexualität noch der Traum von ewiger Jugend, der unmittelbar mit den archaischen Vorstellungen des Saturn-Zeitalters oder des mythischen Eden in Verbindung steht; noch fehlt der, ganz städtische und «bürgerliche», Wunsch nach leichtem Reichtum und immer vollen Taschen. Es fehlt auch nicht das Verlangen nach schönen Kleidern und kostbarem Schuhwerk. Aber das Thema der Ernährung, anfänglich nur eines unter vielen (im *fabliau de Coquaigne* erwähnen nur 50

[handschriftliche Randnotiz: nach 1300]

von 186 Versen die Freuden des Gaumens), gewinnt stetig an Bedeutung, bis es beinahe zum alleinigen Inhalt der Utopie wird, die man im 16./17. Jahrhundert immer mehr mit rein auf den *Bauch* bezogenen Vorstellungen in Zusammenhang bringt. Im Jahre 1691 schließlich wird das *Schlaraffenland-Spiel* (Gioco della cuccagna) des Kupferstechers Giuseppe Mitelli nicht mehr als einen Querschnitt gastronomischer Spezialitäten darstellen. «Die Reduzierung des Schlaraffenlandes auf eine reine und simple gastronomische Angelegenheit sowie die fortschreitende Angleichung des Schlaraffenlandes an den Karneval» (P. Camporesi) sind auch Indizien einer verschlechterten Ernährungslage, einer nach dem 16. Jahrhundert wachsenden Schwierigkeit, dem eigenen Hunger gemäß zu essen – ein Wunsch mit klar volkstümlicher Prägung, wenn auch die Texte, die ihn uns überliefert haben, im eigentlichen Sinne nicht aus dem Volk kommen.

Wir wollen hier nicht zum Kern einer Frage vordringen, die unter Kulturhistorikern noch immer heftig diskutiert wird: die Frage, ob und bis zu welchem Punkt sich die hohe Kultur direkt oder indirekt zur Trägerin rein «volkstümlicher» Inhalte machen kann. Doch besteht zwischen diesen beiden Ebenen mehr Übereinstimmung, als man vermuten würde. Die Kultur der Prahlerei und Verschwendung versteht man nicht ohne die Kultur des Hungers. Zum einen verweisen diese «zwei» Kulturen in dialektischer Weise aufeinander, zum anderen koexistieren sie, sich überschneidend, nicht nur als gegensätzliche Ausdrücke unterschiedlicher gesellschaftlicher und kultureller Kategorien, sondern auch innerhalb einer jeden dieser Kategorien selbst. Der Hunger im eigentlichen Sinne ist eine bei den privilegierten Schichten unbekannte Erfahrung; nicht jedoch die Angst vor dem Hunger, das Bedachtsein auf eine Nahrungsversorgung, die auf dem Niveau der eigenen (hohen) Erwartungen liegt. Umgekehrt ist die Welt des Hungers – unter bestimmten Umständen – ebenfalls eine Welt des Überflusses und der Angeberei: Auch die bäuerliche Gesellschaft kennt Augenblicke der Nahrungsverschwendung bei großen Festlichkeiten und den wichtigsten Ereignissen des Lebens. Sicher, es ist eine Verschwendung mit einer rituellen Konnotation der Selbstvergewisserung, die aber noch als reale Verschwendung das Ernährungsverhalten der «Armen» dem der «Reichen» annähert. Und alle sollen es sehen, alle sollen es wissen. Im Neapel des 17. Jahrhunderts verkündete eine Schar öffentlicher Ausrufer in den Straßen der Stadt eine Liste der geschlachteten Tiere und die Menge der Speisen, die während der Weihnachtsfeiertage gegessen wurden. Eine prahlerische Praxis, in ihrer Bedeutung nicht unähnlich den Zurschaustellungen des Essens an den Fürstenhöfen, auf den Straßen und Plätzen anläßlich großer Feste und Verschwendungsorgien, die übrigens durchaus relativ zu sehen sind: In Wirklichkeit verkam dabei nichts.

Es scheint, als habe der *homo sapiens* hinsichtlich der Nahrungsassimilierung im Laufe der Geschichte eine außergewöhnliche Geschicklichkeit bei der körperlichen Anpassung entwickelt, indem er jeweils die eigenen Erfordernisse abhängig von der Verfügbarkeit der Ressourcen veränderte, die einmal überreichlich waren (wie zum Beispiel während der Jagdsaison), ein andermal spärlich. Daraus erklärt sich seine Fähigkeit, viel und sogar zu viel zu essen, aber auch mit wenig Nahrung zu überleben. Biologisch der menschlichen Art innewohnend, seit diese vorwiegend räuberische Aktivitäten an den Tag legt, hat diese Realität auch kulturelle Charaktere und Haltungen geprägt: Die Antithese Überfluß – Mangel wurde neben einem physiologischen auch zu einem mentalen Faktum und hat sich durch die Anpassung an konkrete gesellschaftliche Situationen historisch weitervererbt. Nur die Phantasie oder das Interesse der wenigen Privilegierten konnte das Bild der glücklichen Armut, das Bild einer Bescheidenheit hervorbringen, die sich freudig selbst genügt. Und es wird auch stimmen, daß es guttut, wenig zu essen; doch nur demjenigen, der viel ißt oder zumindest viel essen *kann,* ist es möglich, so zu denken. Nur wer einen vollen Bauch hat, kann es sich leisten, das angenehme Schaudern zu genießen, das einen bei dem Gedanken an einen unfreiwillig gezügelten Appetit überfällt. Die wirklichen Hungernden haben immer gewünscht, sich unmäßig den Bauch zu füllen; haben es hin und wieder getan und oft davon geträumt.

Europa und die Welt

21. Ein schönes Land jenseits des Meeres

Die Sehnsucht nach Entdeckungen und neuen Erfahrungen, die die lange Epoche der Überseereisen charakterisiert, scheint auch die Phantasie der Völker zu beeinflussen. Utopien von Schlaraffia und Träume vom Überfluß werden auf die Länder jenseits des Meeres projiziert, die man reich an allen Gaben Gottes wähnt, voll von unerschöpflichen Nahrungsvorräten. Gedichte entstehen wie das eines anonymen Autors aus Modena, der in der ersten Hälfte des 16. Jahrhunderts die Entdeckung eines «schönen Landes (...)» «durch Seefahrer im Meere Ozean» besingt, «das Gutes Leben mit Namen genannt wird». Doch findet man an diesem neuen Ort, «der nie zuvor gesehen ward und nie geahnt», weder exotische Speisen noch unbekannte Getränke: «Inmitten der Ebene sieht man einen einzigen Berg von geriebenem Käse, auf dessen Gipfel man einen Kessel gebracht hat»; es handelt sich um einen eine Meile großen Kessel, «welcher immer heiß ist, Maccheroni kocht. Und wenn sie dann gekocht sind, stößt er sie aus», daß sie den Berg «hinunterpurzeln». «Und von gutem Wein sind die Quellen voll.» Und dann sind da gute Kräuter, Flüsse aus Milch, aus der man wohlschmeckenden Quark macht; Eier, Feigen, Melonen, Rebhühner und Kapaune, Torten und Weißbrot; und, natürlich, «bindet man die Esel da mit Würsten fest». Wenn es regnet, «regnet es Ravioli». Sämtliche Leckereien also, die die beste Küche des 15. und 16. Jahrhunderts zu bieten hat. Es handelt sich um die italienische Kultur dieser Zeit, projiziert auf das schöne Land jenseits des Meeres. Damit wird vor allem zum Ausdruck gebracht, daß auch die Phantasie ihre Grenzen hat, nämlich jene der Kultur, die sie hervorbringt; eine Kultur, in der jedes Ding seinen Platz hat, seine genaue Rolle, die im Verhältnis zu allen anderen definiert wird. Denn bei der Küche und beim Essen handelt es sich um keine zufällige Kombination verschiedener Elemente, son-

dern um ein globales und zusammenhängendes System. So erklärt sich die Schwierigkeit, das Andersartige zu akzeptieren
und zu verstehen sowie die Notwendigkeit, dieses Andersartige
durch unser Wertesystem zu «filtern». Dabei wird es oftmals
entstellt oder zumindest adaptiert und auf unser Maß zurecht-
gestutzt.

Bei der Konfrontation mit unterschiedlichen Gegebenheiten,
unbekannten Pflanzen und Tieren sowie ungebräuchlichen
Nahrungsmitteln erweisen sich die europäischen Entdecker und
Eroberer als mißtrauisch und neugierig zugleich. Sie bemühen
sich aber, diese neuen Erfahrungen einzuordnen, theoretisch zu
«klassifizieren». Doch zielen ihre Beschreibungen immer darauf
ab, sie in ihre eigene Sprache zu «übersetzen», sie auf die eigene
Kultur zu übertragen. Man nehme als eines von vielen Beispie-
len den anonymen Bericht *Relazione d'alcune cose della Nuova
Spagna*, der wahrscheinlich von einem der Gefährten Cortés'
verfaßt und erstmals 1556 veröffentlicht wurde. Der Mais wird
darin zu einem «Korn nach Art der Kichererbse», das Kolben
trägt «wie die Kolbenhirse» auch. Die *tortillas* werden als eine
Art Brot beschrieben, das heißt, auf die mediterrane Ernäh-
rungstradition bezogen; Paprika stellt man als «eine Art von
Pfeffer» dar und den Truthahn als ein «großes Huhn gleich dem
Pfau». Also eine fortwährende und, alles in allem, unvermeidbare Bezugnahme auf die europäische Kultur. Doch geht es
nicht allein darum. Es ist nicht nur ein terminologisches Problem, nicht nur von theoretischer Bedeutung. Auch unter prak-
tischen Gesichtspunkten war die Akzeptanz der neuen Realitäten
im kulturellen Kontext Europas für lange Zeit absolut neben-
sächlich. Zwischen dem Augenblick, in dem die Europäer die
neuen Nahrungsmittel kennenlernten, und jenem, in dem diese
wirkliche Bedeutung für ihr Ernährungssystem erhielten, lag
eine enorme Zeitspanne. Zwei, drei Jahrhunderte waren nötig,
damit es zur Assimilierung dieser neuen Nahrungsmittel in Europa kam. Die Verzögerung war zu groß, um sie ausschließlich
unter physiologischen Gesichtspunkten erklären zu können,
auch wenn man sie auf Epochen bezieht, in denen die Lebens-
rhythmen langsamer als die heutigen waren. In Wirklichkeit
scheint diese Verspätung auf eine lange, grundlegende Nicht-
beachtung der neu aus Amerika eingeführten Erzeugnisse durch

die europäische Eßkultur hinzudeuten. An Ausnahmen fehlte es nicht, auch nicht an teilweise bemerkenswerten Unterschieden zwischen Regionen und Bevölkerungsgruppen. Insgesamt jedoch herrschte eine allgemeine Gleichgültigkeit. Das läßt sich durch einen einzigen Umstand erklären. Die neuen Produkte standen dem strukturellen Gleichgewicht des europäischen Konsummodells, wie es sich ab der Mitte des 14. Jahrhunderts abzuzeichnen begann, fremdartig gegenüber. In gewissem Sinne könnten wir sagen, daß sie *nicht von Nutzen* waren: In der Tat wurden sie in das System erst in dem Moment aufgenommen, als dieses selbst erschüttert wurde. Dies geschah in zwei bestimmten, voneinander getrennten Phasen, so daß wir von einer *doppelten* Einführung der neuen Nahrungsmittel in Europa sprechen können. Die erste ereignete sich im 16. Jahrhundert, unmittelbar nach der Entdeckung des neuen Kontinents, und – wie in der zweiten Phase – Hunger war der Anlaß.

22. Neue Nahrungsquellen

Während des 16. Jahrhunderts stieg die Bevölkerungszahl in vielen Ländern Europas beträchtlich an. In Kastilien verdoppelte sie sich zwischen 1530 und 1594 von drei auf sechs Millionen. Das bedeutete, daß das Land als einstiger Getreideexporteur jetzt gezwungen war, Korn von außen über englische oder holländische Märkte einzuführen. Anderswo war das Wachstum gemäßigter, doch gelangte man insgesamt von den schätzungsweise 84 Millionen Mündern im Jahre 1500 zu 111 Millionen im darauffolgenden Jahrhundert. Im Produktionsgefüge war diese Veränderung überall zu spüren. Die Nahrungsressourcen wurden allmählich knapper, und dieselbe Entwicklung, die im 11. und 12. Jahrhundert den Prozeß der landwirtschaftlichen Erschließung beschleunigt hatte, kam nun wieder in Gang.

Im Vergleich zum 15. Jahrhundert mehren sich die Jahre der unzureichenden Produktivität deutlich. Die bereits erwähnte Statistik aus dem 18. Jahrhundert registriert für das Frankreich des 16. Jahrhunderts 13 Hungerjahre gegenüber den sieben im 15. Jahrhundert. Die Ackerbautechnik hat in der Zwischenzeit einige Verbesserungen erfahren, zum Beispiel hinsichtlich der

Art der verwendeten Geräte oder der Kanalisierungssysteme, aber die Düngung der Felder bleibt unzulänglich, die Erträge der Getreideernten sind weiterhin ausgesprochen niedrig. Und dies, obwohl einige Agronomen des 16. Jahrhunderts den Kern des Problems bereits vollständig erkannt haben, nämlich die Notwendigkeit, die Futterpflanzen in den Rotationszyklus der verschiedenen Kulturen mit einzubeziehen und somit Ackerbau und Viehzucht miteinander zu verbinden. Von sporadischen Ausnahmen abgesehen, liegt das Verhältnis von Ertrag zu Saat meist bei 5 zu 1. Als Lösung bleibt also nur die traditionelle Vorgehensweise: Erweiterung der kultivierten Flächen, Trockenlegungen, Rodungen. Dies ist die Zeit, in der in den Niederlanden die Polder entstehen; in der es zu den ersten kapitalistischen Initiativen im Bereich der Landwirtschaft kommt, wodurch beispielsweise in der Lombardei schon am Ende des 15. Jahrhunderts Monokulturen mit Reis entstehen. Parallel dazu werden die Weideböden verringert. Manche Regierungen sind gezwungen, Kontrollmaßnahmen durchzuführen, um zu verhindern, daß die Bauern unerlaubt Wiesen nutzen. Entsprechende Einschränkungen tauchen in landwirtschaftlichen Verträgen und Vereinbarungen auf.

Die zahlreichen Traktate zu Fragen der Landwirtschaft, die im 16. Jahrhundert in allen europäischen Ländern veröffentlicht werden, spiegeln diese erneute Aufmerksamkeit für die Feldarbeit wider. Daneben entstehen Abhandlungen, die sich speziell mit der Ernährung oder besser: mit dem Hunger befassen. Abhandlungen, die sich anmaßen, den Armen Überlebenstechniken zu lehren, die ihnen die Ausnutzung aller möglichen Nahrungsquellen, sogar die Verwendung ungebräuchlicher Pflanzen und die Herstellung nie zuvor ausprobierter Speisen zumuten. Die chronologische Übereinstimmung dieser literarischen Produktion mit der kritischen Situation der Wirtschaft ist offensichtlich kein Zufall. Das von Jacques Dubois, dem von uns schon erwähnten Sylvius, der Gesundheit der Armen gewidmete Werk *(Regime de sante pour les paures, facile a tenir)* und jenes, das Ratschläge zur Bekämpfung des Hungers enthält *(Conseil tresutile contre la famine, et remedes d'icelle)*, wurden zwischen 1544 und 1546 geschrieben. Giambattista Segnis *Discorso sopra la carestia, e fame* stammt aus dem Jahre 1591. Nun ist uns bekannt, daß die Häufigkeit und die Ausmaße der Hungersnöte, wenn auch von Region zu Region Europas verschieden und voneinander abweichend, in den mittleren und dem letzten Jahrzehnt des Jahrhunderts besonders gravierend waren. Den Höhepunkt stellte die umfassende Krise von 1590–93 dar. Wir stehen also einer «militanten» Reihe von Abhandlungen gegenüber, die von zwingenden Problemen und Notwendigkeiten diktiert sind. Inwiefern sie den «Armen» tatsächlich genützt haben, ist eine andere Sache.

Unterdessen zwingt die gesteigerte Nachfrage nach Nahrungsmitteln dazu, in neuen Erzeugnissen eine mögliche Lösung des Problems zu suchen. In einigen Gegenden betrifft das den Reis. Wir haben schon seine frühzeitige Verbreitung in der Lombardei erwähnt, die, abgesehen von Fragen der Ernährung, mit finanziellen und kommerziellen Interessen in Zusammenhang stand. Vor dieser Zeit war er als exotisches Importprodukt bekannt, das in Gewürzhandlungen verkauft wurde und mit großer Sparsamkeit in der Küche hauptsächlich als Zutat für Soßen Verwendung fand. Es ist nicht bekannt, ob der Reis über die Araber Siziliens oder über Spanien nach Norditalien gelangt ist. Spanien war – wiederum bedingt durch den Einfluß der arabischen Eßkultur – das einzige europäische Land, in dem dieses Erzeugnis schon früh eine gewisse Bedeutung für die Ernährung erhalten hatte. Von hier aus gelangte der Reis in die Niederlande. Dies ist ein weiteres Beispiel dafür, wie wenig die Geschichte der Ernährungsgewohnheiten von der der Macht und der Politik zu trennen ist, wenn wir an das Verhältnis denken, das sich im Laufe des 16. Jahrhunderts zwischen diesen beiden Ländern entwickelte.

Eine weitere «neue» Entdeckung war die des Buchweizens. Im Orient war er schon seit einigen Jahrhunderten bekannt gewesen und angebaut worden; aber erst im 16. Jahrhundert verbreitete er sich weiträumig, möglicherweise erst in den Niederlanden, dann in Deutschland, Frankreich und Norditalien. Zur traditionellen gelben Polenta aus Hirse kam nun eine mit grauer Farbe hinzu.

Mit wesentlich stärkeren Erschütterungen ging – zumindest aus heutiger Sicht – die Begegnung mit dem Mais vonstatten, den Kolumbus bereits auf seiner ersten Fahrt über den Atlantik

kennengelernt und 1493 nach Europa gebracht hatte. Ein wenig
aus Neugier, ein wenig aus Notwendigkeit wurde er relativ
früh angebaut, und zwar vor allem – das leuchtet ein – auf der
Iberischen Halbinsel. Schon für die allerersten Jahre des 16. Jahrhunderts ist der Mais in Kastilien, Andalusien und Katalonien
nachgewiesen; um 1520 dann auch in Portugal. In den darauffolgenden Jahren erreichte er Südwestfrankreich (erste Erwähnung
in Bayonne 1523) und Norditalien (in erster Linie die westlichen
Gebiete Venetiens, wo sein Anbau in den dreißiger Jahren jenes
Jahrhunderts begann). Von dort aus gelangte er nach Pannonien
und auf den Balkan. Nur selten wurde der Mais anstelle anderer
Getreidesorten auf den Feldern angebaut. Mal verwendete man
ihn als Futterpflanze und baute ihn auf brachliegenden Böden
an; mal experimentierte man mit ihm auf Gartengrundstücken.
In beiden Fällen ist seine Präsenz in den Dokumenten der Zeit
kaum wahrnehmbar, die uns von der Agrarlandschaft vor allem
diejenigen Aspekte nahebringen, welche das Interesse der
Grundbesitzer betrafen und dazu neigen, «geringere» erzeugeri-
sche Aktivitäten zu übergehen, da diese keinerlei Stellenwert innerhalb ihrer Einkünfte besaßen. Insbesondere die Nutzgärten
waren von Abgaben befreit. Der Bauer konnte darin anpflanzen, was er wollte. Und wirklich scheint es so, als habe die Kultivierung des Mais auf diese Weise ihren Anfang genommen:
verhohlen, beinahe heimlich, geschützt vor den herrschaftlichen Forderungen nach dem Zehnten und dem Grundzins.
Selbst auf der terminologischen Ebene neigte der Mais dazu,
sich zu verstecken. Die Bauern gaben ihm Namen, die sie bei
anderen Getreidesorten entliehen hatten. Am häufigsten bezeichneten sie ihn wegen der augenfälligen Ähnlichkeit der
Form, wenn nicht sogar der Größe, mit den unterschiedlichen
Namen für Hirse: in Frankreich ist es Hirse, *millet;* in Italien
ebenfalls, *sorgo;* in Ungarn heißt es *tengeribúza,* was soviel wie
Mittelmeer-Hirse bedeutet; auf dem Balkan spricht man von
Ackerbohne, Hirse, Weizen, großem Korn ... Dann sind da die
exotischen Namen: Weizen aus Rodi, Weizen aus Indien, türki-
scher Weizen, arabischer Weizen, Weizen aus Ägypten ... alles
Bezeichnungen, um die fremde Herkunft auszudrücken, den
weit entfernten Ursprung dieses Neuankömmlings. Die Bauern
werden schnell das Nährpotential des Mais erkannt haben, das

mit dessen außergewöhnlich hohen Ernteerträgen in Zusammenhang stand; für den Augenblick jedoch wurde sein weiteres Vordringen in Europa gestoppt oder unterlag vielmehr nach dem großen Erfolg im 16. Jahrhundert einem Stillstand. Der Grund dafür war möglicherweise, daß viele dem Mais gegenüber Vorbehalte hatten und ihn weiterhin als eine Kornart zur Fütterung des Viehs betrachteten. Vielleicht lag es aber daran, daß die herrschende Kultur von dieser Pflanze unberührt blieb, denn in den Büchern der «hohen» Küche findet sich vom Mais bis in unsere Tage so gut wie keine Spur. Vielleicht auch, weil nach den großen Hungersnöten Mitte und Ende des letzten Jahrhunderts die gesamte Ernährungslage jenes Minimum an Elastizität wiedergewonnen hatte, das ausreichte, um noch ein wenig weiterzumachen wie bisher. Auch schien das Bevölkerungswachstum nach dem Ende des 16. Jahrhunderts zum Stillstand gekommen zu sein.

Dennoch ist die Ähnlichkeit der Geschehnisse bezeichnend, als im Verlauf der hundert Jahre vom Ende des 15. bis zum Ende des 16. Jahrhunderts diese neuen Produkte die europäische Ernährungskultur durchdrangen. Reis, Buchweizen und Mais traten schüchtern an die Seite der traditionellen Getreidearten und verzeichneten einen fast unmittelbaren Erfolg, konnten sich aber allesamt nicht durchsetzen. Während des 17. Jahrhunderts verschwanden sie, um im 18. Jahrhundert machtvoll wieder aufzutauchen. Die Einführung der Kartoffel in Europa erfolgte etwas eher; aber die Umstände waren die gleichen. Von den Spaniern im Jahre 1539 in Peru entdeckt, durchquerte sie die Iberische Halbinsel, ohne viel Eindruck zu machen. Größere Aufmerksamkeit wurde ihr in Italien entgegengebracht – Braudel vermutet, dies sei wegen der besonderen Situation der Übervölkerung des Landes geschehen –, wo die Kartoffel einen ihrer ersten Taufnamen erhielt: *tartuffolo* (eigentlich: Trüffel) oder *tartufo bianco* (weißer Trüffel). Das erste Zeugnis ihrer Verwendung als Nahrungsmittel in Europa stammt gleichwohl aus Spanien. 1573 taucht die Kartoffel unter den Erwerbungen des Hospitals de la Sangre in Sevilla auf. Gegen Ende des Jahrhunderts ist sie in Deutschland nachweisbar, während sie dank Walter Raleighs England um das Jahr 1588 direkt von Amerika aus erreicht. Doch auch bei der Kartoffel muß man bis zum 18. Jahrhundert warten, um von einem definitiven Erfolg und einer bedeutsamen Auswirkung auf die Ernährungsweise der Europäer sprechen zu können.

23. Fleisch und Brot

Fernand Braudel empfiehlt, der Klage des Herrn von Gouberville Glauben zu schenken, der im Jahre 1560 schrieb: «Zur Zeit meines Vaters aß man Fleisch alle Tage, die Teller waren übervoll, den Wein schluckte man wie Wasser. Heute ist alles anders. Alles ist teuer geworden. Die Kost der wohlhabendsten Bauern ist schlechter als die der Diener von gestern.» Ein literarischer Gemeinplatz? Das könnte man denken angesichts der Tatsache, daß gleichlautende Worte in einem deutschen Text von 1550 auftauchen. Aber auch ein Gemeinplatz ist Ausdruck einer bestimmten Situation, eines sozialen und kulturellen «Klimas». Weshalb wohl verwendeten die Autoren zwei Jahrhunderte zuvor den entgegengesetzten Topos?

Daß ungefähr ab Mitte des 16. Jahrhunderts der Fleischverbrauch der Europäer (natürlich sind hier ausschließlich die breiten Volksschichten gemeint) wirklich abzunehmen begann, wird von Dokumenten und Studien jeglicher Art bestätigt. Nach Abel soll der Verbrauch von einem für Deutschland geschätzten *Optimum* von jährlich 100 kg *pro Kopf* im 14./15. Jahrhundert auf ein Minimum von 14 kg um das 18./19. Jahrhundert gesunken sein. Das Anwachsen der Bevölkerung, die Verringerung der Reallöhne, die dichtere Bebauung und das damit verbundene Verbot der Tierhaltung in den Städten sowie die nachlassenden Importe aus dem Osten nach der Eroberung Ungarns durch die Türken wären allesamt gute Erklärungsansätze. Wir haben die Zahlen des deutschen Gelehrten bereits besprochen und nach unten korrigiert; trotzdem gilt als sicher, daß es sich bei dem Rückgang des Fleischkonsums um die überall vorherrschende Tendenz handelte. Spezielle Untersuchungen, wie die von A. M. Piuz über die Gegend von Genf, bestätigen das. Im 17. Jahrhundert hat sich die Menge des zur Verfügung stehenden Fleisches generell verringert, von Bergregionen mit ausgeprägter Schafhaltung einmal abgesehen. Eine Statistik, auf die

Braudel aufmerksam macht, informiert uns darüber, daß in Montpézat, einer kleinen Stadt in Nieder-Quercy, «die Zahl der Metzger kontinuierlich zurückgeht: 18 sind es im Jahre 1550, im Jahre 1556 noch 10, 6 im Jahre 1641, 2 im Jahre 1660 und nur noch einer 1763.» Wenn auch die Einwohnerzahl im selben Zeitraum ebenfalls abnimmt, so beläuft sich doch der gesamte Rückgang nicht auf ein Verhältnis von 18 zu 1.

Es wird also immer schwieriger, bei der täglichen Verpflegung auf Brot zu verzichten. Der Markt bietet den Städtern zwar auch weiterhin wesentlich mehr verschiedene Produkte, als sich die Bauern leisten können, aber im Mittelpunkt ihres Interesses steht immer die tägliche Ration Brot. Dies variiert in Menge und Qualität durch die Abhängigkeit von den örtlichen Ernährungsgewohnheiten, den Erwerbsmöglichkeiten, dem Verlauf der Ernte und der Jahreszeit (im Frühjahr verringern sich die Vorräte). Trotz allem scheinen sich die Konsumniveaus vom 14. bis zum 17. Jahrhundert nicht sonderlich geändert zu haben. Für die mittel- und norditalienischen Städte erlauben es die Dokumente des 14. Jahrhunderts, einen Brot- oder Kornverbrauch anzusetzen, der täglich zwischen 550 und 700 g *pro Kopf* liegt. Die städtischen Behörden gingen von einem «normalen» täglichen Bedarf in Höhe eines Scheffels aus, daß heißt 650 g. Deutlich höher war der Verbrauch auf Sizilien im 15. Jahrhundert – über 1 kg. Auch im 16. Jahrhundert scheint sich der individuelle Durchschnittsverbrauch in einem Bereich unterhalb von 500 g, aber mit einer Tendenz nach oben (bis 800 g im Laufe des Jahrhunderts), gefestigt zu haben. In der Gegend um Siena bewegen sich während des 17. Jahrhunderts die häufigsten Werte zwischen 700 und 900 g mit einer Spitze von 1200 g. Auf der Grundlage dieser und anderer Daten hat man es für möglich gehalten, eine allgemeingültige Norm festzulegen (H. Neveux): Zwischen dem 14. und dem 17. Jahrhundert bewegte sich die tägliche Brotration für gewöhnlich zwischen 500 und 600 g, in manchen Fällen zwischen 700 und 1000 g; im Bereich unter 400–500 g lag sie jedoch nicht, von Hungersnöten natürlich abgesehen. Doch möglicherweise steht diese Darstellung auf unsicheren Beinen, da es nicht ausgeschlossen scheint, aus den hier aufgeführten Zahlen – so fragmentarisch und uneinheitlich sie auch sein mögen – ein umfassendes Anwachsen des Brotver-

brauchs im Laufe dieser Jahrhunderte herauszulesen. Ein Anwachsen, das uns, würde es denn bewiesen, keineswegs überra-
schen könnte angesichts des gleichzeitig nachlassenden Fleischverbrauchs. In Genf werden während des 17. Jahrhunderts zwei
Pfund Brot (1100 g) für ausreichend gehalten; ein Pfund (wenig
mehr als die im 14. Jahrhundert für «normal» erachtete Menge)
ist «das Minimum, um nicht zu verhungern» (Piuz). Ebenfalls
im 17. Jahrhundert halten die Verantwortlichen der Wohlfahrts-
einrichtungen von Beauvais in Nordostfrankreich täglich drei
Pfund (fast 1300 g) Brot oder zwei Pfund (850 g) und eine Suppe
für das unabdingbare Mindestmaß (P. Goubert). Im gleichen
Jahrhundert verbraucht die arme Bevölkerung von Paris bis zu
eineinhalb Kilo Brot pro Tag und während des gesamten
19. Jahrhunderts die Arbeiter des Nivernais zwischen zwei und
vier Pfund. Das Niveau, das im 14./15. Jahrhundert nur gelegentlich erreicht wurde, scheint also mit der Zeit zur Norm geworden zu sein. Aber ich glaube nicht, daß man diesen Vorgang
als eine Verbesserung der Ernährungslage ansehen kann, da es
sich eher um einen qualitativen Rückschritt der Ernährung handelt, die immer monotoner, immer ärmer an Alternativen zu
Brot und Getreide wird.

In gleichem Zug verschlechtert sich in einigen Fällen auch die
Qualität des Brotes selbst. Spätestens seit dem 13. Jahrhundert
hatten sich die europäischen Stadtbewohner an den Genuß von
Weizenbrot gewöhnt. Nun aber kann es vorkommen, daß
andere Getreidearten das Übergewicht gewinnen. Um das
16./17. Jahrhundert verliert der Weizen auf dem Markt der Stadt
Genf sein Monopol. Immer häufiger tritt jetzt der Dinkel an
seine Seite. Gegen Ende des 17. Jahrhunderts findet er zusammen mit dem *méteil,* einem Gemisch von Roggen und Weizen
oder anderem Getreide, bereits weite Verbreitung bei der Brotherstellung. «Übrigens nicht ohne Widerstand: Noch im Jahre
1679 lehnt das Volk diese Mixtur ab und zieht es vor, den um
25 Prozent teureren Weizen zu erstehen, weil es meint, daß die
Mixtur nicht gut zu gebrauchen sei» (Piuz). Ähnliches war bereits
während der Nahrungskrise des 14. Jahrhunderts geschehen.

Auch jetzt durchzieht die «Hierarchie des Brotes» die gesellschaftliche Rangfolge: Es gibt ein den Reichen vorbehaltenes
Weißbrot, ein «helles», aber nicht mehr weißes Brot für die Mit-

telschichten und ein dunkles, das für die Ärmsten bestimmt ist. Brot aus Gerste, Hafer oder Hülsenfrüchten wird von dem Genfer Arzt Jacob Girard des Bergeries, Verfasser eines 1672 erschienenen Werkes mit dem Titel *Gouvernement de la santé,* als ungesund und schwer verdaulich beurteilt. Er empfiehlt deshalb, es den Armen zu überlassen, «die nicht die Mittel besitzen, sich besseres zu kaufen und die andererseits sehr kräftig sind, viel arbeiten und seit jeher diese Art Brot gewohnt sind». Ansichten, die wir schon kennengelernt haben ... In Neapel jedoch weigerte sich die Bevölkerung 1585, Mehl aus Kastanien und Hülsenfrüchten entgegenzunehmen, das von dem Kaufmann Vincenzo Storaci angeboten wurde. «Freßt Steine!», soll er frech geantwortet haben – woraufhin er von der Menge ergriffen, umgebracht und in Stücke gerissen wurde.

Das Brot der Bauern dagegen hatte immer minderwertiges Korn enthalten. Was in den Städten als Hungerbrote oder Brote für die Armen galt, stellte auf dem Land die Regel dar. Selbst die reichsten Bauern, die ihre Überschüsse auf die Märkte bringen konnten, pflegten gewöhnlich die begehrtesten Produkte (den gesamten Weizen, manchmal auch den Roggen) zu verkaufen und für den häuslichen Bedarf die minderen Getreidearten, Hülsenfrüchte und Kastanien zu behalten. Ein weiteres Beispiel aus der Gegend um Genf: 1696 befindet sich im Kornspeicher des reichen Jacob Lombard nichts als Gerste, Hirse, Roggen-Gemisch, Erbsen und Linsen. Das bedeutet, wie wir schon wissen, daß in der bäuerlichen Ernährung Mehlspeisen, Suppen, Polenta etc. weiterhin eine wichtigere Rolle spielen als das Brot selbst. Was wiederum, wie Marc Bloch beobachtet hat, den Bauern ermöglicht, sich dem zweifachen Monopol der Grundherren auf die Mühlen und Backöfen zu entziehen. Möglicherweise nicht zuletzt auch aus diesem Grund bleibt die Ernährung der Bauern lange Zeit dieser Art von Essen zugetan.

Auf jeden Fall sicherte das Getreide einen Großteil des Energiebedarfs innerhalb der Ernährung des Volkes. Dieser Anteil fiel um so höher aus, je tiefer die gesellschaftliche Stellung seiner Verbraucher war. Die Kalorienzufuhr durch das Korn machte nie weniger als 50 Prozent aus und erreichte Höchstwerte um 70–75 Prozent. Daraus erklärt sich die extreme Härte der Hungerperioden oder auch nur die des Getreidemangels, von denen Europa mit bemerkenswerter Intensität im 17. Jahrhundert heimgesucht wurde. Ihre Chronologie war, wie immer, lokal unterschiedlich: Besonders schwierig scheinen die Jahre um 1630 gewesen zu sein, in denen überall Hungersnöte ausbrachen; der ganze Länder verwüstende Dreißigjährige Krieg hat dabei eine grausame Rolle gespielt. Schwierig auch die Zeit um 1648, einem kritischen Jahr in ganz Europa (diese Krise zog sich bis 1652–1654 hin und kehrte mehrfach zu Beginn der sechziger Jahre wieder); weitere schwere Jahre gab es von 1680 bis 1685, während die Zeit von 1693 bis 1695 ein allgemeines Debakel für die europäischen Wirtschaftsstrukturen war, mit einem unvermuteten Rückschlag in den Jahren 1697–99.

24. Bürgerliche Grausamkeit

Mit der Verschärfung der Ernährungslage und der drohenden Hungergefahr nehmen die Ausbrüche von Wut und Unduldsamkeit immer verzweifeltere und gewalttätigere Formen an. Die Plünderungen von Bäckereien sind keineswegs literarische Erfindungen: Hunderte derartiger Aufstände brechen vom 16. bis zum 18. Jahrhundert allerorten aus. Es ist die Zeit der großen Auseinandersetzungen um die Nahrung, die nicht bloß mit Produktionsdefiziten in Zusammenhang stehen, sondern mit der Entwicklung des Kapitalismus und dem damit verbundenen Prozeß der Proletarisierung. Diese Konflikte scheinen sich dann auf zwei Jahrhunderte zu konzentrieren, vom Beginn des 17. bis zu den ersten Jahrzehnten des 19. Jahrhunderts, mit von Land zu Land unterschiedlichen zeitlichen Abfolgen. So treten sie zum Beispiel in England früher auf als in Frankreich. Immer deutlicher übernimmt die staatliche Verwaltung, und hier der König an erster Stelle, die Rolle eines Garanten für die Nahrungsversorgung der Untertanen. Wird diese gestört, bricht die Revolte los. Die mythische Gestalt des Königs-der-sein-Volk-Nährt erhält einen neuen kulturellen Impuls. S. Kaplan hat ihn als «König Bäcker» bezeichnet, und es ist ein merkwürdiger Zufall, daß die Mitglieder der französischen Königsfamilie im Jahre 1791 als Bäcker verkleidet aus Paris flüchteten.

In Krisenzeiten drängten sich Massen von Bauern und Elendsgestalten vor den Toren der Städte, die größtenteils von der Regierungspolitik geschützt wurden. Seit Jahrhunderten geschah dies, und seit Jahrhunderten versuchten die Stadtbewohner, sich gegen solche Invasionen zu verteidigen. Jetzt aber ist die Zahl der Armen enorm gestiegen, und den städtischen Privilegien bei der Nahrungsversorgung droht Gefahr. Ihre Verteidigung nimmt dramatische Formen an; es häufen sich die (keineswegs neuartigen) Fälle gesellschaftlicher Ausgrenzung und gewaltsamer Vertreibung von hungrigen Mündern, in der Mehrzahl natürlich der Schwächsten.

1573 füllte sich die Stadt Troyes mit verelendeten Hungernden, die aus der näheren Umgebung und auch von weither gekommen waren. «Die Reichen und die Regierenden der Stadt versammelten sich, um ein Mittel gegen diese Lage zu finden ... Sie ließen Brot in Hülle und Fülle backen, was an die armen Untertanen verteilt werden sollte, die man an einem der Stadttore versammeln wollte. Nachdem an einen jeden ein Brot und eine Silbermünze ausgegeben worden sei, sollten sie zum besagten Tor hinausgeführt werden, welches hinter dem Rücken des letzten geschlossen werden sollte. Von der Mauer herab sollte ihnen bedeutet werden, mit Gott zu gehen und anderswo etwas zum Leben zu suchen ... So ward es getan, und die Armen wurden aus Troyes verjagt.»

Derartige Episoden lassen uns die Vorkehrungen zur Unterstützung der Armen nahezu vergessen, die dieselben Städte bei vielen Gelegenheiten nicht zu treffen versäumten. Allerdings bevorzugte man es bei solchen Gelegenheiten, auch die Bauern vor die Tore zu setzen: Während der Hungersnot von 1590 ordnete die Regierung von Bologna «mit dem Wunsche, das Notwendige für die Armen zu beschaffen» an, «daß die Bauern, welche in sehr großer Zahl herbeigelaufen waren, um in der Stadt zu betteln, hinausgeschickt würden». Aus menschlicher Barmherzigkeit, aber auch, um sie hinzuhalten, wurde jedem von ihnen eine kleine tägliche Essensration garantiert: «vier Unzen Reis, damit sie vor dem Hunger Zuflucht suchen konnten, bis daß der Frühling käme».

Diese «bürgerliche Grausamkeit» – so der bekannte Ausdruck Braudels – verschärft sich in bedenkenswerter Weise gegen

Ende des 16. und noch mehr im 17. Jahrhundert. Die Notleidenden werden von nun an zusammen mit Verrückten und Verbrechern eingekerkert. In England treten *poor laws,* die «Armen-Gesetze, in Wahrheit aber Gesetze *gegen* die Armen», in Kraft. Ihre Ausgrenzung wird in systematischer und «rationaler» Weise betrieben. Im Jahre 1656 erdreisten sich die Behörden von Dijon, «der Stadtbevölkerung private Mildtätigkeit und Gastfreundschaft gegenüber den Armen zu verbieten». 1693 zählt die Kommune von Genf 3300 Flüchtlinge aus religiösen Gründen, von denen die Hälfte öffentliche Fürsorge genießt. Da aber die Ernte katastrophal war, werden sie zum Gehen aufgefordert. In Erwartung ihres Verschwindens verteilt man an die Ärmsten unter ihnen ein wenig Brot. Viele von ihnen sind Alte, Frauen und Kinder und wissen wirklich nicht, wohin sie gehen sollen. Trotzdem entscheidet der Stadtrat, jegliche Hilfe einzustellen, um sie somit zu zwingen, vor Wintereinbruch die Stadt zu verlassen.

25. Die zwei Europa

«Cras legere debeo de ebrietate Noah; ergo hac vespera satis bibam, ut deinde expertus de re mala loqui possem. – Respondit Doctor Cordatus: Nullo modo! Sed contrarium facere debere. Tunc Lutherus: Man muß ja einem jeden Lande seine Gebrechen zugute halten. Die Böhmer fressen, die Wenden stehlen, die Deutschen saufen getrost; denn, lieber Cordate, wie wollt ihr izt anders einen Deutschen vortun denn ebrietate, praesertim talem, qui non diligit musicam et mulieres?»

Das Bild des deutschen Trunkenboldes, ein *Topos,* der in der europäischen Literatur häufig auftaucht, wird also von den Deutschen selbst geteilt. Das von Martin Luthers Schülern in den letzten Monaten des Jahres 1536 aufgezeichnete Tischgespräch, das wir hier zitiert haben, ist dafür ein klarer Beweis. Es handelt sich um ein altes Bild, das direkt von einem Ernährungsverhalten abstammt, das die germanischen Völker schon seit dem 3. Jahrhundert christlicher Zeitrechnung in die europäische Kultur mit eingebracht haben. Viel trinken und essen: Die einen behaupteten, das sei schlecht (und *tue* nicht gut); die anderen vertraten die Ansicht, daß die Würde eines Mannes sich auch dadurch zeige. Einig war man sich darin, ein solches Verhalten als typisch für bestimmte Völker auszumachen: die Franken, die Sachsen ... Mochte es sich darum handeln, derartige Bräuche zu beseitigen, zu mißbilligen oder auch nur darüber zu spotten, so stand ihr *nationaler* Gehalt doch außer Frage. Selbst eine gewisse Übereinstimmung innerhalb der europäischen Eßkultur und die Akzeptanz von Menge und Qualität der verspeisten Nahrungsmittel unter hauptsächlich *gesellschaftlichen* Aspekten hatten diese Art von Gegenüberstellung nicht beseitigen können. Daher finden wir sie, nahezu intakt, ebenfalls in der Literatur und in den Vorstellungen der uns näher gelegenen Jahrhunderte wieder. Auf der einen Seite die Völker des Südens, anspruchslos und genügsam, den Erzeugnissen der Erde und den vegetarischen Speisen zugetan. Auf der anderen Seite die Völker des Nordens, gierig und fleischessend. Es handelt sich dabei ganz offensichtlich um Stereotypen, um kaum glaubhafte Vorstellungen, würden sie nicht mit Variablen gesellschaftlicher Natur in Zusammenhang stehen. Dies um so mehr, als «Nord» und «Süd» abstrakte geographische Antithesen sind, die nicht die Vielfältigkeit örtlicher Gegebenheiten in Betracht ziehen und die mutmaßliche Verbundenheit der Staaten und Nationen horizontal «durchschneiden». Das italienische Beispiel und noch mehr das französische beweisen das. Darum müßte man in die «regionalen» Realitäten, Vorstellungen und Stereotypen eindringen; doch würden wir in diesem Falle kein Ende mehr finden. Beschränken wir uns deshalb darauf, die Fortdauer der «wichtigsten» Stereotypen hervorzuheben, denen wir einige gute Gründe für die Anlehnung an die Wirklichkeit nicht absprechen können. Zumindest muß man bedenken, daß der im Mittelmeerraum seit uralten Zeiten verbreitete Genuß des Weins in den Regionen Nordeuropas wesentlich jüngeren Datums ist, weil sich dort die Gewohnheit, viel zu trinken, mit dem niedrigen Alkoholgehalt des konsumierten Getränkes (das heißt des Bieres) vertrug. Auf derartige Trinkgewohnheiten mußte das Erscheinen des Weins vergleichbare Auswirkungen gehabt haben, wie es sie in Nordamerika gegeben hatte, als die Indianer den Alkohol «entdeckten», der von den Weißen als regelrechte Waffe eingesetzt wurde. Dabei kommt ein Passus von Tacitus in Erinnerung, der über die Germanen schreibt:

«Wollte man ihnen, ihrer Trunksucht nachgebend, verschaffen, soviel sie wollen, so könnte man sie leichter durch ihr Laster als mit Waffen besiegen.» Doch war die Überwältigung relativ angesichts der Tatsache, daß von diesem Zeitpunkt an die Germanen innerhalb weniger Jahrhunderte das Römische Reich eroberten. Außerdem ist Wein nicht Whisky. Trotzdem aber hinterließ dieses «Laster» – auf das die Germanen ebenso wie die keltischen Völker stolz waren – Spuren in ihren Gewohnheiten und ihrer kulturellen Identität.

Italiener und Spanier versäumten nicht, ihnen dies vorzuwerfen oder sich darüber zu amüsieren. Romane, Novellen, Briefe, Chroniken, Komödien und Gedichte sind voll von entsprechenden Darstellungen: so eine Gestalt Teofilo Folengos, der einen unwirklichen Brunnen von Muskateller und Malvasier erblickt und Unmengen daraus trinkt: «Trink, trink», beginnt der Trunkenbold auszustoßen und lallt «weitere deutsche Phantastereien». Das erinnert ein wenig an den Morisken Ricote, der sich, beim Trinken, «in einen Deutschen verwandelt hatte». Was das «französische Volk» angeht, so bleibt es nach Ludovico Ariosto «am Wein und am Essen ... hängen wie der Fisch am Köder». Francesco Redi führt diese Maßlosigkeit auf das Klima zurück und, sogar, auf eine ethnische Eigenart: «Sie ist nicht Gefräßigkeit, sondern Veranlagung; und solche Veranlagungen sind nicht modern, sondern sehr alt.» Und dann zitiert er Sulpicius Severus, der behauptete, daß die Freßsucht «bei den Griechen Gefräßigkeit, bei den Galliern Natur ist».

Außerdem äßen Franzosen und Deutsche mehr Fleisch: Ein *Topos,* der, nach allem, was auf den vorhergehenden Seiten zu lesen war, allenfalls für die Mittel- und Oberschichten zutreffen dürfte. Aber es ist unzweifelhaft, daß die Eßkultur des «Nordens» stärker dieser Art des Konsums verbunden ist. Als er 1580/81 durch Italien reist, bemerkt Michel de Montaigne: «Das Fleisch bekommt man nicht halb so reichlich wie in Deutschland vorgesetzt und es ist auch nicht so gut zubereitet. Es wird zwar auch in Deutschland nicht gespickt, ist dort aber weit besser gewürzt; ebenso gibt es dort größere Abwechslung in Saucen und Suppen.» Und weiter über Italien: «Die italienische Nation kennt nicht unsere Gewohnheit, viel Fleisch zu essen.» «(...) denn ein Festessen ist in Italien nichts anderes als ein sehr leichtes Mahl in Frankreich. Mehrere Stücke Kalbfleisch und ein paar Hühnchen, das ist alles.»

Dies sind keinesfalls unbegründete Eindrücke. Die Unterschiedlichkeit der Ernährung zwischen den europäischen Regionen, insbesondere zwischen den kontinentalen und den mediterranen, ist eine Tatsache, die durch die Dokumente bestätigt wird. Auch die Rationen für die Armen – die für gewöhnlich beträchtliche Mengen Fleisch erhalten – spiegeln diesen grundlegenden Gegensatz wider: Im 16. und 17. Jahrhundert scheinen die holländischen Soldaten geradezu exzessive Mengen von Fleisch zu konsumieren, während es ihre spanischen, provenzalischen und italienischen Kollegen in begrenzterem Umfang erhalten; zum Ausgleich ist deren Brotration deutlich höher. Die Bedeutung des Fleisches in der Ernährung der Holländer ist übrigens nicht nur auf die Soldaten beschränkt. «Um den Monat November herum kaufen sie einen Ochsen», schreibt P. Boussingault in einem Reiseführer aus dem Jahre 1672, «oder auch nur einen halben, je nach der Größe der Familienschar. Sie salzen oder räuchern ihn ... und jeden Sonntag schneiden sie davon ein schönes Stück ab, bereiten es zu und verzehren es in verschiedenen Gerichten. Die ganze Woche lang kommt es dann wieder kalt auf den Tisch, mit einigen Stücken Kochfleisch und Gemüse.» Ähnliche Betrachtungen gelten für England, wo wir trotz der Einschränkungen im 16./17. Jahrhundert ein ziemlich reichhaltiges und aufgefächtertes Nahrungsangebot finden. Einigen Wissenschaftlern zufolge erklärt dies die – im Vergleich beispielsweise zu Frankreich – geringere Abhängigkeit vom Verlauf der Ernten. Die Kurve des englischen Bevölkerungswachstums scheint insgesamt wesentlich weniger sensibel auf die Kornpreise zu reagieren.

In England lebte der Modenaer Giacomo Castelvetro, der Italien verlassen mußte, weil er protestantischen Ideen anhing. 1614 verfaßte er einen *Brieve racconto di tutte le radici, di tutte l'erbe e di tutti i frutti, che crudi o cotti in Italia si mangiano*. Es handelt sich um eine Art Querschnitt der italienischen Gastronomie unter einem ihrer originellsten und hervorstechendsten Aspekte. Nämlich genau diese Wurzeln, Kräuter und Früchte waren es, deren Fehlen Castelvetro im fleischverzehrenden England am meisten verspürte. Zumindest betraf dies die vornehme Londoner Gesellschaft, bei der sich unser Autor aufhielt. Castelvetro versäumt nicht, die Gründe hervorzuheben, weshalb «die Italiener mehr Gemüse und Obst als Fleisch essen: Der erste ist, daß das schöne Italien nicht so reich an Schlachtvieh ist wie Frankreich und diese Insel [England]; darum ist es für uns selbstverständlich, daß wir uns bemühen, andere Nahrungsmittel zu finden, um diese riesenhafte Zahl von Menschen zu ernähren, die sich auf einem so kleinen Flecken Erde befindet. Der andere [Grund], nicht weniger wichtig als der schon vorgebrachte, betrifft die große Wärme, die neun Monate im Jahr dort herrscht und uns des Fleisches und vor allem jenes des Rindes so überdrüssig werden läßt, daß wir es nicht sehen, geschweige denn essen können.» Also Gründe der Armut und des Klimas. Mit großem Heimweh läßt sich Castelvetro über die Kräuter seiner Heimat aus, denn alle Kulturen lieben zuerst sich selbst. Vor ihm hatten schon andere in systematischen Handbüchern, auf halbem Wege zwischen naturwissenschaftlichen Abhandlungen und Kochbüchern, über die vegetarische Kochkunst geschrieben. Erwähnen wir wenigstens den langen Brief Costanzo Felicis *Dell'insalata e piante che in qualunque mode vengono per cibo del'homo* (1569) und den Traktat *Archidipno, overo dell'insalata, e dell'uso di essa* von Salvatore Massonio (1627). Der erstgenannte, Felici, hatte bemerkt, daß diese «Speise der Salate» wirklich «den gierigen Italienern eigen ist (so sagen sie es jenseits der Berge), die den unvernünftigen Tieren, welche rohe Gräser fressen, die Nahrung weggenommen haben». Die Satire der Ernährung schlägt nicht nur *eine* Richtung ein.

Die Kluft zwischen den verschiedenen Eßkulturen vertiefte sich im 16. Jahrhundert, als die Reformation neben vielen anderen Dingen auch die Ernährungsvorschriften der römischen Kirche verwarf. In der Aufforderung Luthers, die Familie solle dem väterlichen Willen folgen, ansonsten aber essen, trinken und sich kleiden, wie es ihr gefalle, da Gott sich nicht darum kümmere, wie die Menschen äßen oder tränken, offenbart sich eine heftige und deutliche Polemik, die, indem sie sich auf die Texte der Evangelisten und des Paulus beruft, die Berechtigung der kirchlichen Verfügungen in bezug auf das Essen bestreitet und die Nahrungsauswahl vollständig der Entscheidung und dem Gewissen eines jeden einzelnen überläßt. Schluß also mit den Fastenzeiten, Schluß mit der Enthaltsamkeit, Schluß vor allem mit der Bekämpfung des Fleisches.

Eine Erschütterung der europäischen Eßkultur war die Folge. Jahrhunderte vorgeschriebener Fastenzeiten hatten die Menschen daran gewöhnt, Fleisch durch Fisch und tierische Fette durch Pflanzenöl zu ersetzen. Auch das trug, wie wir schon beobachtet haben, seinen Teil dazu bei, die Ernährungsgewohnheiten des Kontinents zu vermischen, wobei sie aber sicherlich nicht vereinheitlicht, sondern lediglich in denselben kulturellen Kontext integriert wurden. Die «Befreiung» von den Normen der römischen Kirche verlieh einer niemals ganz eingeschlafenen Opposition wieder gesteigerte Bedeutung: Das Europa der Fleischesser propagierte – in dem Umfang, den der Lebensstandard ermöglichte – *seine* Nahrung beinahe wie das Symbol einer neuen Unabhängigkeit.

Abhandlungen über den freien Verbrauch des Fleisches wuchern im 16. und 17. Jahrhundert überall im protestantischen Europa (ein Beispiel nur: *Diatriba de esu carnium et quadragesima pontificorum,* 1662 in Amsterdam von Arnoldo Montano veröffentlicht). Sie stellen ein einzigartiges *Pendant* zu den Traktaten über die Fastendiät dar, die jetzt im katholischen Umfeld vermehrt auftauchen, um in immer peniblerer und bürokratischerer Weise die Kasuistik der untersagten oder unerlaubten Nahrungsmittel festzulegen. Es genügt in diesem Zusammenhang, auf den *Vitto quaresimale* (Rom 1636) von Paolo Zacchia hinzuweisen. Auch als Reaktion auf die Ereignisse der Reformation zeichnete sich innerhalb der nachtridentinischen katholischen Kirche das folgenreiche Verlangen ab, das Privatleben der Menschen zu kontrollieren. So lief anscheinend im Florenz des 17. Jahrhunderts ein Inquisitor während der kirchlich festgelegten Tage durch die Straßen und vergewisserte sich anhand des Geruchs, der aus den Häusern kam, ob irgend jemand Fleisch gegessen habe.

Selbstverständlich ist es ausgesprochen schwierig, die *realen* Auswirkungen (nicht die kulturellen, die völlig klar sind) dieses Bruches festzustellen. Obgleich es «vor allem unter englischen Autoren eine allgemein anerkannte Tatsache ist, daß die Reformation dem europäischen Fischhandel einen schweren Schlag versetzt hat», wurde dieses Urteil letztlich doch präzisiert und

verdeutlicht. Man unterscheidet zwischen einer künstlich gesteigerten Nachfrage nach Fisch (nämlich während der Fastentage und der Fastenzeit) und einer Nachfrage nach dem Grundnahrungsmittel Fisch, wie in Holland, Schottland und Norwegen. In England verringerte sich mit Sicherheit die Zahl der
Fischlieferungen. Generell läßt sich sagen, daß «am stärksten
der Süßwasserfischfang betroffen war, dessen Erträge immer
schon geringer gewesen waren» (A. R. Michell). Auf alle Fälle
gab es Auswirkungen, sogar empfindliche.

Dagegen existieren keinerlei Beweise für die Annahme, daß
all dies auch die Rolle des Weins beeinflußt hätte, der mittlerweile ein zu großes Ansehen genoß, um ernsthaft irgendwelche
Konsequenzen zu verspüren. Dennoch wurde er in den protestantischen Ländern des Nordens noch mehr als bisher dem
Bereich der Luxuserzeugnisse zugerechnet, während die Herstellung und der Verbrauch von Bier im 17. Jahrhundert sicht-
lich anstieg und dieses Getränk dank der holländischen Vor-
machtstellung in Richtung Süden an Boden gewann.

Schließlich zeichnete sich zwischen den beiden Europas auch
hinsichtlich der Verwendung der verschiedenen Fette eine
Gegenüberstellung ab: Während man vormals «in ganz Westeu-
ropa abwechselnd Öl an den mageren Tagen und Speck,
Schmalz oder andere tierische Fette an den fetten Tagen verwendete», gelang es dieser Vereinigung kulinarischer Praktiken
nicht, «die Reformation zu überleben» (J. L. Flandrin). Selbst in
den katholischen Ländern gestatteten zahlreiche Erlasse die
Wiederherstellung regionaler Besonderheiten. Schon Karl der
Große hatte sich anscheinend darum bemüht, vom Papst eine
Genehmigung zu erhalten, um *oleum lardinum* in den Klöstern
des Nordens verwenden zu dürfen, «weil sie keine Oliven besitzen wie diejenigen jenseits der Alpen»; Butter war als «magere»
Kost spätestens ab 1365 durch das Konzil von Angers zugelassen
und hatte sich von da an allmählich als Alternative zum Öl
durchgesetzt, wobei sie, wie dieses auch, dem Speck Konkur-
renz machte, der als das Fett schlechthin galt. Zwar blieb die
Butter von den während der Fastenzeit erlaubten Nahrungsmitteln weiterhin ausgeschlossen, doch fehlte es auch hier nicht an
Konzessionen und Dispensen. Sagenhaft ist wahrscheinlich die
Geschichte des sogenannten «Butterturms» von Rouen, dessen

Errichtung mit dem Geld jener Bürger finanziert worden sein soll, die sich die Genehmigung erkauft hatten, Butter auch während der Fastentage essen zu dürfen. Dokumentiert dagegen ist das ständige Privileg, das Herzogin Anna von Bretagne für sich und ihre Angehörigen 1491 erwarb und kurz darauf auch für alle ihre Untertanen. Noch nicht einmal die kirchliche Normgebung hatte es vermocht, sich einer Akzeptierung der produktiven Gegebenheiten sowie der Verschiedenheiten der Traditionen und Geschmäcke zu entziehen. Das Bild des Kardinals von Aragon, der sich auf einer Reise 1516 durch die Niederlande von seinem eigenen, mit einem guten Vorrat an Olivenöl ausgestatteten Koch begleiten läßt, erinnert uns daran, daß die Ernährungsgewohnheiten und «Geschmacksstrukturen» (Flandrin) eine recht hartnäckige historische Realität sind.

Eine letzte Überlegung: Die Reformation stellte einen entscheidenden Augenblick der Spaltung des westlichen Christentums dar. Paradoxerweise rief sie aber auch umgekehrt Phänomene von Integration und kulturellem Austausch hervor. In dem seinen Londoner Gastgebern gewidmeten *Brieve racconto* über die nahrhaften Eigenschaften des Gemüses stellte Giacomo Castelvetro fest, daß es die «edle Nation» England «seit 50 Jahren» – er schreibt dies im Jahre 1614 – gelernt habe, neue Ernährungsweisen und Kochkünste aufzugreifen dank «des Wettbewerbs vieler Völker, die sich in dieses sichere Refugium geflüchtet haben, um sich zu schützen und zu retten vor den wütenden Bissen der brutalen und gottlosen römischen Inquisition». Auch er beabsichtigte mit seinem Werk einen kleinen Beitrag dazu zu leisten, allerlei Speisen kennen- und schätzenzulernen, von denen «heutzutage noch viele, sei es aus Nachlässigkeit, sei es aus Unkenntnis», Abstand nehmen würden. Wenn die Menschen in Bewegung sind, sind es auch die Ideen. Das ist der vielleicht einzig positive Gesichtspunkt der erzwungenen Emigration. Und wer weiß, ob nicht auch die kleine Schrift Castelvetros ihren Teil dazu beigetragen hat, John Evelyn dazu anzuregen, im Jahre 1699 die erste englische Abhandlung über Salate zum Druck zu geben: *Acetaria, a Discourse of Sallets*.

26. Wandlungen des Geschmacks

Vielen seiner Zeitgenossen gleich, zweifelte John Evelyn nicht,
daß man Salat ausschließlich mit Essig und Öl anmachen dürfe.
Und zwar, man beachte, unbedingt mit Olivenöl. Wir wissen,
Olivenöl daß die Ölhändler im Norden Europas die minderwertigste
Qualität heranschafften: Die schon im 15. Jahrhundert nachge-
wiesene englische Redensart: «dunkel wie Öl» (as brown as oil),
wäre in der Provence oder in Italien nicht verstanden worden.
Nach J. L. Flandrin träumten die Nordeuropäer von einem
farb-, geruch- und geschmacklosen Öl, weil das, was sie verwendeten, trübe, herb oder sauer war. Trotzdem machten sie
davon Gebrauch. Seit etlichen Jahrhunderten hatten sie sich an
dessen Verwendung gewöhnt, aber nicht aus Gründen des Geschmacks, wie Flandrin bemerkt, sondern der Notwendigkeit
wegen. Die kirchlichen Reglementierungen zwangen sie dazu,
da die Verwendung von tierischen Fetten im Laufe eines Jahres
mindestens an einem von drei Tagen untersagt wurde. Zwar
gab es natürlich auch Befreiungen von der Unterwerfung unter
diese Vorschriften, doch wurden sie nur ausnahmsweise erteilt,
und es war relativ kompliziert, sie zu erlangen. So hatte sich der
Gebrauch von Olivenöl auch in Nordeuropa verbreitet, sei es
zum Kochen, sei es zum Würzen hauptsächlich der «mageren»
Gerichte. Sehr lange wurde es als unbehandeltes Nahrungsmittel auf den Salaten verwendet, zumindest in Frankreich und
England – schreibt Evelyn gegen Ende des 17. Jahrhunderts. Als
Grundlage zum Kochen und als warme Würze wurde es dagegen nach und nach von der Butter verdrängt.

Die Anfänge dieser Veränderung gehen auf das 14./15. Jahrhundert zurück und können offenbar in Beziehung gebracht
Butter werden zur gesteigerten Verfügbarkeit von Butter, die durch die
Verbreitung der Rinderzucht möglich geworden war. Es ist eine
Mode, die ganz Europa erobert. Nicht nur die nördlichen Länder, sondern auch Italien und Spanien sind davon betroffen.
um 1450 Mitte des 15. Jahrhunderts weist das Rezeptbuch Meister Marti-
Italien nos auf ihren Einzug in die italienische Küche hin; anschließend
finden wir sie auch in Spanien. Es handele sich, so Flandrin, um
eine «zweite Invasion» nordischer Ernährungsgewohnheiten,
nachdem die erste tausend Jahre zuvor überall in den Mittel-

meergebieten Europas den «barbarischen» Gebrauch des Specks
verbreitet habe. Wenn in Frankreich und England noch während des 14./15. Jahrhunderts in den Kochbüchern das Öl die
wichtigste Alternative zu Speck und Schmalz darstellt, so ver-
schwindet es praktisch im 16. und 17. Jahrhundert, während die
Butter triumphiert. Einerseits stellt dies das Ergebnis eines
lange Zeit vorher begonnenen Prozesses dar; doch war es andererseits die Reformation, die in den Ländern, die ihre Ideen
übernahmen, dem Kochen mit Öl ein Ende bereitete. Nur bei
der Salatzubereitung fand es weiter Verwendung, aber auch das
hielt nicht lange an. Bereits im 17. Jahrhundert werden die
Salate der Holländer mit zerlassener Butter angemacht, und ein
französischer Reisender in Irland berichtet, ausgelacht worden
zu sein, als er nach Öl verlangt habe. Schließlich gehen auch die
Engländer und Franzosen zum Gebrauch cremeartiger Soßen
über.

Die fetten Buttersoßen, die sich in der feinen europäischen
Küche des 17. Jahrhunderts durchsetzen, und jene auf Ölbasis,
die diese sehr bald zum Vorbild nehmen, bedeuten einen wirklichen «Geschmackswandel» im Vergleich zu jenen Soßen, welche bis zwei Jahrhunderte zuvor verwendet worden sind. In den
Kochbüchern des 14. Jahrhunderts, die weit verbreitete Nah-
rungsgewohnheiten der vorhergehenden Jahrhunderte festhalten, enthält der Großteil der Soßen überhaupt kein Fett – weder
Öl noch Butter. Die Soßen, die man für gewöhnlich zu Fleisch
und Fisch reicht, sind fettarm und sauer. Man verwendet hauptsächlich Wein, Essig, Saft aus unreifen Trauben und Zitrusge-
wächsen oder aus wilden Früchten, denen man Kräuter und Gewürze unterschiedlicher Art beimischt. Für den Fall, daß man
die Soße andicken und «binden» will, greift man auf Brotkru-
men, Mandeln, Nüsse, Eigelb, Leber und Blut zurück. Zuwei-
len süßt man sie mit Zucker oder mildert sie mit Fleisch- oder
Fischbrühe. Doch handelt es sich dabei immer um fettarme Soßen. Mit Ausnahme der Senfsoße hat keine von ihnen bis in unsere Tage überlebt, und wenn, dann allenfalls auf Kosten von
Veränderungen, die ihre Eigenschaften grundlegend modifiziert
haben. Der Zusatz von Öl oder Butter hat, wie beispielsweise
mit der grünen Soße oder der Knoblauchsoße geschehen, deren
Verwendungsmöglichkeit und Geschmack grundlegend verän-

dert. Dieser «Geschmackswandel» trat im 16./17. Jahrhundert ein, und J. L. Flandrin, dem wir die exaktesten Untersuchungen zu diesem Thema verdanken, zögert nicht, ihm aufgrund äußerer Umstände oder Notwendigkeiten eine wesentliche Autonomie zuzugestehen. Nur deckt er nicht die Ursachen (wozu an erster Stelle die Reformation gehört) auf, die diese neue Art von Gier auslösten. «Ich sehe nicht», schreibt er, «welche demographischen, ökonomischen oder technischen Veränderungen diese kulinarische Revolution erklären könnten. Sie manifestiert sich nicht auf der Ebene materieller Zwänge, sondern auf der der Begierde.» Es sind die oberen Klassen, die die neue Küche einführen; gesellschaftliche Gruppen, bei denen man nicht vermuten darf, sie seien darauf bedacht, irgendein Produkt zu verwenden (wie in diesem Fall die Butter), weil es ausreichend vorhanden und preiswert zu bekommen ist, nachdem wir doch wissen, daß es gerade die Seltenheit eines Erzeugnisses ist, die das Verlangen nach Unterscheidung anregt. Deshalb ließe sich die Argumentation umkehren: Auch die neue Geschmacksorientierung, deren Verbreitung im mittleren und oberen Bürgertum ohne Zögern vonstatten ging, hatte ihren Teil zu bestimmten Veränderungen in der europäischen Landwirtschaft beizutragen. Zu diesen Wandlungen gehörte schon im 17. und dann vor allem im 18. Jahrhundert die Tendenz, bei der Viehzucht die milchliefernden Tiere zu bevorzugen.

Daß die Begierde der Eliten durch die Seltenheit, die Kosten und den *exklusiven* Charakter der Konsumgüter angeregt wird, belegt deutlich ein anscheinend paradoxes Phänomen, das die beschriebenen Wandlungen begleitet. Die Gewürze, die ein Jahrtausend lang das Kennzeichen der reichen Tafel gewesen und vielleicht mehr als alle anderen Dinge geschätzt und begehrt worden waren, verschwanden allmählich aus den Ernährungsgewohnheiten vieler. Sie verschwanden genau in jenem Moment, in dem ihre Fülle eine stärkere und weitverbreitete Verwendung ermöglicht hätte (was ja auch eine Zeitlang der Fall gewesen war). Man bedenke, daß die Entdeckungsreisen und Eroberungsfahrten rund um die Welt nicht zuletzt auch den Zweck verfolgt hatten, die Gewürze direkt an ihrem Ursprungsort zu beschaffen. Aber die Flut an Düften und Geschmäcken, die Europa im 16. Jahrhundert überschwemmte, rief schon bald Verdruß hervor. Jetzt, da alle Ingwer, Zimt und jegliche Art von «feinen Gewürzen» benutzen konnten, suchten sich die Reichen ein anderes Unterscheidungsmerkmal. Auch deshalb veränderte die fettarme, Gewürze verwendende Küche des alten Europa an einem gewissen Punkt ihr Gesicht. Man begann sogar wieder auf einheimische und in gewisser Weise «bäuerliche» Produkte zurückzugreifen. Im 17. Jahrhundert geben die französischen Eliten die Gewürze auf und ersetzen sie durch Schnittlauch, Schalotten, Pilze, Kapern, Sardinen ... erlesenere und für die «fette» Küche, die sich damals gerade durchsetzte, sicherlich geeignetere Geschmäcke und Düfte. Da spielt aber auch die Genugtuung desjenigen hinein, der es sich von der Höhe seines Reichtums herab leisten kann, selbst auf «arme» Nahrungsmittel zurückzugreifen – ein Gefühl, das heute glücklicherweise viele kennen.

Dem französischen Beispiel war innerhalb der europäischen Eliten ein großer Erfolg beschert. Die gastronomische Kultur und die Eßgewohnheiten des Kontinents erfuhren eine tiefgreifende Erneuerung, zumindest in den westlichen Regionen wie in Italien oder Spanien. Die Länder des Ostens sowie die mittel- und nordeuropäischen Länder wie Deutschland, Holland, Polen und Rußland blieben – und sind es noch heute – größtenteils der Gewürzküche, den starken Kontrasten und Geschmäcken verbunden. Der Grund mag vielleicht, wie Braudel vermutet, darin liegen, daß dort der Gebrauch von Gewürzen erst später einsetzte und zu jenem Zeitpunkt noch ein «neuer» Luxus war. Daher erklärt sich die hauptsächlich konservative Natur dieser Küchen im Vergleich zu dem unvermittelten Richtungswechsel der westlichen und an erster Stelle der französischen Küche, die seit jenem Augenblick in Europa Schule zu machen begann und überall ein wenig «in Mode» kam.

Die «neue Küche» unterschied sich auch noch durch andere Gesichtspunkte von der herkömmlichen. Die sauren und süßen Geschmacksrichtungen, die traditionell vermischt worden waren, wurden jetzt deutlicher voneinander getrennt. Besonders das Süße rückte mit dem steigenden Zuckerverbrauch in den Vordergrund. Schon seit Jahrhunderten in Europa verwendet, hatte er lange Zeit streng medizinischen Charakter, während nur der Honig als Süßmittel für die Speisen eine Rolle spielte.

Vor allem in Spanien und Italien hatte man begonnen, dieses arabische «Gewürz» – das von den Gewürzhändlern zusammen mit anderen orientalischen Produkten verkauft wurde – bei der Herstellung von Konfekt zu verwenden. Diese Produktion war allerdings eher im medizinisch-pharmazeutischen Bereich als in der Gastronomie aufgekommen. Am Ende der Mahlzeiten war es nämlich Brauch, kleine Gewürzdragées zur Förderung der Verdauung zu schlucken. Erst im 13./14. Jahrhundert hielt der Zucker Einzug in die Küche. Wie es logischerweise zu erwarten war, sind es die italienischen und spanischen Kochbücher, die zuerst auf seine Verwendung hinweisen, aber auch, relativ früh, die englischen. Ein anglo-normannischer Traktat aus dem 14. Jahrhundert schildert uns recht anschaulich, wie der Zucker dazu dient, «die Kraft der Gewürze zu beseitigen», das heißt, die Säuernis der Speisen und Soßen zu mildern. Im gleichen Jahrhundert scheint, obwohl sie weiterhin der traditionellen Verwendung des Honigs verbunden bleibt, auch die deutsche Küche dem süßen Geschmack besondere Aufmerksamkeit zu widmen. Das *«Buoch von guoter spise»* empfiehlt häufig: *«und versaltz niht»* die Speisen. Im 15. Jahrhundert setzt sich dann auch in Frankreich der Gebrauch von Zucker durch; zunächst in den «neuen» Rezepten, später auch bei der Neubearbeitung traditioneller Kochanleitungen. Von da an überflutet das Süße ganz Europa, wenn auch nicht überall mit derselben Intensität. Die mediterranen Küchen (und in gewissem Maße auch die englische) werden davon am stärksten berührt. Der Humanist Bartolomeo Sacchi, genannt Platina, rät bei der Beschreibung des «Weißessens nach katalanischer Art», Zucker hinzuzufügen und entschuldigt sich dann beinahe, eine solche Selbstverständlichkeit überhaupt erwähnt zu haben, da, «wie man gewöhnlich sagt, kein Nahrungsmittel den Zucker verweigert». Im darauffolgenden Jahrhundert wird dieser mittlerweile als unabdingbares Nahrungsmittel betrachtet, und die Kochbücher sehen seinen Gebrauch überall vor – genau wie von Platina empfohlen. Auch hat es nicht den Anschein, daß es sich hierbei um eine ausschließlich auf die Küche der Eliten beschränkte Entwicklung handelt: Mitte des 16. Jahrhunderts gehört der Zucker zusammen mit Brot, Wein, Öl und Käse zu den Nahrungsmitteln, die in einem Kloster der emilianischen Apenninen an die Armen

verteilt werden. Der radikale Wandel, der sich im Laufe zweier
Jahrhunderte vollzogen hat, wird von Abramo Ortelio präg-
nant zusammengefaßt, der im Jahre 1572 schreibt: «Eine Zeit
war der Zucker lediglich in den Läden der Apotheker erhältlich,
die ihn für die Kranken führten. Heute ißt man ihn aus Naschsucht. Was einst als Medizin diente, dient heute als Nahrung.»
Um die wachsende Nachfrage zu befriedigen, legen die Europäer ab dem 16. Jahrhundert auf dem amerikanischen Kontinent
Zuckerrohrfelder an, die von Sklaven bewirtschaftet werden –
ein grundlegendes Kapitel der Politik-, Wirtschafts- und Sozial-
geschichte, das keineswegs nur am Rande mit den Ernährungs-
moden im Zusammenhang steht, die sich in Europa zwischen
dem 14. und dem 16. Jahrhundert entwickeln.

27. Alte und neue Drogen

Der Konsum alkoholischer Getränke – Wein oder Bier, je nach
Region – erreichte in der Vergangenheit extrem hohe Werte. Es
ist ganz offensichtlich nicht möglich, einen für alle Epochen,
Regionen, sozialen Klassen, Geschlechter und Altersgruppen
gültigen Mittelwert festzulegen. Nur schwerlich aber sinkt der
Verbrauch in den Berechnungen der Wissenschaftler unter einen
Liter Wein täglich *pro Kopf*. Viel häufiger erreicht er zwei, drei,
auch bis zu vier Liter, wie sie für unterschiedliche Orte und
verschiedene gesellschaftliche Gruppen, städtische und ländliche, für die Zeit ab dem 13./14. Jahrhundert ermittelt worden sind (aber schon für die Jahrhunderte vor dem Jahre 1000
lassen die Dokumente berechtigte Schlußfolgerungen zu, die
zu ähnlichen Ergebnissen führen). Noch höher lag der Bierverbrauch. In Schweden trank man während des 16. Jahrhunderts Mengen, die 40mal über den heutigen lagen. Die englischen Familien des 17. Jahrhunderts tranken davon ungefähr
drei Liter pro Tag und Kopf, wobei Kinder in der Berechnung
berücksichtigt wurden.

Bei der Erklärung dieser Umstände konkurrieren verschiedene Faktoren miteinander. Der erste ist ganz einfach der – von
einem englischen Schriftsteller des 16. Jahrhunderts als «ozea-
nisch» bezeichnete – Durst, den wir uns, angesichts der Vielzahl

mit Salz konservierter Nahrungsmittel (Fleisch, Fisch, Käse etc.), sehr viel stärker als den unsrigen vorstellen müssen. Aber Wein und Bier sind auch Nahrungsmittel im wahrsten Sinne des Wortes: Sie tragen aufgrund ihres Kaloriengehalts zur täglichen Ernährung bei, sind leicht und schnell verfügbar und haben um so größere Bedeutung, je ärmer und eintöniger die Nahrung ist. «Einige», schreibt Johann Brettschneider im Jahre 1551, «leben mehr von diesem Getränk als von richtigem Essen; alle brauchen es, Männer und Frauen, Alte, Gesunde und Kranke.» Es sei hinzugefügt, daß man den alkoholischen Getränken, vor allem dem Wein, wichtige therapeutische Eigenschaften zusprach. Die Medizin machte von ihm großzügigen Gebrauch als Basis für die Herstellung von Medikamenten. Aber als Heilmittel wurde auch das Getränk selbst angesehen, als universelle Medizin gegen nahezu alle Leiden. Eine Untersuchung über die Verbrauchsgewohnheiten des Pariser Hospitals Hôtel-Dieu im 15. und 16. Jahrhundert hat bestätigt, daß «sich der damals allgemein verbreitete Glaube an die belebenden und heilsamen Eigenschaften des Weins auf das Ausmaß des Verbrauchs niederschlug» (C. Hohl). In der Tat wurde er zu jeder Speise «reichlich, um nicht zu sagen exzessiv» ausgegeben, und zwar um so großzügiger, je schwerer die Krankheit war. Darüber hinaus galt es auch als normal, Wein dem Wasser beizumischen, das fast niemals pur getrunken wurde. Denn mindestens bis zum 19. Jahrhundert blieb es ein Problem, unbedenklich trinkbares Wasser zu beschaffen, und die Beimischung von Alkohol diente sozusagen als Antiseptikum. Schließlich dürfen wir auch nicht den *geselligen* Aspekt des Wein- oder Bierkonsums vergessen, schon damals als eine Form der Flucht und gleichzeitig als Zeichen der Aufnahme in die Gesellschaft gedeutet. Gewiß ist es schwer, im christlichen Europa Phänomene «heiliger» Trunkenheit anzutreffen wie solche, die die heidnische Religiosität sowohl im griechisch-lateinischen als auch im keltisch-germanischen Umfeld charakterisierten. Wenn dieser religiöse Aspekt auch abnahm oder kulturell an den Rand gedrängt wurde, so ging doch die gesellschaftliche und rituelle Eigenschaft des Getränks nicht verloren, die auf «profaner» Ebene bei den Treffen von Kongregationen und Bruderschaften, bei häuslichen Trinkgelagen und in den Wirtshäusern der Dörfer und Städte eine

Rolle spielte. Unter diesen Bedingungen ist es wirklich unmöglich, die Schwelle ausfindig zu machen, über die hinaus der Wein oder das Bier aufhören, ein einfaches Nahrungsmittel zu sein und die Funktion einer *Droge* annehmen. Jedenfalls ist es offensichtlich, daß das Phänomen der Trunkenheit, hartnäckig und vergeblich seit dem 4. Jahrhundert von den christlichen Predigern bekämpft, in einer rein kollektiven Form auftritt. Es ist eher ein soziales als ein individuelles Problem und impliziert einen eindeutig *euphorischen* Gebrauch alkoholischer Getränke, wenn man so will auch einen «profanen», aber im Grunde nicht weit von dem entfernt, der in anderen Kulturkreisen eine ekstatische Reise zu mystischen Horizonten bedeutete. Die Aufforderung der Moralisten und Prediger zu einem gemäßigteren und *kontrollierten* Gebrauch des Weins stellt die sanfte Form der schrecklichen Strafen dar, die jenen auferlegt werden, welche sich giftiger und berauschender Substanzen zu «dämonischen» und «hexerischen» Zwecken bedienen. Andererseits dürfen wir nicht vergessen, daß dieselbe christliche Kultur eine umfassende Propagandatätigkeit zugunsten des Weins entwickelt hatte, dem Nahrungssymbol und sakralen Instrument *auch* des neuen Glaubens.

Mit Beginn des 17. Jahrhunderts verbreiteten sich neue Getränke in Europa, die neben Wein oder Bier traten oder diese ganz ersetzten. Deren bis dahin absolute und unbestrittene kulturelle Vorherrschaft sah sich von da an mit der neuen Mode der Destillate, des Kaffees, des Tees und der Schokolade konfrontiert. Zunächst handelte es sich bei diesen neuen Getränken um elitäre Modeerscheinungen; später wurden sie geradezu populär. Aufgrund ihrer geographischen und gesellschaftlichen Verbreitung voneinander ziemlich verschieden, hatten diese Erzeugnisse die Eigenschaft gemein, keine Nahrungsmittel im engeren Sinne, sondern eigentlich Drogen zu sein. Ihre primäre Bedeutung bestand in der Schaffung von Euphorie und Fluchtmöglichkeiten, kombiniert mit den Erfordernissen des Geschmacks und der Sozialisation. Das alles konnte die Kultur des christlichen Europa nicht mit allzu großer Gelassenheit hinnehmen. Und genau an diesem Punkt führte man – wie immer in solchen Fällen – das Argument der Gesundheit an. Ärzte und Gelehrte beeilten sich zu erklären, daß Alkohol, Kaffee, Tee und

Schokolade *gut tun* würden – dasselbe, was man auch über den
Wein und das Bier gesagt hatte. Eine kleine, möglicherweise sogar mit Überzeugung vorgebrachte, intellektuelle Ausrede, um
den Begierden Tür und Tor zu öffnen.

Schnaps
Branntwein

Die Destillation von Alkohol ist eine Tochter der Alchimie.
Schon die Griechen und Römer kannten den Brennkolben, von
dem behauptet wird, er sei eine ägyptische Erfindung. Doch
diente er lediglich der Destillation von Substanzen wie Queck-
silber oder Schwefel bei sehr hoher Temperatur. Diese Technik
wurde anschließend von den Arabern vervollkommnet. Den
europäischen Alchimisten gelang es schließlich, die Destillation
von Wein mittels einer neuen Prozedur durchzuführen, bei der
die Glasspiralen, durch die das Getränk floß, abgekühlt wurden. Die älteste Beschreibung der Produktionsweise von «ent-
flammbarem Wasser», das «brennt, ohne das Material zu verzehren, auf dem es ausgeschüttet wurde», findet sich in einer
technischen Abhandlung aus dem 12. Jahrhundert. Das wundersame *aqua vitae* wurde anfänglich nur für chemisch-pharmazeu-
tische Zwecke als Lösungsmittel oder Anästhetikum hergestellt
und eingesetzt. Dasselbe trifft für das *aqua ardens* zu, das man
erhielt, indem man den Alkohol einer nochmaligen Destillation unterzog. Nach Arnaldo di Villanova, einem Arzt, der
um die Wende vom 13. zum 14. Jahrhundert lebte, vertreibt
der Branntwein die überflüssigen Säfte, belebt das Herz, heilt
Koliken, Wassersucht, Fieber, mildert Zahnschmerzen und
schützt vor der Pest. Noch im Jahre 1735 stellt ein Traktat über
die Chemie die Behauptung auf, daß «der Weingeist, richtig
eingesetzt, eine Art Allheilmittel ist». Aber bereits um das 15./
16. Jahrhundert hatte der Branntwein begonnen, die Abge-
schlossenheit der Apotheken zu verlassen, um in den Wohn-
und Wirtshäusern Einzug zu halten. Im 17. Jahrhundert fand
er allerorten als Getränk Verwendung und machte bei bestimmten Anlässen schon dem Wein Konkurrenz, neben den

Rum
Obstbrand
Kornbrand
Likör

bald weitere Destillate traten wie solche aus Melasse (Rum),
aus Obst (Calvados, Kirschwasser, Maraschino etc.), aus
Korn (Wodka, Whisky, Gin etc.); von den süßen Likören (Ro-
solio, Ratafia) gar nicht erst zu reden, die im Europa des
17. Jahrhunderts so sehr in Mode waren und einen weiteren
Aspekt jenes «Triumphes des Süßen» darstellten, von dem wir

im Zusammenhang mit dem neuen gastronomischen Geschmack schon gesprochen haben.

Ursprünglich in Äthiopien und anderen Gebieten Ostafrikas beheimatet, wurde der Kaffee im 13./14. Jahrhundert erstmals im südwestlichen Arabien eingeführt. Hier entwickelte man seine Kultivierung weiter, hier setzte sich der Brauch durch, aus den gerösteten Samen ein Getränk herzustellen, das die arabische Tradition bis auf das 14. Jahrhundert zurückführt. Seine Entdeckung wird einem heiligen Mann aus dem Jemen zugesprochen, der sich seiner zunächst zur Verlängerung der geistigen Wachen bedient haben soll. Dann gelangte der Kaffee nach Ägypten, von wo aus er sich in das Osmanische Reich und in Richtung Orient bis nach Indien ausbreitete. Seit der zweiten Hälfte des 16. Jahrhunderts wurde er auf Initiative vornehmlich venezianischer Kaufleute auch in Europa eingeführt. Trotz der Skepsis und der Abneigung vieler (berühmt ist die Schmähung durch Francesco Redi: «Ich würde eher Gift trinken, als ein Glas, das voll des bitteren und bösen Kaffees wäre»), war der Erfolg dieses neuen Getränks groß und regte zum Anbau der entsprechenden Pflanzen in den Kolonialbesitzungen an. Zuerst begannen damit die Holländer (Java) und Franzosen (Antillen), dann folgte man diesem Beispiel in den spanischen und portugiesischen Kolonien Mittel- und Südamerikas. Vor allem in Paris, wo er 1643 erstmalig auftauchte, stieß der Kaffee auf große Gegenliebe. Doch fehlte es nicht an Stimmen, die sich gegen diese Neuerung aussprachen: Einige Ärzte rieten vom Genuß des Getränks ab oder forderten seine Verwendung ausschließlich im medizinischen Bereich. Andere präsentierten es als Heilmittel gegen jede Art von Krankheit. Den Ergebnissen nach zu urteilen wurde ihnen mehr geglaubt als den ersteren. So feierte Jacob Spon beispielsweise die Fähigkeit des Kaffees, die kalten Körpersäfte auszutrocknen, die Leber zu stärken, die Krätze und schlechtes Blut zu bekämpfen, das Herz zu erfrischen, Magenschmerzen zu lindern, mit seinem Dampf vor Augenentzündungen und Erkältungen zu schützen und über weitere phantastische Wirkungen zu verfügen. Was bleibt, ist die Tatsache, daß in den siebziger Jahren des Jahrhunderts in Paris neben pittoresk als Türken verkleideten Straßenhändlern die ersten Geschäfte für den Verkauf und das Verkosten von Kaffee öffneten. Be-

rühmt was das «Prokop», 1686 von dem Italiener Procopio
Coltelli eröffnet, der früher Laufbursche im Geschäft eines Ar-
meniers gewesen war. Sehr schnell erreichte diese Mode
Deutschland, Italien, Spanien, Portugal und England. Das erste
Londoner Kaffeehaus wurde 1687/88 von Edward Lloyd in der
Tower Street eingerichtet, und eine mit Sicherheit übertriebene,
aber gleichwohl bezeichnende Mitteilung informiert uns darüber, daß um 1700 die 600000 Einwohner der Stadt gut 3000
derartige Lokalitäten aufsuchen konnten. Der Kaffee, den übrig-
gens die Engländer dank der interessierten Mithilfe der Ostin-
dien-Kompagnie recht bald gegen den Tee austauschten, setzte
sich nahezu als Symbol der rationalistischen Kultur jener Zeit
durch mit ihrem Streben nach Klarheit, Scharfsinn und Gedan-
kenfreiheit. Die Kaffeehäuser und die Salons des Großbürgertums waren mit den lebhaften Gesprächen, die dort geführt
wurden, ein bevorzugter Ort für die Kultur der Aufklärung.
Auch die bürgerliche Arbeitsethik – keineswegs ein zweitran-
giger Aspekt des entstehenden Kapitalismus – fand im Kaffee
ein Symbol und einen wertvollen Verbündeten. «Während früher Handwerker und Verkäufer am Morgen Bier und Wein tranken und sich damit den Kopf schwer machten, ohne mehr ernsthaft arbeiten zu können, haben sie sich jetzt dagegen an dieses
bürgerliche Getränk gewöhnt, das die Leute wachhält.» So
schreibt im Jahre 1660 James Howell. 1671 rühmt der *Traité nouveau et curieux du café, du thé et du chocolat* des Lyoner Kaufmanns
Sylvestre Dufour, der innerhalb kurzer Zeit zu einer Art Bibel
für den Genuß des neuen Getränkes wurde, die Eigenschaft des
Kaffees als nüchtern- und wachhaltend. Ist der Kaffee anfangs
also ein Getränk für die Eliten, so gewinnt er schon gegen Ende
des 18. Jahrhunderts weite Volksschichten für sich. Dies gilt vor
allem für Frankreich und hier hauptsächlich für Paris, wo er anstelle des Weins anscheinend zu einer Massendroge geworden
ist. «Es gibt keine bürgerlichen Häuser mehr», schreibt 1782 Le
Grand d'Aussy, «in denen kein Kaffee angeboten wird.» Auch
die Arbeiter, präzisiert L. S. Mercier in seinem *Tableau de Paris,*
«haben dieses Lebensmittel für wirtschaftlicher, nahrhafter und
schmackhafter als alle anderen befunden. Als Folge davon trinken sie es in enormen Mengen und behaupten, daß es sie oft bis
zum Abend auf den Beinen halte.»

Wie bereits angedeutet, wurde von den Teeliceferanten sowohl in England als auch in Holland dem Kaffee der Erfolg streitig gemacht, was schließlich auch glückte. Die erste Ladung Tee hatte, aus Indien kommend, wo die Europäer dieses alte und ursprünglich chinesische Getränk kennengelernt hatten, um 1610 Amsterdam erreicht. Für die Zeit ab 1635 ist der Tee in Frankreich nachgewiesen. Erst nach 1650 überquerte er mit Hilfe der Holländer den Ärmelkanal. Schon damals war er zu deren neuer Droge avanciert und hatte alle alkoholischen Getränke einschließlich des Bieres als berauschendes Getränk verdrängt. Es hat den Anschein, als habe man in Amsterdam während der letzten Jahrzehnte des 17. Jahrhunderts bis zu einhundert Tassen pro Tag und Person getrunken! Im übrigen entsprach dies durchaus den enthusiastischen Ratschlägen der Ärzte: Cornelius Bontekoe, Höfling Friedrich Wilhelms und Dozent an der Universität Frankfurt, empfahl den Tee «allen Völkern», und riet «jedem Mann, jeder Frau, jeden Tag davon zu trinken; möglichst sogar zu jeder Stunde; beginnend täglich mit zehn Tassen und in der Folge die Dosis zu steigern, so viel als nur der Magen aufnehmen und die Niere ausscheiden kann ...». Den Kranken verabreichte er bis zu 50 Tassen täglich. Zwischen 1720 und 1730 gewinnt der Tee auch in England an Popularität. Die Landarbeiter von Middlesex und Surrey beginnen, das Bier durch Kaffee zu ersetzen. Zwischen 1760 und 1795 steigen die englischen Teeimporte von 5 auf 20 Millionen Pfund, was eine Verfügbarkeit von 2 Pfund (900 g) je Einwohner bedeutet. Zu dieser Zahl muß man noch die Einfuhren durch den Schmuggel hinzurechnen, der sich schätzungsweise in nahezu derselben Größe bewegt. Dann ist die Reihe am städtischen Proletariat: Seit den zwanziger Jahren des 19. Jahrhunderts nehmen die Arbeiter der englischen Industriestädte in erster Linie (und in manchen Fällen ausschließlich) Brot und Tee zu sich.

Die *funktionelle* Ersetzung von Bier und Wein durch Kaffee und Tee ist offensichtlich – was nicht nur deren Bedeutung für die Ernährung, sondern auch als Drogen bestätigt, die wir den beiden erstgenannten Produkten im europäischen Nahrungssystem zumindest bis zum 17. Jahrhundert haben zusprechen wollen. In den Niederlanden und England verläuft der Übergang extrem geradlinig; anderswo ist er widersprüchlicher, deshalb aber nicht weniger deutlich. Es genügt, an die Frage zu erinnern, auf die ein Doktor Colomb bei einem öffentlichen Vortrag anläßlich seiner Aufnahme in das Ärzte-Kolleg von Marseille im Jahre 1679 einging: «Ist der Gebrauch von Kaffee den Einwohnern Marseilles schädlich oder nicht?» Colomb antwortete darauf mit «ja», der Kaffee sei aus einer Reihe von medizinischen und physiologischen Gründen schädlich. Vor allem aber unterstrich er den «despotischen» und «autoritären» Charakter des neuen Emporkömmlings: «Wir sehen geradezu mit Entsetzen, daß dieses Getränk dank der Fähigkeiten, die man ihm unbesonnen zuschreibt, fast ganz den Genuß des Weines verdrängt – obwohl man in Wahrheit sagen muß, daß weder Geschmack noch Geruch noch Farbe noch die Substanz, noch irgend etwas auch nur wert sind, neben der Hefe – der Hefe des Weins! – genannt zu werden.» Colomb war nicht entgangen, daß der Kaffee dabei war, die – wie ein Ethologe sagen würde – «ökologische Nische» des Weins zu besetzen, so wie es anderswo zum Schaden des Biers geschah. «Eure Väter, deutsche Männer, tranken Branntwein und wurden mit Bier großgezogen, so wie Friedrich der Große. Sie waren zufrieden und gutherzig. Das ist es, was auch wir möchten. Ihr müßt den reichen Stiefbrüdern eurer Nation [den Holländern] Holz und Wein schicken, aber kein Geld mehr für den Kaffee.» Diese Aufforderung lesen wir in einer vom Bistum Hildesheim herausgegebenen Verfügung aus dem 18. Jahrhundert.

Vor allem in den südeuropäischen Ländern – Italien und Spanien – setzte sich der Gebrauch der ebenfalls neuen Schokolade in gewisser Hinsicht analog zu den bereits geschilderten Genußmitteln durch. Trotzdem wurde sie nicht zu einem Massengenußmittel, ihr Verbrauch beschränkte sich auf die gesellschaftlichen und religiösen Eliten. Die Bedeutung, die die Jesuiten bei der Verbreitung der Schokolade als «mageres» Getränk hatten, ist bekannt. Sie wurde von ihnen wie alle Flüssigkeiten während der Fastentage zugelassen, war aber hauptsächlich ihres Nährwertes wegen begehrt. Das elitäre Erscheinungsbild dieses Konsumverhaltens war derart stark, daß es aus der Schokolade geradezu ein Symbol der Verweichlichung und Nutzlosigkeit der Aristokratie machte, die dem Aktivismus und der klaren Rationalität des Bürgertums gegenüberstanden.

Abgesehen von der Schokolade, die gesellschaftlich und kulturell weniger bedeutend war, ist es unzweifelhaft, daß die neuen Konsumgewohnheiten zu einer gewissen Störung des traditionellen Nahrungsgleichgewichts führten. Wie bereits angedeutet, führten sie zu einer Beschneidung der Rolle, die der Wein und das Bier bei der Ernährung des Volkes spielten. Vor allem aber war ihre Verbreitung das – für die Handelsgesellschaften außerordentlich lukrative – Ergebnis neuer Bedürfnisse und Begierden. Gemeint ist das Verlangen nach neuen und stärkeren Drogen, nach Energie und Euphorie. Das nachzuvollziehen fällt nicht schwer angesichts eines Europa wie dem des 18. Jahrhunderts, das fast wie nie zuvor in der Vergangenheit vom Hunger gequält wurde.

Das Jahrhundert des Hungers

28. Wiederholt sich die Geschichte?

Die mit der Ernährung im Zusammenhang stehenden Ereignisse des 18. Jahrhunderts scheinen altbekannten Pfaden zu folgen: Bevölkerungswachstum, Unzulänglichkeiten in der Produktion, neue Entwicklungen im Bereich der Landwirtschaft. Eine Geschichte, die, aus der Nähe betrachtet, an das 11. und 12. oder auch an das 16. Jahrhundert erinnert, nur daß diesmal das Ausmaß des Phänomens ins Gigantische gesteigert wird. Die europäische Bevölkerung, die Mitte des 14. Jahrhunderts eine Größenordnung von vielleicht 90 Millionen Menschen erreicht hatte und bis um 1700 (nach der großen Krise und der darauffolgenden allmählichen Erholung) auf 125 Millionen angestiegen war, wächst von da an mit rasender Geschwindigkeit weiter: 145 Millionen Mitte des 18. Jahrhunderts, 195 Millionen an seinem Ende. Das Produktionssystem wird auf eine harte Probe gestellt, Hungersnöte treffen in regelmäßigen Abständen die Bevölkerung. Einige dieser Hungerzeiten, von denen jene der Jahre 1709/10 traurige Berühmtheit erlangt hat, wirken sich auf ganz Europa aus, von Spanien bis Italien, von Frankreich bis England, von Deutschland bis Schweden und den östlichen Ländern. Andere betreffen enger begrenzte Gebiete. So 1739–1741 hauptsächlich Frankreich und Deutschland; 1741–1743 England; 1764–1767 in erster Linie den Mittelmeerraum (Spanien, Italien); 1771–1774 die nördlichen Länder. Was die lokalen Hungersnöte anbelangt, ließe sich einräumen, daß eine in weitem Umfang auf dem Warenhandel basierende Wirtschaft ihnen mit größerer Effizienz Widerstand zu leisten vermochte, als einige Jahrhunderte zuvor. Wie aber sollte man mit den täglichen Schwierigkeiten fertig werden, mit dem chronischen Getreidemangel (Korn war seit langem zur wichtigsten oder sogar einzigen Nahrungsquelle der armen Schichten geworden), der in entscheidender Weise die Lebensführung der Menschen beein-

flussen mußte? Alles in allem scheinen die «schweren» Jahre im
18. Jahrhundert häufiger denn je gewesen zu sein, mit Ausnahme vielleicht des 11. Jahrhunderts. Allerdings soll dies nicht
bedeuten, daß die Menschen hätten *verhungern* müssen. Hätte es
sich so verhalten, wäre die gewaltige demographische Entwicklung der damaligen Zeit gelinde gesagt unverständlich. Wir stehen vielmehr einem verbreiteten Unwohlsein, einem Zustand
permanenter Unterernährung gegenüber, der sozusagen physiologisch und kulturell als normale Lebensbedingung «assimiliert» wurde.

Der gesteigerten Nachfrage nach Nahrungsmitteln antwortete man auf einfache, traditionelle Weise: mit der Ausdehnung
der Anbauflächen. In Frankreich wuchsen vor der Revolution
die kultivierten Böden in einem Zeitraum von 30 Jahren von
19 auf 24 Millionen Hektar an. In England wurden in der zweiten Jahrhunderthälfte Hunderttausende von Hektar unbebauter
und bewaldeter Böden eingefriedet und kultiviert. In Irland,
Deutschland und Italien legte man Moore und Sümpfe trocken.
Gleichzeitig kam es zur Entwicklung neuer Produktionstechniken, begünstigt durch ein Klima wissenschaftlichen Eifers und
durch landwirtschaftliche Experimente, die sich erstmals mit
den unternehmerischen Interessen der Grundbesitzer deckten.
Zu Recht spricht man von dieser Zeit als der Epoche einer wahren *landwirtschaftlichen Revolution*. Dazu zählte, unter agrartechnischen Gesichtspunkten, die Nutzbarmachung von Brachfeldern und die Verwendung von Hülsenfrüchten als Viehfutter in
regelmäßigem Wechsel mit Getreide. Dies ermöglichte auf der
einen Seite die Integration der Tierhaltung in das Agrarsystem,
wobei die herkömmliche Trennung zwischen Weide- und Landwirtschaft überwunden wurde. Auf der anderen Seite konnten
dadurch die Erträge des Bodens beträchtlich gesteigert werden,
der sowohl wegen des vermehrten Anbaus von Hülsenfrüchten
(die den Stickstoff im Boden binden) als auch wegen der Zunahme von tierischem Dung fruchtbarer geworden war. Diese
und andere Umgestaltungen – wozu auch solche gesellschaftlicher Natur gehören: Die Anwendung neuer Techniken ging
oftmals mit der Umzäunung des Landbesitzes sowie der Aufhebung der gemeinschaftlichen Nutzung einher – stellten den Beginn des landwirtschaftlichen Kapitalismus dar, der in manchen

europäischen Ländern, wie vor allem in England und später in Frankreich, den ersten Schritt zur Durchsetzung der gewerblichen Wirtschaft bedeutete.

Zur Erweiterung der Anbauflächen und der Verbesserung der Produktionstechniken kam noch die Entwicklung besonders widerstandsfähiger, zuverlässiger und ertragreicher Kulturen. Es handelte sich um dieselben, die im 15./16. Jahrhundert eine erste schüchterne Verbreitung in örtlich begrenztem Umfeld erfahren hatten und nun als preiswerte Abhilfe dringlicher Nahrungsprobleme «wiederentdeckt» wurden. Dies traf für den Reis zu, welcher nach einem gewissen Niedergang im 17. Jahrhundert, der auch auf Polemiken über die hygienische Zweckmäßigkeit, Wasser auf den Feldern zu stauen, zurückzuführen war, im 18. Jahrhundert als Alternative zu den traditionellen Getreidearten wieder an Einfluß gewann. In einigen Regionen wurde er zum ersten Male angebaut, während er in anderen sozusagen wiedereingeführt wurde. Auf jeden Fall nahm der Reis den Charakter eines «armen» Nahrungsmittels an, das der Ernährung der breiten Volksschichten diente und damit sehr von den exotischen und kostbaren Vorstellungen abwich, die anfangs mit ihm verbunden worden waren. Eine analoge gesellschaftliche Bestimmung kam dem Buchweizen zu, der ebenfalls im 18. Jahrhundert «wiederentdeckt» oder in bestimmten Regionen neu eingeführt wurde. Doch waren es vor allem der Mais und die Kartoffel, die eine absolut erstrangige Rolle einnehmen und viele alte Konkurrenten verdrängen sollten. Im 18. und 19. Jahrhundert reduzierte sich die traditionelle Vielfalt der minderwertigen Getreidearten – tausendjährige Grundlage der Volksernährung – nach und nach zugunsten der neuen Ackerpflanzen. Dieser Vorgang ist relativ einfach zu erklären, wenn man die größere Verläßlichkeit (in bezug auf die Resistenz gegenüber klimatischen Widrigkeiten) sowie die außergewöhnlich hohen Erträge der neuen Kulturen in Betracht zieht. Für den Mais genügt das Beispiel Pannoniens, wo im 18. Jahrhundert ein Ernteverhältnis von 80 zu 1 erzielt wurde, während der Roggen nicht einmal das Sechsfache der Aussaat erbrachte und die Erträge des Weizens noch darunter lagen. Ähnliche «Wunder» vollbrachte man mit der Kartoffel. Auf gleich großen Anbauflächen reichte sie aus, um eine zwei- bis dreimal (oder selbst viermal, wie Arthur Young behauptet) so große Zahl an Menschen zu ernähren, wie die herkömmlichen Getreidekulturen es vermochten. Und doch hatten diese beiden neuen Pflanzen mehr als zwei Jahrhunderte lang am Rande des europäischen Nahrungs- und Produktionssystems verharrt. Erst jetzt wurde das Problem des Hungers so dramatisch, daß man nach neuen Lösungsmöglichkeiten suchen mußte. Die kulturellen und wissenschaftlichen Debatten intensivierten sich. Wie schon im 16. Jahrhundert, stieg die Zahl der Abhandlungen, die sich mit der Ernährung während der Hungersnöte befaßten: *Alimurgia, o sia modo di render meno gravi le carestie per sollievo de' poveri* lautet der Titel eines 1762 von Giovanni Targioni Tozzetti in Florenz veröffentlichten Buches – nur eines von vielen, die wir zitieren könnten. Darin wird sogar beschrieben, wie man aus Eicheln Brot gewinnt. Die komplizierte Prozedur wird von Michele Rosa in seinem Traktat *Della ghianda e della quercia e di altre cose utili a cibo e coltura* aus dem Jahre 1801 erklärt. Auch die wissenschaftlichen Akademien förderten Untersuchungen und Experimente und setzten Preise für diejenigen aus, denen es gelänge, neue Nahrungsmittel zu «erfinden», um den Hunger der Menschen zu stillen. Ein öffentlicher Wettbewerb dieser Art an der Akademie von Besançon wurde 1772 von Augustin Parmentier mit einer Abhandlung über den Kartoffelanbau gewonnen.

Am Beginn dieser Umwälzungen der Produktions- und Ernährungsstrukturen, die sich im Laufe des 18. und noch in den ersten Jahrzehnten des 19. Jahrhunderts in Europa ereignen, steht also eine Entscheidung für die *Quantität*. Doch haben diese Veränderungen einen ausgesprochen relativen Charakter, wenn man bedenkt, daß sich das Volk bereits seit Jahrhunderten zugunsten des Getreides als *der* Nahrungsgrundlage schlechthin entschieden hatte. Es ist eine notwendige und in gewisser Weise auch erzwungene Entscheidung angesichts der wachsenden Bevölkerung und der ungleichen Verteilung der Fleischressourcen innerhalb der verschiedenen Gesellschaften. Der Erfolg von Mais und Kartoffel (oder in einigen Gegenden Reis; wir werden noch weitere Variationen dieses Themas betrachten) im Laufe des 18. Jahrhunderts stellt das folgerichtige Resultat dieser Entwicklung, ihren logischen – und, in *dieser* Logik, unvermeidbaren – Zielpunkt dar. Alles geschieht im Zeichen von Dringlichkeit und Not. Allenthalben sind die wichtigsten Erinnerungen an diese «Konversion» des Nahrungssystems mit Jahren der Nahrungsknappheit und des Hungers verknüpft. Dies ist ein immer wiederkehrendes, konstantes Faktum, das sowohl zeitlich als auch inhaltlich vollkommen unterschiedlichen Erfahrungen eine grundlegend einheitliche Bedeutung verleiht. Können wir damit schließen, daß die «amerikanischen» Erzeugnisse das Eßverhalten der Europäer änderten? Ich möchte zögern, dies zu bejahen: Zunächst deshalb, weil nur die *Evolution* – oder sagen wir besser: die Krise – *innerhalb* des europäischen Nahrungssystems mit der Zeit die anfänglich mißtrauische oder verweigernde Haltung gegenüber jenen Produkten veränderte und dazu führte, daß diese letzten Endes doch angenommen wurden. Der Erfolg der neuen Nahrungsmittel war somit also eher die Konsequenz als der Grund dieser Veränderungen. Darüber hinaus wurde ihre Akzeptanz nur durch einen Prozeß der kulturellen Anpassung erreicht, der ihre Verwendungsweise – mitunter sehr weitreichend – änderte, indem er sie rein lokalen Traditionen unterwarf. Der Mais wurde von den europäischen Bauern gemäß *ihrer* Kultur interpretiert und bei der Herstellung von Gerichten wie zum Beispiel der Polenta verwendet, die sich deutlich von dem unterschieden, was die amerikanischen Völker daraus machten. Auch die Kartoffel wurde mit der – in diesem Fall illusorischen – Erwartung entgegengenommen, daß man sie den traditionellen Regeln der heimischen Eßkultur entsprechend verwenden könnte. Tatsächlich meinten und lehrten gewisse Fachleute, daß sich aus der Kartoffel Brot herstellen ließe. Die «Neuankömmlinge» erschütterten also das europäische Nahrungssystem durchaus nicht. Vielmehr wurden sie, zum spätestmöglichen Zeitpunkt, unter zahlreichen Vorsichtsmaßnahmen und unter Berücksichtigung einer grundlegenden Anpassung an die eigenen Eßgewohnheiten «herbeigerufen», um eben dieses System wieder instand zu setzen.

29. Der umstrittene Aufstieg des Mais

Wir haben schon die frühzeitige Einführung des Mais in der europäischen Landwirtschaft geschildert, die sich in den Jahrzehnten unmittelbar nach dessen «Entdeckung» auf dem amerikanischen Kontinent ereignete. Weiterhin haben wir gezeigt, wie
diese Einführung – auf Initiative der Bauern und ohne jegliche
äußere Einflußnahme – in einem rein auf den Gartenbereich beschränkten Umfang vonstatten ging, der lange Zeit mit dem
Anbau auf den Feldern gar nicht in Verbindung stand. Ebenfalls
haben wir darauf hingewiesen, wie gelegen es den Bauern kam,
daß der Mais von der Abgabepflicht gegenüber dem Grund-
herrn ausgenommen war, da der Garten traditionell eine Art
«Freizone» des Gutshofes darstellte, dem Grundzins nicht unterworfen und vom Rest des landwirtschaftlichen Betriebes als
unantastbares Eigentum der bäuerlichen Familien getrennt. Von
einer verständlichen Vorsicht bei der Übernahme irgendwelcher
beliebiger Neuerungen einmal abgesehen, wurde der Mais in
Europa auch und vor allem aus diesem Grunde zunächst abge-
sondert und sozusagen verstohlen in den Gärten der Bauern kultiviert (darüber hinaus war er nur in botanischen Gärten anzutreffen). Aber, schreibt W. Kula, «eine neue Nahrung bedeutet
eine neue Art von Wirtschaftsbeziehungen, also einen gesellschaftlichen Kampf um die bereits bestehenden Verhältnisse».
So geschah es während des 17. und 18. Jahrhunderts in der Landwirtschaft Mittel- und Südeuropas, die an der neuen Ackerpflanze besonders interessiert war.

Nach den ersten fast unbeachtet gebliebenen Experimenten
begann man mit der Ausweitung des Maisanbaus. In manchen
Regionen, wie zum Beispiel dem Nordosten Italiens, stellte er
schon gegen Ende des 16. Jahrhunderts einen bedeutenden wirtschaftlichen Faktor dar. Abhängig von den jeweiligen örtlichen
Gegebenheiten, erwachte unter unterschiedlichen Bedingungen
und zu verschiedenen Zeiten das Interesse der Grundbesitzer,
den Mais auch auf offenem Feld anzupflanzen und ihn – was die
Abgaben anbelangte – den traditionellen Getreidesorten anzu-
gleichen. An diesem Punkt nahm die Begeisterung der Bauern
spürbar ab. Mitunter geschah es sogar, daß sie den Anbau dieser
Pflanze ganz einstellten. Es begann eine Auseinandersetzung

mit vertauschten Rollen: Während die Grundbesitzer für die Intensivierung des Maisanbaus stritten, waren die Bauern für dessen Einstellung. Die ersteren hatten die Eckpunkte des Streites bereits zu ihrem eigenen Vorteil neu festgelegt: Die sehr hohe Produktivität des Mais im Vergleich zu herkömmlichen Getreidekulturen eröffnete neue, ausgezeichnete Einkommensmöglichkeiten, sowohl wegen der Gewinnspanne, die man mit diesem Produkt erzielen konnte, als auch der Tatsache wegen, daß der Mais Nahrung zu geringen Kosten lieferte und somit das Überleben der Bauern sicherte, während gleichzeitig unter Anwendung von mehr oder weniger großem Zwang die Eintreibungen der begehrten Erzeugnisse verstärkt wurden. Die «Schere» zwischen Weizen und minderwertigerem, nach und nach durch den Mais ersetztem Korn öffnete sich noch weiter als in der Vergangenheit. Allmählich bildeten sich zwei getrennte, nicht miteinander in Verbindung stehende Konsummodelle heraus: Die bäuerliche Bevölkerung wurde zum Maisverbrauch gedrängt, ja sogar gezwungen (wenn es sich um Bauern handelte, die auf einem Gutsbesitz ansässig waren: direkt; wenn es sich um Tagelöhner und Lohnarbeiter handelte: durch den Markt), während der Weizen zu hohen Preisen auf die Märkte kam. Dieser Mechanismus baute außer auf schikanösen Leih- und Zinssystemen, die die unbewaffnete Armut der Bauern ausnutzten, auch auf einer Reihe von vertraglichen Regelungen auf und war eine der Möglichkeiten, mittels derer viele Grundbesitzer im 18. Jahrhundert ihre Gewinne steigern konnten. In diesem Sinne war das kärgliche bäuerliche Essen, das jetzt noch eintöniger als in der Vergangenheit wurde, eine Folge der Entwicklung des landwirtschaftlichen Kapitalismus. Mehr oder weniger bewußt nahmen die europäischen Bauern die Bedeutsamkeit dieser sich auf ihre Lebensweise auswirkenden Veränderung wahr. Hieraus resultierte der Widerstand gegen die Maisanpflanzung auf ihren Feldern, die auf paradoxe Weise dem Interesse widersprach, das sie seit Jahrhunderten dieser neuen Pflanze entgegengebracht hatten. Eindeutig handelte es sich dabei nicht um eine Art von Vorurteil gegenüber einer Neuerung. «Wenn im 18. Jahrhundert oder später die Maisanbauer rebellieren, so geschieht dies mit dem Ziel, sich der adligen Herrschaft und den Großgrundbesitzern zu widersetzen, die darauf hinwirken, den Maisanbau auf das offene Feld zu verlagern und die Getreidekulturen in Monokulturen umzuwandeln» (T. Stoianovich).

Dem Druck der Grundbesitzer gesellte sich der Hunger hinzu. Die Umgestaltung der Getreidekulturen geriet in eine kritische Phase während der Jahrzehnte um die Mitte des 18. Jahrhunderts – und die waren von großen Hungersnöten geprägt. Auf dem Balkan tauchte der Mais vor allem nach der Krise der Jahre 1740/41 erstmals sichtbar neben den seit langem angebauten Hirse- und Gerstekulturen auf, die nach und nach von ihm verdrängt wurden. «Der Zwieback und die Mehlbreie aus Gerste und Hirse verwandeln sich in Zwieback und Mehlbreie aus Mais.» Vor allem die Polenta wird jetzt mehr denn je für die Landbevölkerung zur Grundlage ihres Überlebenssystems.

Auch in Italien scheint dies ein entscheidender Augenblick zu sein. «Es werden keine 40 Jahre her sein», schreibt 1778 der Agronom Giovanni Battarra aus Rimini, «daß die Bauern rings um die Gärten eine oder zwei Ähren pflanzten ... Aber mit der allmählichen Vergrößerung der Anpflanzung geschah es, daß die Ernten üppiger wurden und viele Säcke füllten, und deshalb», fährt unser Autor fort und hebt mit außerordentlicher Klarheit den schon dargestellten ökonomisch-sozialen Mechanismus hervor, «wollten die Grundbesitzer, die zuvor die kleinen Ernteerträge nicht beachtet hatten, ihre Hälfte davon haben. Und es werden höchsten 25 oder 30 Jahre her sein, daß man dies in unserem Lande weit verbreitete Hauptertragsmittel eingeführt hat.» Außer durch die herrschaftlichen Interessen werden die Bauern auch vom Hunger bedrängt: «Nun, meine Kinder, wenn ihr euch im Jahre 1715 getroffen hättet, das von den Alten immer das Jahr der Hungersnot genannt wurde, als man von diesem Getreide noch keinen Gebrauch machte, hättet ihr die armen Kreaturen des Hungers sterben gesehen.» Aber schließlich «hat es Gott gefallen, dieses Getreide einzuführen, und hier und normalerweise überall dort, wo es Jahre gibt, die knapp an Weizen sind, greift man auf eine Speise zurück, die im wesentlichen gut und nahrhaft ist».

«Gut und nahrhaft», sagte der Familienvater, durch dessen Mund Battarra seine Belehrungen erteilt. Es müßte hinzugefügt werden: unter der Bedingung, daß diese Speise durch andere

Lebensmittel ergänzt wird. Denn die Polenta aus Mais allein reicht bei weitem nicht zur Ernährung aus. Dessen Mangel an Niacin (Nikotinsäure), einem für den Organismus lebensnotwendigen Vitamin, macht eine *ausschließlich* auf diesem Nahrungsmittel basierende Ernährung äußerst gefährlich (schon eine winzige Menge Fleisch oder frisches Gemüse wäre ausreichend, um den täglichen Niacinbedarf zu decken). So geht man damals einer schrecklichen Krankheit entgegen, der Pellagra, Pellagra die in ihrem Anfangsstadium den Körper mit eitrigen Wunden zersetzt, zum Wahnsinn führt und schließlich mit dem Tode endet. Erstmals wird über die Pellagra um 1730 aus der spanischen Region Asturien berichtet, dann taucht sie wenig später in Frankreich und Norditalien auf. Vor allem in der zweiten Jahrhunderthälfte gelangt sie gleichzeitig mit dem gesteigerten Maisverbrauch in die ländlichen Gebiete Südfrankreichs, der italienischen Poebene und des Balkans, wo sie lange, bis ins vorgerückte 19. Jahrhundert, nachgewiesen wird. In manchen Ländern, so auch in Italien, wird sie bis in unser Jahrhundert hinein grassieren. Daß es sich dabei um eine ernährungsbedingte Krankheit handelt, ist allen von Anfang an klar. Jedoch kommt es zwischen den Vertretern zweier unterschiedlicher Positionen in dieser Frage zu heftigen Diskussionen. Die einen bezeichnen den Mais oder das aus ihm gewonnene Mehl als nur *gelegentlich* verdorben. Die anderen vertreten die Meinung, die Ernährung *an sich,* ihre Einseitigkeit rufe die Krankheit und damit den Zustand chronischen, maßlosen Elends hervor. Erst in den frühen Jahrzehnten des 20. Jahrhunderts wird dieser Streit zugunsten der letzteren These entschieden werden. Wir müssen uns fragen, wie viele Anhänger der ersten ein – eigenes oder übergeordnetes – Interesse daran gehabt haben, diese zu stützen oder, mit anderen Worten, wie viele Menschen ihre Augen angesichts der schwerwiegenden gesellschaftlichen Folgen des Phänomens verschlossen halten wollten? Die Bauern ihrerseits hatten den Kern des Problems genau erkannt: Ein italienischer Arzt klagte im Jahre 1824, wie schwer es sei, den an Pellagra Erkrankten zu helfen, da viele von ihnen «nicht zum Arzt kommen, weil sie denken, daß jede Behandlung darin bestehe, Wein zu trinken sowie Fleisch und Weizenbrot zu essen, was die meisten von ihnen ohnehin schon entbehren».

Die Ausweitung der Pellagra vollzog sich zugleich mit der Verbreitung des Mais, mit seinem Siegeszug seit den dreißiger und vierziger Jahren des 18. Jahrhunderts und der endgültigen Etablierung im 19. Jahrhundert nach der Hungersnot von 1816/17. Für ein, zwei Jahrhunderte war die Pellagra eine endemische Plage vieler mittel- und südeuropäischer Landstriche, Zeichen und Symbol einer nie zuvor gekannten Nahrungsmittelarmut.

30. Die Kartoffel zwischen Landwirtschaft und Politik

Auch die Kartoffel findet als ein Nahrungsmittel für Hungerzeiten Verbreitung und wird außerdem durch die Maßnahmen der Landbesitzer gefördert. Dieser Vorgang läuft größtenteils gemäß denselben Mechanismen ab, die wir im Zusammenhang mit dem Mais beobachtet haben. Dazu kommt in diesem Fall noch der große Vorteil einer Pflanze, die, da sie *unter* der Erde wächst, weitgehend vor kriegsbedingten Verwüstungen geschützt ist, diesen «künstlichen Hungersnöten», die von Zeit zu Zeit über die Landbevölkerung hereinbrechen. «Die Kartoffel», so ein Dokument aus dem Elsaß, «ist den Verheerungen des Krieges niemals ausgesetzt.» Hauptsächlich die Landwirtschaft Nord- und Mitteleuropas ist an der umfassenden Einführung der «weißen Trüffel» als Alternative zu den traditionellen Getreidekulturen beteiligt. Ihr Verbreitungsgebiet steht spiegelbildlich dem Mais gegenüber. Diese beiden Kulturen erstrecken sich über den gesamten Kontinent, wobei es in Gebieten, die kulturell und klimamäßig eine mittlere Position einnehmen, wie beispielsweise Südfrankreich oder Norditalien, zu Überlagerungen kommt.

Schon in der ersten Hälfte des 18. Jahrhunderts versuchten die Herrschenden, auf den ihnen unterstellten Ländereien den Anbau der Kartoffel voranzutreiben, während eine intensive wissenschaftliche Publizistik deren nahrhafte Eigenschaften propagierte. Derartige Maßnahmen wurden unter anderem von Friedrich Wilhelm I. von Preußen (1713–40) und seinem Sohn Friedrich dem Großen (1740–86) ergriffen. Doch waren es in erster Linie die durch den Siebenjährigen Krieg 1756–63 bewirkten Nahrungsmittelkrisen und die Hungersnot von 1770–72, die

die Anpflanzung dieses neuen Erzeugnisses auf den deutschen Feldern beschleunigten. Es wird behauptet, daß Augustin Parmentier, der während des Siebenjährigen Krieges in Preußen in Gefangenschaft geriet, die Kartoffel dort kennengelernt haben soll. Nach seiner Rückkehr trat er in Frankreich begeistert für sie ein. Unterdessen hatte die Kartoffel das Elsaß, Lothringen, Flandern und England erreicht. Vor allem in Irland stieß sie auf das große Interesse der Bauern und wurde dort zu einem grundlegenden Bestandteil ihrer Ernährung. Die Hungersnot von 1770–72 kennzeichnete wie in Deutschland überall einen qualitativen Sprung bei der Verbreitung der neuen Ackerpflanze. In manchen Regionen (wie der Auvergne) tauchte sie zum ersten Mal auf; in Gegenden, in denen sie bereits bekannt war, wurde die Kartoffel endgültig als Nahrungsmittel akzeptiert und der Anbau intensiviert, wobei die letzten Überreste des alten Mißtrauens überwunden wurden. So ist bekannt, daß die Kartoffel in Lothringen noch 1760 abgelehnt und bekämpft worden war, während man sie bereits 1787 als «normale und gesunde» Speise der Bauern beschrieb. Gegen Ende des Jahrhunderts hatte sie sich in Schweden, Norwegen, Polen und Rußland behauptet. Auf dem Balkan waren es österreichische Soldaten, die unter einigen Schwierigkeiten ihren Anbau durchzusetzen versuchten. Im Jahre 1802 drohte ein Erlaß des Grenzkommandanten jedem serbischen oder kroatischen Bauern 40 Stockschläge an, der es wagen sollte, ihre Aussaat auf seinem Feld zu verweigern. Wirkungsvoller als Schläge waren jedoch Hungersnöte. Sie vor allem waren es, die ebenso wie beim Mais für einen schnellen «Aufstieg» der Kartoffel sorgten. Im Nivernais zum Beispiel wurde ihr Beitrag zur Ernährung erst nach der Krise von 1812/ 13 bedeutsam. In Friaul wie in weiten Teilen Nordostitaliens gelang dem Hunger der Jahre 1816/17 «das, was die leidenschaftlichsten Reden der Akademiker nicht vermocht hatten» (G. Panjek).

Eine entscheidende Bedeutung nahmen dabei jedenfalls die Produktionsverhältnisse ein. Wie beim Mais kam es auch hier hinsichtlich des Konsumverhaltens zu einem gesellschaftlichen Spagat, bei dem die Kartoffel als «Füllmittel» für die Bauernmassen oder das städtische Proletariat den für die Märkte vorbehaltenen qualitativ hochwertigen Nahrungsmitteln gegenüberstand. Als man im Jahre 1817 die Verbreitung der neuen Pflanze im venezianischen Raum voraussagte, versäumte Pietro Zorzi nicht, ausführlich darzulegen, daß die Interessen des Kornmarktes davon in keiner Weise geschädigt würden, da man lediglich jene Menge anbauen würde, «die ausreicht, um kurze Zeit lang diejenigen zu ernähren, die auf keinen Fall Brotesser sind». Also eine Anpflanzung ausschließlich für den Eigenbedarf, möglicherweise zum Nachteil des Mais, aber immerhin «eine Fruchtfolge, die der bedürftigsten Klasse helfen und der wohlhabenden nicht zum Nachteil gereichen würde». Die Widerstände der Bauern, die hinter diesem Entwurf eine weitere Verarmung ihrer Ernährungsweise vermuteten, entsprangen auch der schlechten Qualität und der geringen Begehrlichkeit der darin zum Verzehr vorgeschlagenen Erzeugnisse. Kaum oder schlecht aussortiert, lieferten die Knollen der ersten Generation eine oftmals saure und wäßrige Substanz, die gelegentlich sogar giftig war. Darüber hinaus gilt es zu bedenken, daß die Kartoffel von den Bauern lange Zeit für eine Pflanze gehalten wurde, die sich zur Brotherstellung eigne. So betrachtete Parmentier sie in seiner Abhandlung; so lehrten es viele Handbücher und Schriften des späten 18. und des frühen 19. Jahrhunderts. Auch die Unzuverlässigkeit solcher Ratschläge, die Feststellung, daß sie zum Brotbacken vollkommen ungeeignet waren, wird viele vom Verzehr der Kartoffeln abgehalten haben. Um die einfachen Schichten der Bevölkerung zu überzeugen, griff man auf jedes Mittel zurück; in Italien setzte man auf die Mitarbeit der Pfarreien, die von den Behörden – in ihrer Eigenschaft als «Wahrer des Vertrauens der Dörfler» – für «eines der effektivsten Instrumente» gehalten wurden, «um im Volk die nützliche Wahrheit und die für die Gesellschaft und den Staat vorteilhaftesten Bräuche zu erwecken und zu verbreiten». So heißt es in einem Rundschreiben des Regio Delegato (Königlicher Bevollmächtigter) der Provinz Friaul aus dem Jahre 1816, das zusammen mit einer *Instruktion* zum Anbau der Kartoffeln an sämtliche Pfarrämter gerichtet war und den Gläubigen erläutert und bekanntgemacht werden sollte. Es fehlte auch nicht an rechtlichen Zwangsmaßnahmen, wie der Einfügung einer Klausel in die Agrarabkommen, die die neuen Grundpächter verpflichtete, einen Teil des Bodens dem Kartoffelanbau vorzubehalten.

Schon bald bewies die praktische Anwendung in der Gastronomie, welche und wie viele Köstlichkeiten mit dem neuen Produkt herzustellen waren: Schon die Kochbücher des frühen 19. Jahrhunderts enthüllen die Aufmerksamkeit, die die elitäre Kultur der Verwendung der Kartoffel in der Küche entgegenbrachte. Nachdem Intellektuelle und Wissenschaftler bereits mit großem Energieaufwand deren wundersame Eigenschaften gepriesen hatten, war dies wahrscheinlich auch unvermeidlich. Sehr frühzeitig also nahm die Kartoffel so etwas wie eine kulturelle Position ein, die unter gesellschaftlichen Gesichtspunkten heterogen und facettenreich war. Dem Mais, der der ärmlichen Seite der Ernährung zugeordnet blieb, widerfuhr dies nicht. Trotzdem dürfen wir nicht den Geist außer acht lassen, in dem die «weißen Trüffel» von den europäischen Bauern zwei Jahrhunderte zuvor aufgenommen worden waren. Futter für das Vieh schienen sie damals zu sein, doch auch (oder vielleicht sollten wir besser sagen: und *deshalb* auch) für die Bauern. «Die Kartoffeln», erklärt Giovanni Battarra in seiner *Pratica agraria,* «sind für die Menschen eine ebenso vorzügliche Nahrung wie für das Vieh.»

«Die armen Bauern dieser Gegend», schreibt 1767 ein anderer italienischer Förderer der Kartoffel über die deutsche Landwirtschaft, «verbringen gut sechs Monate im Jahr nur mit Kartoffeln, und es sind wunderschöne Menschen, stark und vollkommen gesund.» «Vollkommen gesund» vielleicht gerade nicht, wenn es auch stimmt, daß eine auf Kartoffeln gegründete Ernährung nicht zu solchen dramatischen körperlichen Störungen führt wie der einseitige Verzehr von Mais. Andererseits stellt die Monotonie bei der Nahrungsauswahl *immer* eine Gefahr für das Leben eines jeden Menschen dar. Nicht nur deshalb, weil eine abwechslungsreiche Ernährung der einzige Weg ist, eine ausgeglichene Entwicklung des Organismus zu gewährleisten, sondern auch, weil die Sicherung der Nahrung selbst und die Möglichkeit ihrer täglichen Beschaffung um so eher garantiert ist, je weiter die zur Verfügung stehenden Ressourcen aufgefächert sind.

Wenn die Monokulturen des 18./19. Jahrhunderts und die mit ihnen in Zusammenhang stehende einseitige Ernährungsweise der extreme Ausdruck einer mittlerweile jahrhundertealten

Tendenz zur «Vereinfachung» der Volksernährung waren, so
handelte es sich bei der irischen Tragödie der Jahre 1845/46 um
deren schrecklichstes Ergebnis. Zwei fehlgeschlagene Kartof-
felernten reichten aus, um eine bäuerliche Gesellschaft zu ver-
nichten, die auf diesem Produkt (und *nur* auf diesem) ihr Über-
lebenssystem errichtet hatte. Der Kartoffelanbau hatte es den
Bauernfamilien dank der hohen Erträge, die er abwarf, gestattet, auf immer kleineren Höfen ihren Lebensunterhalt zu erwirt-
schaften, während die englischen Grundbesitzer die besseren
Erzeugnisse, wie Weizen, Schweine, Geflügel und Butter, den
überseeischen Märkten zuführten. Aber nur zwei Jahre ohne
Kartoffeln und eine Politik der bewußten Achtlosigkeit auf seiten der britischen Regierung genügten, um ein gutes Drittel der
Bevölkerung (in manchen Gegenden auch mehr) durch Hunger
und Infektionskrankheiten auszulöschen oder zur Auswande-
rung zu zwingen. Die Entvölkerung der Insel, die im Jahre 1841
bereits über acht Millionen Menschen zählte und 60 Jahre später
noch immer nicht die Fünf-Millionen-Grenze überschritten haben sollte, stellte eine gute Gelegenheit dar, einen beträchtlichen
Teil des Kleinbesitzes zu eliminieren und in Weide-Latifundien
umzugestalten, um den englischen Markt mit Fleisch und Wolle
zu versorgen.

Angesichts dieser Ereignisse klingt der von Giovanni Battarra
einem italienischen Bauern in den Mund gelegte Ausruf: «Wie
schön wäre es, wenn wir gute Pflanzungen [von Kartoffeln] einführen könnten; denn dann würden wir nie wieder unter dem
Hunger leiden», ausgesprochen zynisch.

31. Maccheroniesser

Ein weiteres sättigendes Nahrungsmittel, dem weite Bevölkerungsschichten im 18. und 19. Jahrhundert besondere Aufmerksamkeit widmeten, war die Nudel, die in einer geographisch
und kulturell klar begrenzten Region Europas – hauptsächlich
Mittel- und Süditalien – dieselbe Funktion einzunehmen begann, die anderswo der Mais oder die Kartoffel innehatten.

Die Geschichte dieses von Hand erzeugten Lebensmittels
muß erst noch geschrieben werden. Zunächst müßte man eine

Unterscheidung treffen zwischen frischen Nudeln (einem einfachen Gemisch aus Mehl und Wasser oder Eiern, für häusliche Zwecke hergestellt und zum sofortigen Verzehr bestimmt) und trockenen (das heißt solchen, die gleich nach der Produktion zum Zwecke langfristiger Konservierung getrocknet wurden). Die erste Zubereitungsart ist ein altbekannter Brauch in der Geschichte der Ernährung und bei vielen Mittelmeervölkern und in anderen Gebieten der Erde verbreitet, so zum Beispiel auch in China. Wesentlich jüngeren Datums ist dagegen der Ursprung der getrockneten Nudeln, deren Erfindung man gewöhnlich den Arabern zuschreibt, die die Technik der Trocknung entwickelt haben sollen, um für ihre Züge durch die Wüsten geeignete Lebensmittelvorräte zur Verfügung zu haben. Doch rät eine genauere Untersuchung dieser These zur Vorsicht bei der Übernahme einer derartigen Zuordnung: Der Begriff «Nudel» selbst scheint nämlich, wie B. Rosenberger bemerkt hat, in der arabischen Kochkultur zu fehlen. Darum beschränken wir uns darauf festzustellen, daß sich die ersten europäischen Zeugnisse der Nudelherstellung auf Sizilien beziehen, ein Gebiet, das tief von der arabischen Kultur beeinflußt war. Im 12. Jahrhundert bestätigt uns der Geograph Abu-Abdallah Idrisi die Existenz einer wahren Trockennudel-Industrie, *itrija,* beheimatet in Trabia, 30 Kilometer von Palermo entfernt. Dort schreibt er, «werden viele Nudeln erzeugt, die in alle Gegenden ausgeführt werden, nach Kalabrien und anderen muselmanischen und christlichen Ländern. Und man verschickt davon sehr viele Schiffsladungen.» Es ist angebracht, darauf hinzuweisen, daß das Wort *tria* aus dem Arabischen entlehnt wurde, um damit die lange Form der Nudel zu bezeichnen. Man findet es immer wieder in den *tacuina sanitatis* und in den Traktaten über die italienische Küche des 14. Jahrhunderts.

Es gibt viele Hinweise, die unsere Aufmerksamkeit von Sizilien auf Ligurien lenken. Schon im 12. Jahrhundert waren die Genoveser Kaufleute im Norden zum wichtigsten Zwischenglied bei der Verbreitung der sizilianischen Teigwaren geworden. Vom 13. Jahrhundert an sind Ligurien und die Gebiete der oberen Toskana Herstellungs- und Verkaufsorte der «Vermicelli» und anderer Nudelarten. Sicher nicht zufällig werden die *tria*-Rezepte in den Kochbüchern des 14. Jahrhunderts als «ge-

Apulien

novesisch» bezeichnet. Im Laufe des 15. Jahrhunderts treten – hauptsächlich in Apulien – neue Produktionszentren neben die sizilianischen und ligurischen Herstellungsorte. Dagegen scheint die Trockennudel in den mittleren und nördlichen Regionen (wie der Emilia-Romagna oder der Lombardei), in denen traditionell eher die für den Hausbedarf erzeugten frischen Nudeln gegessen werden, keinen Anklang zu finden. Unterdessen tauchen die Nudeln auch in den gastronomischen Bräuchen anderer Länder auf. Besonders zu erwähnen sind hier die Provence, die bei der Verbreitung der Nudel möglicherweise als Bindeglied zum Norden Europas dient, und England, das neben Italien einzige europäische Land, in dessen Kochbüchern schon während des 14. Jahrhunderts Nudelrezepte zu finden sind. Es gibt bereits lange Nudelsorten, die sogenannten Vermicelli, oder kurze, Maccheroni; sehr beliebt sind auch die gefüllten und geschichteten Arten wie Ravioli, Tortelli, Lasagne.

Dennoch bleibt es schwierig, die Rolle und die Bedeutung der Nudeln für die Eßkultur jener Zeit zu definieren. Die Kochbücher haben Mühe, sie als eigene Kategorie darzustellen und verwechseln sie zumindest bis zum 15. Jahrhundert mit gekochten und gebackenen, gesalzenen und süßen, einfachen und gefüllten Teigwaren, wenn sie nicht sogar panierte Fleischscheiben oder Gemüsestücke als «Teigware» bezeichnen. Auch die Bestimmung und gesellschaftliche Verwendung dieser Produkte ist nicht klar. Einerseits könnte es sich um eine «Volks»-Speise handeln, die für Seeleute hergestellt wird oder für andere, die wie sie auf lang haltbare Lebensmittel angewiesen sind. Andererseits hat es im Gegenteil den Anschein, als sei es ein nur bestimmten Verbrauchergruppen vorbehaltenes Luxusessen. Von Käseberge hinunterrollenden Maccheroni oder Gnocchi zu träumen, wie uns die lebhafte Schlaraffia-Utopie, mit der wir uns bereits befaßt haben, berichtet – könnte das nicht vielleicht bedeuten, daß es sich bei diesem Nahrungsmittel um das Objekt eines unbefriedigten Verlangens handelt? Eventuell sollten wir bei der Nudel ebenso wie beim Brot von zwei verschiedenen Ebenen des Konsums ausgehen, die sich sozial und in gewisser Hinsicht auch regional gegenüberstehen. Möglicherweise sind die getrockneten Teigwaren dort, wo sie hergestellt werden, schon im 12. und 13. Jahrhundert wirklich eine Kost des Volkes. Allein ihre *Haltbarkeit* reicht aus, um sie unter kulturellen Gesichtspunkten der Welt des Hungers zuzurechnen. Dagegen verbinden sich die frischen Nudeln wie alle verderblichen Erzeugnisse eher mit Begriffen von Luxus und Genußsucht – solange man nicht anstelle des Weizenmehls das Mehl minderwertiger Getreidesorten verwendet. Jene «Mehlklößchen oder Gnocchi», von denen im 17. Jahrhundert der Agronom Vincenzo Tanara berichtet und die aus den Überresten von mit Wasser verknetetem Hirsebrot gemacht werden, haben gewiß nicht den Charakter eines Essens der Aristokratie. Ganz anders dagegen Maccheroni oder Lasagne, die uns die Kochbücher der «feinen» Küche als mit reichlich Butter und Käse zubereitet und anschließend mit viel Zucker oder süßen Gewürzen bestreut schildern. Es ist also nutzlos, die «gesellschaftliche Stellung» der Teigwaren suchen zu wollen. Es wäre dasselbe, als wollte man für das Brot eine solche Position ausfindig machen.

Die Bedeutung der Nudeln für die Ernährung blieb lange Zeit eingeschränkt. Das Epitheton «Maccheronifresser», mit dem die Sizilianer noch im 16. Jahrhundert bezeichnet wurden, kennzeichnet eine gegenüber der Norm ungewöhnliche und andersartige Situation. In weiten Teilen Süditaliens wurden die Teigwaren noch immer als ein «Vergnügen», eine «Delikatesse», ein «Mehr» angesehen, auf das man in schwierigen Augenblicken verzichten konnte oder vielmehr mußte. In Neapel, wo man anscheinend die Nudeln erst seit dem Ende des 15. Jahrhunderts aus Sizilien importierte, *verbot* eine Bekanntmachung im Jahre 1509 die Herstellung von «Taralli, Susamelli, Ceppule, Maccarune, Trii Vermicelli» und jeder anderen «Sache aus Teig» in solchen Zeiten, in denen «das Mehl wegen eines Krieges oder einer Hungersnot oder jahreszeitlicher Indisposition [im Preis] steigt». Es handelte sich bei den Nudeln ganz offensichtlich nicht um das Grundnahrungsmittel der Bevölkerung. Die Neapolitaner aßen damals außer Brot noch viel Fleisch und Gemüse, vor allem Kohl. Selbst in Sizilien waren die Nudeln ein recht kostspieliges Nahrungsmittel. Erst im Jahre 1501 wurden sie unter die als unabdingbar geltenden Lebensmittel eingereiht und einem Preisstopp unterworfen. Und noch Mitte des 16. Jahrhunderts lag der Preis der Maccheroni oder der Lasagne ungefähr dreimal über dem des Brotes.

ab 1600

Neapel

Eine zentrale Rolle für die Ernährung der Bevölkerung übernimmt die Nudel erst mit Beginn des 17. Jahrhunderts. Die Wende vollzieht sich wieder einmal als Folge einer dringlichen Notwendigkeit. In Neapel führt das starke Bevölkerungswachstum in den dreißiger Jahren zu einer schwierigen Ernährungslage, die durch die politische und wirtschaftliche Krise dieser einstmals wohlhabenden Hauptstadt des Königreiches verschärft wird. Die Stadtbevölkerung sieht die Vorräte schwinden, doch die spanischen Statthalter garantieren keine ausreichende Versorgung; der Fleischverbrauch sinkt, Getreideerzeugnisse nehmen seinen Platz ein. Gleichzeitig gestattet es eine kleine technische Revolution, die in der weiträumigen Verbreitung der Knetmaschine und vor allem der Erfindung der mechanischen Nudelpresse besteht, Maccheroni und andere Nudelarten zu wesentlich günstigeren Preisen als früher herzustellen. Mit einem Schlag erhalten die Teigwaren eine erstrangige Bedeutung für die Ernährung großer städtischer Bevölkerungsschichten. Im 18. Jahrhundert werden es die Neapolitaner sein, die sich das Epitheton «Maccheronifresser» verdienen und es den Sizilianern entreißen. Die Kombination Nudel – Käse (welcher vom 13. bis zum 19. Jahrhundert die gebräuchliche Zutat zu den Teigwaren ist) gewinnt gegenüber dem traditionellen Paar Kohl – Fleisch die Oberhand. Es handelt sich um eine auf ihre Weise geniale diätetische Lösung, die neben dem gewünschten «Volumen» der Nahrung eine gute Zufuhr an Proteinen garantiert.

Wir werden uns hier nicht mit den dramatischen Phänomenen der Unterernährung in Süditalien befassen, die durch die einseitige Ernährung mit Mais oder Kartoffeln hervorgerufen wurden. Denn dank der Glutamine des Hartweizens – dieser weniger feinen, dafür aber nahrhafteren Weizenart, die nur auf den Böden des Südens wächst – waren die Bauern und die armen Städter des südlichen Italiens tatsächlich besser geschützt als ihre Landsleute im Norden. Das Auszugsmehl des Hartweizens kann darüber hinaus langzeitig konserviert werden: Das ist der Schlüssel für den Erfolg der Nudeln in diesem Teil Europas; das ist das Motiv, weshalb sie – nur hier – zu einer wichtigen Grundlage der Volksernährung werden konnten. In anderen Ländern blieben sie, mehr oder weniger

Hartweizen

verbreitet und geschätzt, lediglich eine Beilage der Mahlzeiten.

Von Neapel aus nahm also die «zweite» Einführung der Nudel in die Eßkultur Italiens ihren Anfang. Doch verlief ihr Siegeszug nicht überall mit derselben Geschwindigkeit. In manchen Gegenden Süditaliens spielten die Teigwaren noch gegen Ende des 19. Jahrhunderts eine untergeordnete Rolle und wurden nur von reichen Familien gegessen. Trotz allem aber hatte sich das Stereotyp des italienischen Spaghetti- und Maccheroniessers bereits tief verankert und entsprach einer weit, wenn nicht sogar gleichmäßig verbreiteten Realität. Nudeln kann man an vielen Ständen entlang der Straßen kaufen (wie uns viele Drucke und Gemälde jener Zeit beweisen); man ißt sie mit den Händen ohne jegliche Zutat oder mit ein wenig geriebenem Käse. Erst in den dreißiger Jahren des 19. Jahrhunderts beginnt man, die Nudeln mit Tomatensoße anzumachen, einem weiteren «amerikanischen» Produkt, das in der italienischen und europäischen Küche auf große Akzeptanz stoßen wird.

32. Ernährung und Bevölkerung

Im 18. und 19. Jahrhundert gelang es durch Produktionssteigerung mit Hilfe technologischer Erneuerungen und der Anpflanzung neuer Kulturen in der europäischen Landwirtschaft, den Nahrungsbedarf der wachsenden Bevölkerung zu befriedigen. So konnte sich die Katastrophe, zu der ähnliche Bedingungen um die Wende vom 13. zum 14. Jahrhundert geführt hatten, nicht wiederholen. Die Bevölkerungszunahme wurde nicht – wie Mitte des 14. Jahrhunderts – auf dramatische Weise unterbrochen, sie ging vielmehr stetig weiter: Am Ende des 18. Jahrhunderts lebten etwa 195 Millionen Menschen in Europa, 50 Jahre darauf waren es 288 Millionen. Kann man daraus schließen, daß am Anfang dieser Bevölkerungsexplosion tatsächlich eine Vermehrung der zur Verfügung stehenden Lebensmittel gestanden hat und daß die Bevölkerungszunahme auf einer allgemeinen Verbesserung der Ernährungslage beruhte?

Dies ist eine weithin anerkannte These, die in T. McKeown den vielleicht bekanntesten und einflußreichsten Vertreter gefunden hat. So einfach aber scheinen die Dinge nicht zu liegen. Wenn wir unter «Verbesserung» verstehen wollen, daß die Hungersnöte weniger verheerende Auswirkungen als in der Vergangenheit hatten, daß sie *weniger Menschenleben* forderten, dann ist diese Behauptung grundsätzlich haltbar. Wollen wir jedoch darunter eine reichhaltigere und substantiellere Ernährungsweise verstehen, so wäre dies das genaue Gegenteil des wirklichen Sachverhalts. Die fortschreitende «Vereinfachung» der Speisekarte des Volkes, das sich immer stärker und eindeutiger auf den Verbrauch weniger unterschiedlicher Lebensmittel beschränkte, führte im Vergleich zu früheren Zeiten zu einer tatsächlichen Verarmung. Wir haben den endemischen Zustand der Unterernährung und die tragischen Krankheiten kennengelernt, die die einseitige Ernährung mit Mais in vielen Ländern hervorgerufen hatte; wir haben die unglaublich tragischen Auswirkungen vor Augen, zu denen in Irland der ausschließliche Anbau der Kartoffel geführt hatte. Aber von diesen Extremfällen abgesehen, ist es die gesamte Nahrungspalette breiter Bevölkerungsschichten, die verarmt und quantitativ schrumpft. Mais und Kartoffeln nähren die Bauern; der Weizen dagegen, jetzt mehr als je zuvor ein Luxusartikel, gelangt fast ausschließlich auf die städtischen Märkte. Dasselbe gilt für das Fleisch, das die Fortschritte der auf wissenschaftlichen Erkenntnissen beruhenden Tierzucht in größeren Mengen zu produzieren gestatten. Über lange Zeit hinweg sind es nicht sehr viele, die davon profitieren.

Die Statistiken zeigen, daß nach 1750, bedingt durch den Schwund der Kaufkraft, in weiten Teilen der Bevölkerung auch in den städtischen Zentren der Fleischkonsum plötzlich sank. So wurden in Neapel im Jahre 1770 21 800 Rinder geschlachtet bei einer Einwohnerzahl von ungefähr 400 000. Zweihundert Jahre zuvor hatte man für nur 200 000 Menschen 30 000 Tiere geschlachtet. Doch trifft die Verschlechterung der Nahrungsversorgung die gesamte Mittel- und Unterschicht und ist allerorten dokumentiert, in Italien wie in Spanien, in Schweden wie in England. Auch die Statistiken über die Größe der Bevölkerung (die eng mit den Lebensbedingungen und der Qualität des Essens verbunden ist) sprechen in diesem Sinne: Im Laufe des 18. Jahrhunderts schien die durchschnittliche Zahl der von der Habsburgermonarchie angeworbenen Soldaten spürbar zu sinken; das gleiche gilt für die schwedischen Rekruten gegen Ende des Jahrhunderts. Ähnlich sank beim Übergang vom 18. zum 19. Jahrhundert die durchschnittliche Zahl der Londoner Jugendlichen in den armen Schichten, während die Deutschen zu Beginn des 19. Jahrhunderts deutlich weniger zu sein schienen als im 14. und 15. Jahrhundert.

Daher ist die Annahme gerechtfertigt, daß der überwiegende Teil der europäischen Bevölkerung im 18. und weit ins 19. Jahrhundert hinein *schlecht* oder jedenfalls wesentlich schlechter gegessen hat als in früheren Zeiten. Kalorien-Berechnungen, die für weit zurückliegende Epochen auf der Grundlage unsicherer und unzusammenhängender Daten erstellt werden, sind immer sehr riskant und – im Detail – unsinnig. Alles in allem scheint aber klar zu sein, daß die Jahrzehnte gegen Ende des 18. und zu Beginn des 19. Jahrhunderts im Hinblick auf die *individuelle* Nahrungsmittelversorgung historisch gesehen äußerst dürftig sind. Bei der Gegenüberstellung der entsprechenden Daten dieser Zeit mit jenen anderer Epochen tritt klar zu Tage, daß das niedrigste, den Grenzen des Allernötigsten am nächsten kommende Versorgungsniveau jenem gleicht, das man um die Wende vom 18. zum 19. Jahrhundert vorfindet – einer Zeit schnellen und allgemeinen Bevölkerungswachstums. Man könnte also in Umkehrung des Postulats von McKeown behaupten, daß gerade dieses Wachstum in Verbindung mit Produktionsmängeln und den daraus resultierenden «Entscheidungen» bei der Nahrungswahl die grundlegende Verarmung des Essens bewirkt hat. Ein Paradoxon? Vielleicht. Doch müssen wir darauf hinweisen, daß es sich ständig in der Geschichte wiederholt. Allem Augenschein nach waren die Zeiten größten Reichtums und weitestgehender Vielfalt der Ernährung des Volkes bis zum letzten Jahrhundert vornehmlich jene des demographischen Stillstands oder Rückschritts, Zeiten, in denen es die verringerte Nachfrage ermöglichte, die Produktionsweise beweglich und vielgestaltig zu erhalten. Verhalten sich die Kurven der Bevölkerungsentwicklung und der Ernährung also spiegelbildlich zueinander? Es hat beinahe den Anschein. Und deshalb ist es schwierig, das Phänomen des Bevölkerungswachstums mit Thesen von «verbesserter Ernährung» erläutern zu wollen.

Selbstverständlich bedeutet das nicht, Ernährungslage und demographische Struktur seien Realitäten, die nichts miteinander zu tun hätten und voneinander unabhängig seien. Doch überzeugt Livi-Baccis These, die besagt, daß sich die negativen Auswirkungen des Verhältnisses Nahrung – Bevölkerung lediglich auf kurzfristige Erscheinungen beschränken, das heißt, auf Notzeiten mit hoher Sterblichkeit. In Hungerzeiten, mitunter direkt durch den Hunger selbst verursacht, meistens jedoch durch ausbrechende epidemische oder individuelle Infektionskrankheiten, die durch mißliche hygienische und kulturelle Lebensbedingungen verursacht wurden, beeinflußten derartige Krisen nachhaltig die Entwicklung des Bevölkerungswachstums, und zwar vor allem dann, wenn sie sich in kurzen Zeitabständen wiederholten. Mittel- und langfristig betrachtet scheint jedoch der Faktor der Ernährung (wie auch seinerseits der des Bevölkerungswachstums) eine eigene Autonomie zu besitzen. Unter «normalen» Bedingungen – falls eine dauernd vom Hunger bedrohte Bevölkerung so etwas kennt – ist die Schwelle der Anpassung unglaublich hoch und gestattet einen »normalen« Ablauf der Überlebens- und Wachstumsmechanismen. «Während der Hungersnot, die Frankreich [im Jahre 1812] traf», schreibt der Präfekt Fiévée im Februar drei Jahre darauf, «boten wir dem Bezirk von Morvan ein Darlehen aus der Tilgungskasse, um die Verteilung preiswerter Suppen zu ermöglichen. Uns wurde geantwortet, daß es nicht genügend Reiche gäbe, um sich von soviel Luxus zu ernähren und daß sie, da die Not ihr gewöhnlicher Zustand sei, in jenem Jahr nicht mehr gelitten hätten als in den vorhergehenden».

Folglich werden wir die Gründe für den Bevölkerungsanstieg (den wir hier nicht erörtern können) anderswo suchen müssen. Und wir werden auf keinerlei Widersprüche stoßen, wenn wir die dynamische Gesellschaft Europas im 18. Jahrhundert als eine Gesellschaft mit niedrigem und bisweilen miserablem Ernährungszustand beschreiben – trotz oder besser: wegen des Bevölkerungswachstums.

Ein weiteres Paradoxon, das oftmals in der Geschichte, zumindest während der langen Zeit, die wir vorindustriell nennen, anzutreffen ist, besteht darin, daß der Großteil des Volkes nicht etwa in den Regionen intensiver Verstädterung und landwirtschaftlichen Fortschritts unter gesicherteren Bedingungen lebt, sondern in den Randgebieten, die weniger kultiviert, weniger verstädtert, weniger in den Handelskreislauf einbezogen sind. Äußerst aufschlußreich ist hierfür der von A. Poitrineau erforschte Fall der Auvergne im 18. Jahrhundert: In den flachen und hügeligen Gegenden, die «entwickelter» sind und in denen ein intensiver Getreide- und Weinanbau dominiert, erweist sich die Nahrung der Bauern als karg und eintönig, ohne Vitamine und tierische Proteine. In den Bergregionen dagegen tragen die Weideaktivitäten und das Sammeln von Kastanien dazu bei, die Ernährung ausgeglichener und ausreichender zu gestalten. Die Lebenserwartung scheint hier höher, die Widerstandskraft gegen Krankheiten größer zu sein. Gleichbedeutend sind die von W. Kula angestellten Betrachtungen bei einem, ebenfalls auf das 18. Jahrhundert bezogenen, Vergleich der komplexen Situation in Frankreich und Polen. Aufgrund einer geringeren Bevölkerungszahl, eines geringeren Grades der Verstädterung und einer weniger intensiven Landwirtschaft kannte Polen «keine entsprechenden Hungersnöte» wie Frankreich. Sie traten weniger häufig auf und wirkten sich nicht so verheerend aus.

33. Fleisch ist ungesund

Nachdem er die Einführung der Kartoffel vorhergesagt hat, durch die der Hunger der Bauern gelindert werden soll, erläutert Giovanni Battarra in seinem Traktat über die *Pratica agraria,* wie man aus dem Brei dieser seltsamen Knolle Brot herstellt: Es genüge, ein wenig Weizenmehl hineinzumischen, und schon werde man ein äußerst delikates und duftendes Brot erhalten, ganz und gar «für Herrschaften». Doch «wenn man die Kartoffeln zu Mehl verarbeitet, kann man dann daraus Brot herstellen, auch ohne Beimischung von Weizenmehl?» fragt Mingone, der Sohn des Bauern, durch dessen Mund Battarra seine Belehrungen verbreitet. «Man kann», antwortet jener, «aber es wird gesagt, das Brot, das man daraus formt, sei etwas schwer zu verdauen.» Unerwarteterweise stört diese Aussage Mingone nicht im geringsten, erfüllt ihn vielmehr sogar mit Freude. Denn, so erklärt er, «den Bauern schadet eine Verdauungsstörung nicht.

Im Gegenteil, es scheint ihnen dann, als wären sie satter». Das also ist der wahre Wunsch des Bauern: eine schöne Verdauungsstörung, um – so lange wie möglich – das frustrierende Verlangen nach etwas Eßbarem fernzuhalten.

Natürlich handelt es sich hierbei um die Sichtweise des Herren. Kein Bauer des 18. Jahrhunderts und noch weniger der vorhergehenden Epochen hat es je vermocht, uns in der *ersten Person* seine kulinarischen Vorlieben mitzuteilen. Da Geschmack und Gewohnheit nicht ein und dasselbe ist (man kann seine Mahlzeit auch ungern essen, wenn es die Notwendigkeit verlangt), ist es schwierig, sich dem Eindruck zu entziehen, daß die Ernährungsvorschriften, die der bäuerlichen Bevölkerung von den Traktatschreibern und Schriftstellern auferlegt werden, eher einer erzwungenen Gewohnheit als einer bewußten Entscheidung entsprechen. Daraus erklärt sich die Mehrdeutigkeit, die vielen Darstellungen des «Volks»-Geschmacks anhaftet. Sie beschränken sich darauf, sichtbare Verhaltensweisen zu konstatieren, und laufen somit Gefahr, mögliche Wünsche zu ignorieren (oder diese einfach außer acht zu lassen). Und nicht immer kann man den Punkt ausmachen, über den hinaus soziale Aufmerksamkeit und philantropische Besorgnis in Klasseninteressen und eine Ernährungsideologie umschlagen, die nicht allzu weit entfernt ist von jener, die einige Jahrhunderte zuvor letztendlich das schlechte, unverdauliche Essen des «Dörflers» als ein notwendiges Attribut seiner gesellschaftlichen «Qualität» darstellte. Wir haben bereits auf den lapidaren Ausspruch Girolamo Cirellis hingewiesen, dem zufolge die Bauern «wie die Schweine» äßen, «die Festzeiten ausgenommen»; und wir haben aufgezeigt, wie diese Haltung dazu diente, die gesellschaftliche Stellung festzulegen, die grundsätzlich tierische und unkultivierte Natur der Bauern zu «demaskieren».

Die herrschenden Klassen des 18. Jahrhunderts waren gegenüber den armen Schichten tief von einer humanen und aufgeklärten Fürsorge durchdrungen, anders als jene vor zwei, drei Jahrhunderten, die zur Verteidigung ihrer Privilegien die Position wechselten und eine Ideologie der gesellschaftlichen Ungleichheit entwarfen, die sich auch auf die verschiedenartigen Lebens- und Ernährungsweisen stützte. Im 18. Jahrhundert begegnete man gewiß nicht mehr so leicht Programmen, die den Ausschluß der «Armen» vom Genuß qualitativ hochwertiger Nahrung propagierten. Der perfide Zynismus der Mächtigen und vieler Intellektueller hatte sich ein wenig gemildert. Doch findet sich noch immer etwas Bösartiges oder zumindest Groteskes in den *Avvisi ai contadini sulla loro salute,* die von Marco Lastri, Autor einer Reihe kleinerer agronomischer Schriften und Traktate am Ausgang des 18. Jahrhunderts, als Anhang der *Regole per i padroni dei poderi* verfaßt wurden. Daraus geht hervor, daß die Bauern tatsächlich schlecht essen, ja daß sie *nicht verstehen,* richtig zu essen, da sie, nur um zu sparen (*grausam* zu sparen, wie unser Autor ausführt), zum Verzehr verdorbener Erzeugnisse bereit sind; außerdem bevorzugen sie – denken wir an die Worte Battarras – schwere und unverdauliche Speisen, um nicht allzu große Mengen essen zu müssen und den Hunger zu bannen. Wenn also die Bauern schlecht essen, dann nur, weil sie schlecht essen *wollen.* Der erhobene Zeigefinger angesichts dieser «Unsitten» erinnert stark an die Einstellung jener, die ein Jahrhundert später die Pellagra-Epidemie der Unfähigkeit der Bauern zur Last legen werden, den Mais richtig zu konservieren, sowie ihrer Verbohrtheit, verdorbenes Mehl essen zu wollen. Die Veränderung des ideologischen Bezugsrahmens hat mittlerweile die Vorstellung des 15. und 16. Jahrhunderts überholt, der zufolge die schlechte Ernährung eine ursprüngliche und unvermeidbare Gegebenheit der bäuerlichen Lebensbedingungen war. Aber die Konsequenzen der wiedererlangten Wahl-«Freiheit» sind auf kultureller Ebene, gelinde gesagt, paradox. Der *Dictionnaire de Trévoux* bemerkt: «Bauern sind für gewöhnlich dumm, weil sie sich lediglich von derben Nahrungsmitteln ernähren.»

Was die Entbehrung von Nahrung anbelangt – und es ist an erster Stelle das Fleisch gemeint, das der Großteil der europäischen Bauern und «Armen» bereits gewohnheitsmäßig als ein Trugbild betrachtet –, so fehlt es nicht an eilfertigen Erklärungen, dies diene im Grunde genommen der Gesundheit. Die Bauern haben kein Fleisch zu essen? Um so besser für sie. Denn wer hat je behauptet, daß man es essen *muß?* «Man kann bezweifeln», schreibt Adam Smith im Jahre 1776, «daß Fleisch überall ein für das Leben notwendiger Bestandteil ist. Die Erfahrung lehrt, daß das Getreide und andere Pflanzen (...) ohne Fleisch die reichhaltigste, gesundeste, nahrhafteste und stärkendste Kost bilden können. Nirgendwo verlangt es die Schicklichkeit, daß ein Mensch Fleisch essen müsse.»

Auseinandersetzungen um den Genuß von Fleisch sind im Europa des 18. Jahrhunderts an der Tagesordnung. Manche sind darüber geradezu irritiert. So schreibt Louis Lemery zu Beginn des Jahrhunderts: «Ohne in all diese Diskussionen, die mir recht unnütz erscheinen, einzutreten, kann man, wie ich denke, sagen, daß der Genuß von tierischem Fleisch zulässig ist, vorausgesetzt in maßvollem Umfang.» Worte, in denen eine heftige Debatte widerhallt, die eher ideologischer und philosophischer denn wissenschaftlicher Natur ist. Die Gesundheit der Verbraucher und der hygienische Zustand der Lebensmittel stellen innerhalb dieser Diskussion nur einen Aspekt dar, der hinzugezogen wird, um die bestehende Form der Nahrungsverteilung zu untermauern, die für nicht weniger steht als die gesellschaftliche Ordnung und das gesamte Weltbild. Der große Anklang vegetarischer Doktrinen, die im Zeitalter der Aufklärung von zahlreichen Denkern und Philosophen verfochten werden (stellvertretend für alle sei hier nur der Name Rousseau genannt), beruht auf nichts anderem als auf wiederaufgegriffenen, von der christlichen Tradition längst erprobten Motiven und Vorstellungen: pflanzliche Speisen als Speisen des Friedens und der Gewaltlosigkeit, als eine Entscheidung für das «natürliche», einfache und bescheidene Leben; pflanzliche Speisen als Voraussetzung körperlicher Leichtigkeit, die dem Geist gestattet, frei zu arbeiten – zum Zwecke der spirituellen Askese, sagten die christlichen Eremiten und Mönche; zum Zwecke der Intelligenz und Vernunft, sagen die neuen Philosophen der Askese. Es handelt sich um Motive und Vorstellungen, die nicht von Widersprüchen und Zweideutigkeiten frei sind und denen noch ein weiterer, rein gesellschaftlich-politischer Aspekt beigesellt ist: Die Entscheidung für eine «hygienische», «leichte» und «intelligente» Ernährung will auch eine Alternative zum *Ancien régime* und der von ihm repräsentierten Eßkultur sein. Der Kampf gegen die Unmäßigkeit, die Opulenz und die «Gewichtigkeit» des Essens ist auch ein Kampf des aufgeklärten Adels und Bürgertums für die Beseitigung überkommener gesellschaftlicher, politischer und kultureller Strukturen. Der starke Beige-schmack des Wildbrets und der kräftige Appetit nach einem Tag zu Pferde sind Symbole des Feudalismus. Wenn diese Werte während des 18. Jahrhunderts in Frage gestellt werden, wenn der Luxus spärlicher, feiner und raffinierter wird und milde und cremige Soßen die alten Herbheiten und geschmacklichen Ge-gensätze ablösen, dann geschieht das auch, weil die Karten ge-rade neu gemischt werden. Neue Klassen, neue Ideologien, neue Moden setzen sich durch. Der kräftige Appetit und der Überfluß an Fleisch – ehemals Zeichen von Stärke, Macht und Vornehmheit – sind nicht länger Objekte einheitlicher gesell-schaftlicher Wertschätzung.

Es handelt sich ganz offensichtlich um Probleme und Ausein-andersetzungen, die die Eliten betreffen und nur innerhalb einer reichen und opulenten Gesellschaft, wie jener des Adels und des Großbürgertums, Sinn ergeben. Als diese Themen beginnen, über das gesellschaftliche Umfeld, in dem sie entstanden sind, hinauszuwachsen; als die Forderungen nach vernunftgemäßem Essen und sogar nach vegetarischer Ernährung die Bauern und Arbeiter erreichen, ist der Effekt grotesk, um nicht zu sagen lachhaft.

Die Revolution

34. Neubesinnung

Bis in die mittleren Jahrzehnte des 19. Jahrhunderts hinein nahm das Getreide im Nahrungssystem der Europäer – ausgenommen eine sehr eng begrenzte Schar von Privilegierten – eine absolut dominierende Rolle ein. Es belastete die Familienetats der einfachen Leute mit bis zu 90 Prozent und mehr der gesamten Lebensmittelausgaben. Entscheidend war seine Kalorienzufuhr, die normalerweise zwei Drittel bis drei Viertel des Gesamtbedarfs ausmachte und in gar keinem Fall unter der Hälfte lag. Seit dem 14./15. Jahrhundert (das heißt, seitdem es das Quellenmaterial ermöglicht, entsprechende Schätzungen vorzunehmen) hatten sich diese Prozentsätze nicht grundlegend verändert; vielmehr wurden sie im 17. und 18. Jahrhundert durch die zunehmende Bedeutung von Mais, Nudeln und Reis noch unterstrichen. In manchen Fällen war der Anteil des Getreides gesunken, doch nur, um einem konkurrierenden und genauso «bedeutenden» Erzeugnis Platz zu machen, wie die Kartoffel es war. Dies geschah in Ländern wie England oder den Niederlanden, wo im Laufe des 18. Jahrhunderts eine Verringerung des Getreideverbrauchs zu beobachten war. In den Niederlanden fiel der durchschnittliche *Pro-Kopf*-Verbrauch während dieses Jahrhunderts von schätzungsweise 900 g täglich auf 475 g; in England von täglich circa 600 g im Jahre 1770 auf circa 400 g 1830. Brotrationen zwischen 500 und 800 g pro Tag waren jedoch die Regel; in vielen Gegenden sollten sie es für lange Zeit bleiben, ebenso wie der hohe Polentaverbrauch auf dem Lande.

Das Brot des Großteils der Bevölkerung war wie immer dunkel. In Mittel- und Nordeuropa wurde es hauptsächlich aus Roggen, Dinkel, Buchweizen, Hafer und Gerste hergestellt. Auch Weizen kam hinein, der aber in den Mittelmeergebieten für gewöhnlich mit minderwertigerem Korn (Roggen, Mais, Gerste) vermischt wurde.

Um die Mitte des 19. Jahrhunderts nahm eine zweifache Umkehrung der Tendenz ihren Anfang, die sowohl auf qualitativer als auch auf quantitativer Ebene stattfand. Zunächst einmal wurde das Weißbrot für größere Bevölkerungsschichten zugänglich, da ein verbessertes Nahrungsmittelangebot, über das wir gleich sprechen werden, dem Weizenanbau und -handel neue Wege eröffnete. Außerdem ermöglichte die Verwendung neuartiger Mühlen mit Walzen aus Eisen (erstmals zwischen 1840 und 1850 in Ungarn eingesetzt) die Gewinnung eines weißeren und trockeneren Mehls als in der Vergangenheit. Doch darf nicht verschwiegen werden, daß dieses Mehl längst nicht so nahrhaft wie das dunkle war. Das neue System, das zwischen 1870 und 1880 mit der Einführung der Porzellanwalze verbessert wurde, stieß den Keim des Kornes vollständig aus, statt ihn zusammen mit den restlichen Bestandteilen zu zermalmen. Das Ansehen und die Attraktivität der weißen Farbe, die seit Jahrhunderten als ein Attribut des Luxuskonsums angesehen wurde, war allerdings ausgesprochen groß, so daß Bedenken wie die über die Nahrhaftigkeit des hellen Mehls in die zweite Reihe verwiesen wurden. Auch den Reis versuchte man schneeweiß zu bekommen, und der Zucker, der jetzt auch aus Zuckerrüben gewonnen wurde, wurde so weit wie möglich raffiniert.

Die bedeutsamste Neuerung fand jedoch auf quantitativer Ebene statt. Erstmals seit vielen Jahrhunderten wurde die Rolle des Getreides bei der Ernährung beschnitten, während der Verbrauch anderer Lebensmittel langsam anzusteigen begann – an erster Stelle der des Fleisches.

35. Die ‹Revanche› des Fleisches

Im Jahre 1847 wird in Manchester die erste englische Vegetarische Gesellschaft gegründet. Wie immer in solchen Fällen handelt es sich dabei um eine elitäre Gruppierung. Die Entscheidung für eine vegetarische Ernährung beruht keineswegs auf ausschließlich traditionellen Motiven, wie der Verurteilung der Tötung von Tieren oder etwa der Vermutung, eine auf pflanzlicher Grundlage basierende Ernährung sei bekömmlicher oder «natürlicher». Sie gründet auch auf neuen Argumenten wirtschaftlicher Art, die die größere Produktivität des Ackerbaus im Vergleich zur Tierzucht hervorheben. Darüber hinaus entwikkelt sich eine neue, sozusagen «humane» Achtung dem Leben der Tiere gegenüber, deren normalerweise in aller Öffentlichkeit durchgeführte Schlachtung Abscheu hervorzurufen beginnt. Es fällt nicht schwer, hinter dieser veränderten geistigen Haltung jenen «Prozeß der Zivilisation» (und grundsätzlich den der Entfernung von der Natur) auszumachen, den Norbert Elias so ausführlich dargestellt hat. Auch K. Thomas hat recht bei der Annahme, daß es sich um eine typische Erscheinung der städtischen und bürgerlichen Lebenswelt handelt, einer Gesellschaft, die sich inzwischen von der Welt der Felder und der Tiere losgelöst hat und letztere vor allem als Hausgenossen betrachtet. Doch lassen sich auch andere Überlegungen anstellen: Ist die Entwicklung der vegetarischen Bewegung, die sicherlich elitär, aber auch erstmals gesellschaftlich organisiert und «institutionalisiert» war, nicht gleichfalls Ausdruck einer größeren Verbreitung der fleischlichen Kost, eines größeren Nahrungsreichtums?

Die Lebhaftigkeit der Debatte über fleischliche und pflanzliche Ernährung (oder «pythagoräische Kost») im 18. Jahrhundert, deren den Ernährungsvorstellungen des *Ancien régime* ideologisch entgegengesetzten Charakter wir dargestellt haben, verdeckte möglicherweise die Tatsache, daß in einer Gesellschaft, die weiten Teilen der – bürgerlichen – Bevölkerung Zugang zum Fleisch verschafft hatte, nach neuen Unterscheidungsmerkmalen gesucht wurde. Mit noch mehr Berechtigung läßt sich diese Überlegung auf die bürgerliche Gesellschaft des 19. Jahrhunderts übertragen; und es kann kein Zufall sein, daß die neue vegetarische Bewegung ein erstes Zentrum gerade in Manchester fand, einer der wichtigsten englischen Industriestädte mit größter Konzentration von Arbeit und Geld. Gewiß war zu jener Zeit der Genuß von Fleisch noch das Merkmal weniger gesellschaftlicher Gruppierungen, doch befanden sich diese (hier ist vor allem das gewerbetreibende Bürgertum zu nennen) in schneller Ausbreitung. Auch wenn die Arbeiterschaft nur Brot und Tee zu sich nahm – die von Engels verfaßten Schriften über ihre bedrückenden Lebensbedingungen sind nicht bloß das Ergebnis eines leidenschaftlichen politischen und

sozialen Engagements –, war der städtische Lebensmittelver-
brauch doch alles in allem im Steigen begriffen und sorgte für
wachsende Einfuhren von qualitativ hochwertiger Nahrung.
Wir haben in diesem Zusammenhang bereits auf das Fleisch und
die Butter hingewiesen, die die englischen Grundbesitzer aus
Irland importierten.

Aber die Logik der industriellen Produktion selbst konnte
auch die unteren Klassen nicht allzu lange vom Zugang zu sämtlichen angebotenen Nahrungsmitteln fernhalten, denn zur Ge-
währleistung ihrer Funktionsfähigkeit benötigt die Industrie
nun einmal Verbraucher. Als sich die wirtschaftliche Funktion
der Landwirtschaft zu ändern begann, indem sich diese von einer Nahrungsmittelproduzentin in eine Rohstofflieferantin für
die Nahrungsmittelindustrie verwandelte, zog dies die soziale
Erweiterung des Lebensmittelmarktes nach sich. Außer dem
Tee, der in den täglichen Gewohnheiten vieler schon Wein und
Bier ersetzt hatte, wurden der englischen Arbeiterklasse jetzt
Zucker, Kakao sowie eine wachsende Vielfalt von Erzeugnissen
zu immer geringeren Preisen angeboten, wozu letztendlich
auch das Fleisch zählte.

Vor allem die Steigerung des Fleischkonsums bewirkte einen
Bruch mit der Vergangenheit, nachdem während der ersten
Jahrzehnte des 19. Jahrhunderts ein historisches Minimum ver-
zeichnet worden war, als sich der jährliche Durchschnittsverbrauch in Ländern mit hohem Viehbestand, wie Frankreich und
Deutschland, zwischen 14 und 20 kg *pro Kopf* bewegte. Dieser
abrupte Wandel beruhte sowohl auf den glänzenden Fortschrit-
ten in der Viehzucht, die nun bewußter nach wissenschaftlichen
Methoden praktiziert wurde (Auswahl und Kreuzung der Ras-
sen, Spezialisierung bei der Tierhaltung auf die Produktion von
Milch oder Fleisch etc.), als auch auf technischen Neuerungen,
die in kurzer Zeit zu einem radikalen Wandel der Konservie-
rungs- und Transportmethoden beim Fleisch führten. Die For-
schungen von Nicolas Appert und Louis Pasteur ebneten der
luftdichten Verpackung von Fleisch, Gemüse und Suppen den
Weg. Neue Kühl- und Gefriertechniken erlaubten den preiswer-
ten Fleischimport aus weit entlegenen Ländern, die über riesige
Weideflächen für die Tierhaltung verfügten: Argentinien, die
Vereinigten Staaten, Australien, Neuseeland. Gleichzeitig wur-

den die Transportsysteme durch die Dampfmaschine revolutio-
niert. Die Eisenbahn ermöglichte erstmals die günstige Beför-
derung schwerer und sperriger Waren auf dem Landweg. Bis
Mitte des 19. Jahrhunderts war das Schlachtvieh direkt von den
Weiden zu den Absatzmärkten gebracht worden. Die langen
Wege hatten zu Ermüdungserscheinungen geführt und das Gewicht des Viehs sowie die Qualität seines Fleisches negativ beeinflußt. Nach 1850 begann man damit, gut konservierte und
verkaufsbereite Tierrümpfe mit der Eisenbahn zu transportie-
ren. Die Produktionsstätten befanden sich mit einem Mal in der
Nähe der Märkte. Der Schlachthof von London konnte von
sich behaupten, in das über 800 Kilometer entfernte Aberdeen
verlegt worden zu sein, von wo, wie A. Wynter schrieb, «ein
Berg von Rindern, Schafen, Schweinen und Kälbern in perfek-
tem Zustand in der Nacht nach ihrer Schlachtung den Bestim-
mungsort erreichte».

Allerdings gab es auch skrupellose Produzenten und Händler,
die von der günstigen Konjunktur profitierten und mit allen
möglichen Arten von Betrug und Fälschung die Gesundheit der
Menschen aufs Spiel setzten. Frederick Accums *A Treatise on
Adulterations of Food, and Culinary Poisons* aus dem Jahre 1820
stellt den Beginn einer langen Reihe von Anklageschriften dar,
als deren Konsequenz das englische Parlament 1834 die erste
Untersuchungskommission zum Lebensmittelbetrug einsetzte.
Die Nachforschungen wurden in den folgenden Jahrzehnten unter ständigen Behinderungen seitens der Nahrungsmittelprodu-
zenten fortgeführt und von einer heftigen Pressekampagne un-
terstützt; Accum selbst aber sah sich gezwungen, England zu
verlassen. Eine noch heute bekannte Karikatur der satirischen
Wochenzeitschrift *Punch* aus dem Jahre 1855 zeigt ein kleines
Mädchen in einem Drogistengeschäft. «Mein Herr», sagt es,
«Mama bittet Sie, mir 100 Gramm Tee von der besten Qualität
zu geben, um damit die Mäuse zu töten, und 50 Gramm Schokolade, um die Schaben zu beseitigen.» 1860 sollte dann das
erste Gesetz gegen den Lebensmittelbetrug verabschiedet werden, der *Adulteration of Food Act*.

Unter vielen Widersprüchen und zu einem sehr hohen gesellschaftlichen Preis setzte man also in den Jahrzehnten der Früh-
industrialisierung radikale (wenn auch langsame) Veränderun-

gen der Ernährungsweise in Gang, dazu eine Neuorientierung
der *Ideologie* der Ernährung. Die Räson des Profits erforderte es,
daß althergebrachte Unterscheidungskriterien und gesellschaftliche Symboliken, Praktiken der Ausgrenzung und überkom-
mene Gewohnheiten verworfen wurden, welche die verschie-
denartigsten Erzeugnisse als für genau festgelegte Verbrauchergruppen vorgesehen betrachteten. Von nun an traf man die Unterscheidung vorwiegend auf qualitativer Ebene: die Eßwaren
konnten erster, zweiter und auch letzter Wahl oder sogar verfälscht sein. Aber niemand mehr konnte in einem Europa des In-
dustriekapitalismus und der freien Initiative abstreiten, daß alle
viel konsumieren können oder vielmehr müssen, und zwar von
allem etwas. Der alte Portwein der Arbeiter entsprach allerdings
nicht dem der exklusivsten Clubs. (Accum hatte schon damals
nachgewiesen, daß «viel alter Portwein mit Verkrustungen»,
der von Londoner Händlern zum Verkauf angeboten wurde,
nichts anderes war, als neuer Portwein, der mit einem Weinsäu-
resalz aus Kalium «zurechtgemacht» wurde.) Trotzdem ist die
Idee eines universellen und «demokratischen» Konsumverhaltens außer in wirtschaftlicher auch in kultureller Hinsicht von
nicht geringer Bedeutung.

36. Wir sind alle Städter

Die Nahrungsrevolution schritt langsam voran und traf die europäischen Länder unter ganz verschiedenen Bedingungen und
zu sehr unterschiedlichen Zeitpunkten. Sie im Detail zu unter-
suchen würde bedeuten, nochmals sämtliche Etappen des Indu-
strialisierungsprozesses zu durchlaufen, mit der diese Revolution in enger Verbindung stand. Wir werden uns daher auf den
Hinweis beschränken, daß man auch in den am frühzeitigsten
industrialisierten Ländern (England, Frankreich) erst gegen
Ende des 19. Jahrhunderts die wichtigen Veränderungen für die
gesamte Lebensweise der Bevölkerung verspürte, die sich aus
dem Übergang ergaben von einer auf Getreide gestützten
Ernährungsweise zu einer neuen, in der Proteine und Fette in
beachtlicher Menge durch tierische Nahrung gesichert wurden.
Länder mit einer verzögerten Entwicklung, wie Italien oder

Spanien, mußten bis zur Mitte des 20. Jahrhunderts warten, ehe sich die dortigen Veränderungen als abgeschlossen bezeichnen ließen. Übrigens schloß dies nicht das Weiterbestehen archaischer oder, wenn wir es so bezeichnen wollen, vorindustrieller Lebensformen in geographisch und kulturell klar umrissenen Gebieten aus. Auch ist es einleuchtend, daß wir nicht in abstrakter und verallgemeinender Weise von «Europa» sprechen können angesichts eines Wirtschafts- und Nahrungssystems, das strukturell an politische Optionen gebunden war, die den Kontinent faktisch in zwei Teile spalteten. Ebenso können die jüngsten Integrations- und Annäherungsprozesse nicht zur Verallgemeinerung solcher Betrachtungen führen, die vor allem für den europäischen Westen Gültigkeit besitzen – der innerhalb seiner Grenzen wiederum viele Unterscheidungsmerkmale aufweist. Versuchen wir jedoch, einige allgemeine Bezugspunkte ausfindig zu machen.

Erstens: Die *Delokalisation* des Nahrungssystems – ein gerechtfertigter Ausdruck von G. und P. Pelto – hat die Bindung zwischen der Nahrung und dem Wohnort gelockert und den jahrtausendealten Hunger der Europäer besiegt, indem er ihn den jahreszeitlich bedingten Unwägbarkeiten entzog. Am Beginn dieses Vorgangs standen die Revolutionierung der Transportmittel sowie die Weiterentwicklung der Techniken zur Verarbeitung und Konservierung von Lebensmitteln, über die wir schon gesprochen haben. Den Rest besorgten die politische und militärische Macht sowie der Reichtum – optimale Mittel der «Überzeugung», mit denen die Ausrichtung der Wirtschaftspolitik vieler Länder der ganzen Welt nach den Erfordernissen der wohlhabenden Staaten durchgesetzt wurde. Für die Märkte dieser Staaten, zu denen neben Europa hauptsächlich die USA zu rechnen sind, wurden – nicht selten zum Schaden der Erzeugerländer – sämtliche Ressourcen mobilisiert. Die weltweite Perfektionierung des kommerziellen Verteilungsnetzes hat zur Beseitigung der Hungersnöte in der industrialisierten Welt beigetragen, oftmals aber die Lebensbedingungen anderer Länder verschlimmert. «Ein wichtiger Aspekt der Delokalisation des Essens im 19. und 20. Jahrhundert war die Verwandlung der Nahrungssysteme in den unindustrialisierten Gebieten der Welt. Denn diese Länder wurden dazu heran-

gezogen, einen Teil der Bedürfnisse der euro-amerikanischen
Staaten zu befriedigen» (Pelto). So wurde beispielsweise in vielen Teilen Lateinamerikas die Rinderhaltung enorm ausgewei-
tet, um den Markt für «Hamburger» zu versorgen und, grund-
sätzlicher, den hohen Fleischkonsum der reichen Länder zu dek-
ken. Gleichzeitig sank jedoch bei der ansässigen Bevölkerung
der Fleischverbrauch. In Guatemala (ein Beispiel von vielen)
verdoppelte sich die Rindfleischproduktion von 1960 bis 1972,
während sich der *Pro-Kopf*-Verbrauch in diesem Land um 20
Prozent verringerte. Die Komplexität der Handlungsabläufe,
die mit der weltweiten Delokalisation der Nahrungsproduktion
und -verteilung in Zusammenhang stehen, bedroht vor allem
dann die Erzeugervölker, wenn diese ihren Lebensunterhalt
ausschließlich vom Verkauf eines oder weniger Produkte be-
streiten. Es handelt sich hierbei um den dramatischsten –
wenn sicherlich auch nicht einzigen – Widerspruch eines Systems, dem es zum ersten Male in der Geschichte gelungen ist,
den Hunger zu besiegen. Dies gilt natürlich nicht für Kriegs-
zeiten, in denen, bedingt durch den Hunger, überall wieder
Formen der Proviantbeschaffung und des Ernährungsverhaltens auftreten, von denen bereits jede Spur verlorengegangen
zu sein schien.

Zweitens: Der Prozeß der Delokalisation hat, indem er die
wirtschaftlichen und kulturellen Bindungen zwischen der Nahrung und dem Wohnort schwächte, der Ernährungsweise der
industrialisierten Welt einen Charakter größerer *Uniformität* verliehen, deren Entstehung durch die Interessen der Großprodu-
zenten und die Verheißungen der Werbung beschleunigt wurde.
Zur Ankurbelung dieses Prozesses trugen auch noch andere
Faktoren bei: die Erweiterung von Beziehungen und Kenntnis-
sen, die sich durch eine größere gesellschaftliche Mobilität ergeben (aus Gründen der Arbeit oder des Tourismus); das Schwinden saisonal bedingter Abhängigkeiten (auf die wir gleich zurückkommen werden); die fortschreitende Abnahme der Ritua-
lität der Speisen, der Wegfall ihres periodischen Wechsels im
Wochen- oder Jahresrhythmus, der an die religiösen Feste wie
Karneval und Fastenzeit, an die fetten und die mageren Tage
und Perioden gebunden war. Dies alles hat bei vielen Produkten
geradezu einen kulturellen «Bedeutungsverlust» bewirkt sowie

jeglicher Art von gastronomischen Experimenten und Kombinationen unterschiedlichster Speisen den Weg geebnet. Als Sinnbild dafür mag die gleichzeitige Existenz der traditionell gegensätzlichen und einander ausschließenden Produkte Fisch und Fleisch in den Menüs der großen zeitgenössischen Restauration gelten.

Drittens: Das europäische Nahrungssystem hat einen stark *städtischen* Charakter angenommen. Nicht nur in dem Sinne, daß die Industriegesellschaft eine in hohem Grade verstädterte Gesellschaft ist und die Zahl der Stadtbewohner konstant steigt, sondern hauptsächlich deshalb, weil die städtische Ernährungsweise mit allen Veränderungen, die nach und nach zu deren Entstehung beigetragen haben, nunmehr die Norm darstellt und von jedem nachgeahmt werden *kann*. «Die Neigung der ländlichen Bevölkerung, den städtischen ‹Modellen› zu folgen (...), wurde nie zuvor mehr verstärkt, mehr beschleunigt» (J. Claudian und Y. Serville). Es ist dies die Krönung eines jahrtausendealten Traumes, die Beseitigung einer Hürde, die lange Zeit vor unserer Eßkultur gestanden hat. Der bäuerliche Neid auf die Luxusmahlzeiten und den geschützten Markt sowie die eifersüchtige Verteidigung der eigenen Privilegien seitens der Städter sind gesellschaftliche, ökonomische und psychologische Realitäten, die wir heute nicht mehr kennen. Eher zeichnet sich in unseren Tagen eine gegenteilige Entwicklung ab: Die zusammen mit etlichen unschätzbaren Vorteilen vorhandene Unbehaglichkeit eines uniformen, standardisierten und in gewissem Maße vom eigenen Lebensraum entfremdeten Nahrungssystems erzeugt eine unerhörte «Sehnsucht nach dem Lande» – ein kultureller *Topos,* dessen Präsenz in anderen Epochen der europäischen Geschichte übrigens leicht aufzuspüren wäre –, die zu einer neuen Wertschätzung, wenn nicht sogar zu einem erneuerten Selbstbewußtsein der bäuerlichen Welt beiträgt. Doch geschieht dies immer auf der Grundlage *städtischer* Wertmaßstäbe. Das glückliche Land ist eine Vorstellung der Stadt, die lediglich indirekt und nur unter der Voraussetzung auf dem Lande übernommen werden kann, daß die Landbewohner selbst in die städtische Kultur eingetaucht sind. Was könnten wir uns Städtischeres vorstellen als das heutige *revival* der minderen Getreidesorten und des Schwarz-

und Graubrotes? Nur eine sehr reiche Gesellschaft kann es sich
erlauben, die Armut zu schätzen.

37. Ein Essen für alle Jahreszeiten

Eine der hartnäckigsten Mythen unseres heutigen Bildes der Ernährung besteht darin, daß die Nahrung an die Jahreszeiten gebunden sei, daß es eine harmonische Beziehung zwischen dem
Menschen als Verbraucher und der Natur als Erzeugerin gebe,
die für die «traditionelle» Kultur typisch gewesen und von den
modernen Versorgungs- und Verteilungssystemen grundlegend
verfälscht worden sein soll. Daraus resultieren die Warnrufe von
Historikern, Anthropologen und Soziologen sowie das Betreiben der Ernährungswissenschaftler (und die Vorschläge der an-
gesehensten Restauratoren), diese verschwundene Dimension
in unserem Verhältnis zur Nahrung wieder aufzuspüren. Zu diesem Aspekt halte ich einen gründlichen Gedankengang für
angebracht.

Ohne Zweifel hat die Anmaßung, mit der die Nahrungsmittelindustrie in unseren Lebensrhythmus eingebrochen ist, große
Teile althergebrachter Gewohnheiten über den Haufen gewor-
fen und, zusammen mit vielen Wohltaten, Ratlosigkeit hygie-
nisch-sanitärer Art sowie eine beträchtliche kulturelle Orientie-
rungslosigkeit hervorgerufen. An Weihnachten Erdbeeren zu
essen und Pfirsiche zu Neujahr ist zwar ein angenehmer Luxus,
aber auch die Ursache von Entfremdung und Verwirrung, da
wir nur schwer den Ursprungsort der Erzeugnisse erfahren,
ihre geographische Herkunft. Genau in dem Moment, in dem
sich das Essen auf unseren Tischen dank eines unglaublich breit-
gefächerten Marktangebotes und einer bislang ungekannten
Kaufkraft anhäuft, lockert sich paradoxerweise unser Verhältnis
zur Nahrung. Wir wissen nicht, woher sie kommt (lediglich für
einige Erzeugnisse verfügt das Gesetz die genauere Bestimmung des Herkunftslandes). Wir wissen nicht, wann und wie
sie hergestellt wurde. Wir kennen sie nicht mehr.

Früher war die territoriale Zugehörigkeit der Erzeugnisse ein
selbstverständlicher und sozusagen unvermeidlicher Faktor, der
in die natürliche Ordnung der Dinge, in die Produktionsweisen

und das Konsumverhalten hineinspielte. Auch die wenigen, die es sich leisten konnten, ihre Nahrung von weither herbeischaffen zu lassen, wußten, was sie aßen, kannten die Eigenschaften und den Ursprungsort ihrer Nahrungsmittel. Von Archestratos von Gela, der im 4. Jahrhundert v. Chr. mit beinahe bürokratischer Penibilität die Fischarten des Mittelmeers und die besten Fangplätze aufzählt, bis zu Ortensio Lando, der in seinem *Commentario delle più notabili e mostruose cose d'Italia e d'altri luoghi* (1548) die gastronomischen Spezialitäten der verschiedenen Städte und Regionen beschreibt, könnte man eine unendliche Zahl von Autoren und Persönlichkeiten hinzuziehen, um zu belegen, wie sehr die Wertschätzung der Speisen immer mit dem Wissen um ihren Ursprungsort einherging. Dies vor allem ist die kulturelle Dimension, die heute im Meer der internationalen und interregionalen, ja selbst der lokalen Märkte verlustig zu gehen droht aufgrund der Distanz der Verbrauchermassen zu den Produktionsabläufen. Doch müssen wir uns des Umstandes bewußt sein, daß die Menschen seit jeher danach gestrebt haben, die Bindungen zum eigenen Boden zu lockern. Erhellend sind in diesem Zusammenhang die Worte Cassiodors, Geheimsekretär des Gotenkönigs Theoderich, der im 5. Jahrhundert für seinen Souverän die besten Erzeugnisse einer jeden Region einfordert und behauptet, daß sich die Macht auch an den Speisen messen lasse, die es einem Hausherrn für seine Gäste aufzutischen gelänge und daß sich nur ein gewöhnlicher Mensch darauf beschränke, «das, was das Land bieten kann», auf den Tisch zu bringen. Exotische Speisen auf unseren Tischen sind also nicht das Merkmal einer neuen Kultur. Es gibt lediglich viel mehr Menschen, die sich heutzutage das leisten können, was einstmals das Vorrecht einiger weniger war. Dies erschwert ganz offensichtlich die Kontrolle der Nahrung und das Wissen um ihre Zusammensetzung, verstärkt dabei aber auch die Bedeutung gesetzlicher Kontrollmaßnahmen. Wir werden auch über die konkreten Auswirkungen einer derartigen Errungenschaft sprechen, müssen uns aber zuvor darauf einigen, daß es sich dabei auch wirklich um eine solche handelt.

Eine ähnliche Lesart bietet sich für die Frage der Jahreszeiten an. Wenn uns auch die Revolutionierung der Transporttechnik und der kaufmännischen Organisation (aber auch das massive

Eingreifen der Chemie in die Produktion) ein wenig haben vergessen lassen, wie unauflöslich die Nahrung an klimatische und jahreszeitliche Bedingungen geknüpft ist, so können wir doch nicht verhehlen, daß gerade dies – nämlich die Überwindung des Klimas und der verschiedenen Jahreszeiten sowie das Bestreben, von ihnen unabhängig zu werden – für Jahrtausende das große Verlangen der Menschheit und ein wichtiges Ziel bei ihrer Versorgung mit Nahrungsmitteln war. Die Symbiose mit der Natur, die Abhängigkeit von ihrem Rhythmus war nahezu total, doch bedeutete dies nicht, daß man immer in heiterer Übereinkunft gelebt hätte, denn manchmal konnte diese Abhängigkeit durchaus als eine Form der Sklaverei empfunden werden. Es stimmt, daß sämtliche Ärzte, von Hippokrates angefangen, auf der Notwendigkeit beharrten, zum Zwecke einer guten Gesundheit die eigene Ernährung den natürlichen und jahreszeitlichen Rhythmen anzupassen – ebenso wie jeden anderen Aspekt des Lebens: den Schlaf, die Sexualität, die Arbeit, die Bewegung ... Die *regimina mensium,* Manuale, die die wichtigsten Regeln der Hygiene und Ernährung erläutern, die es während der einzelnen Monate des Jahres zu befolgen gilt, bilden einen nicht zu vernachlässigenden Bestandteil der medizinischen Literatur des Okzidents. Auch die Abhandlungen zur Landwirtschaft und Botanik widmen diesem Thema große Aufmerksamkeit. Doch handelte es sich dabei immer um Texte und Anweisungen, die an ein elitäres Publikum gerichtet waren, das es sich leisten konnte, die eigenen Lebensmittel auszuwählen und zu variieren. Die anderen, dies betonte bereits Hippokrates, sollten zusehen, sich so gut wie möglich zu arrangieren. Und sich zu arrangieren bedeutete für die meisten, auf sichere und konservierbare Nahrungsmittel zu setzen. Wenn das Getreide, die Hülsenfrüchte, die Kastanien im Laufe der Geschichte einen so großen Anteil an der Ernährung der unteren Schichten hatten, war dies nicht auch und vor allem ihrer langen Haltbarkeit wegen so? Wenn das Salz jahrtausendelang (zumindest bis zur Verbreitung der modernen Kühltechniken) eine entscheidende Rolle in der Ernährung der meisten Menschen spielte, dann nicht etwa auch deshalb, weil es die lange Konservierung von Fleisch, Fisch und anderen Speisen erlaubte? *Konservieren* heißt das Schlüsselwort. Es bedeutet: die Jahreszeiten besiegen, Vorräte ansammeln, die

Lager auffüllen; sich den Ungewißheiten entziehen, den Verän-
derlichkeiten, den Unvorhersehbarkeiten der Natur; das eigene
Konsumniveau fortwährend bewahren. Hat man sich das Paradies auf Erden – die ideale Welt – vielleicht nicht als einen Ort
ohne Jahreszeiten vorgestellt, in dem eine sich immer gleichblei-
bende Nahrung ständig verfügbar ist? «Und den ganzen Winter
und Sommer über gab es dort Blumen und reifes Obst» – so
sieht der Zaubergarten des Chrétien de Troyes in *Erec et Enide*
aus. Möglicherweise kamen nur die gut gedüngten und umsich-
tig bestellten Obst- und Gemüsegärten diesem Ideal einer fort-
währenden Produktion nahe. Der Garten, hatte Isidor von
Sevilla geschrieben, verdankt seinen Namen *(hortus)* dem Umstand, daß ständig irgend etwas darin wächst *(oriatur)*. Daraus
ergibt sich die besondere, eher noch qualitative als quantitative
Bedeutung, die die Gärten für die Ernährung der Bauern immer
hatten – wenigstens sofern sie auf einem Hof angesiedelt waren
und über ein eigenes Stück Land verfügen konnten.

Die Konservierungstechniken, denen man in der Vergangenheit eine bevorzugte Aufmerksamkeit gewidmet hatte, stellten
die «arme» Methode dar, die Jahreszeiten zu besiegen. Umgekehrt galt der Verbrauch frischer und leicht verderblicher Nahrungsmittel (Obst, Gemüse, Fleisch, Fisch) immer als ein den
Reichen vorbehaltener Luxus. Aber dennoch blieb die Hoffnung auf eine Überwindung der Saisonbedingtheit der Erzeugnisse sowie der Abhängigkeit von der Natur bestehen. Die Konservierungstechniken wurden kostspieliger und daher prestige-
trächtiger; sie implizierten Reichtum und Macht (denken wir an
die Worte Cassiodors). Als Beispiel sei die «beklagenswerte Erfindungsgabe» des römischen Kaisers Gallienus im 3. Jahrhundert genannt, dessen Biograph daran erinnert, daß «er Trauben
drei Jahre lang aufbewahrte und mitten im Winter Melonen auf-
tischte», daß «er die Art und Weise lehrte, Most das ganze Jahr
über zu konservieren und es liebte, *außer der Zeit* grüne Feigen
und frisch gepflückte Früchte zu servieren». Mitte des 18. Jahrhunderts wird der Abt Pietro Chiari analoge Vorwürfe an den
Adel wegen dessen Extravaganzen und seiner unmäßigen Genußsucht richten: «Man sondert mit einem Male die im Volke
üblichen Speisen aus, das preiswerte Fleisch, Obst und Kräuter,
die der Jahreszeit entsprechen ... Nun will man nichts anderes,

als eigenartige und ganz seltene Dinge und brüstet sich mit Erdbeeren im Januar, mit Trauben im April und mit Artischocken
im September.» Unser Abt führt weiter aus, daß auch der natürliche Geschmack der Speisen nicht mehr geschätzt würde. Fast
hat es den Anschein, als sei das herkömmliche Essen nicht wür-
dig, auf dem Tisch zu erscheinen, «wenn es in unseren Küchen
nicht zuvor sogar Gestalt und Namen verliert. Man verwendet,
um es zu verfälschen, vielerlei Baumrinden und Drogen, die
nach der Entdeckung Amerikas bekannt wurden.» *Um es zu verfälschen:* Ist die gastronomische Kunstfertigkeit, die Verkleidung
der Formen und des Geschmacks, die Verwendung von «tausend Zutaten für jedes Gericht, das nicht nach einer von ihnen
schmeckt», so daß man von keinem Lebensmittel «zu sagen
weiß, woher es kommt», ist dies alles nicht eine weitere, andere
Modeerscheinung, um gegen die Natur anzukämpfen? «Die
Neigung der Küche des Ancien régimes», schreibt P. Meldini,
«ist universalistisch. Die völlige Außerachtlassung des natürlichen Geschmacks (...) übt eine eiserne Herrschaft über die
Orte und die Jahreszeiten aus.» Gegen diese Gewohnheiten erheben sich genau zu Beginn des 18. Jahrhunderts «aufgeklärte»
Köche und Gastronomen, Anhänger einer einfachen und «natürlichen» Küche mit einer neuen, revolutionären Hypothese,
der es Mühe machen wird, in die Küche der herrschenden Kultur einzudringen. Erst heutzutage hat sie sich, vielleicht, wirklich eine Bresche geschlagen.

Somit ist es also problematisch, der «traditionellen» Ernährungsweise (sowohl auf das einfache Volk als auch auf das Bürgertum und den Adel bezogen) eine unbeschwerte Symbiose
mit der Natur zuzusprechen, eine enthusiastische Liebe zu der
jahreszeitlichen Gebundenheit der Nahrung. Gewiß gibt es
auch das: Die moralische Verurteilung der bizarren Vorlieben
beim Essen entsteht auf dem Boden einer verbreiteten «saison-
bedingten» Kultur. Aber nicht weniger verbreitet und in gewisser Hinsicht mitreißend erscheinen die gegensätzlichen kulturellen Wertvorstellungen. Im übrigen – bemerkte Bartolomeo Stefani, Chefkoch am Hofe der Gonzaga im 17. Jahrhundert und
Autor eines wichtigen Traktates über die Küche – sind die Nahrungsmittel logischerweise niemals «gegen die Jahreszeit».
Wundert euch nicht, so Stefani, wenn «ich in diesen meinen

Erörterungen bei gewissen Gelegenheiten einige Dinge wie zum Beispiel Spargel, Artischocken, Erbsen (...) im Monat Januar und Februar vorschreibe und ähnliche Dinge, die auf den ersten Blick den Jahreszeiten entgegengesetzt erscheinen»; wundert euch nicht, «wenn ich am 27. November 1655 auf einem zu Ehren Königin Christines von Schweden ausgerichteten Bankett verfügte, als erstes Gericht (am 27. November!) Erdbeeren auf Weißwein zu servieren.» Italien (heute würden wir sagen: die Welt) ist so voll von guten Dingen, daß es eine Sünde wäre, sie nicht auf den Tisch der Feinschmecker zu bringen. Warum soll man sich angesichts solchen Überflusses – Stefani läßt an dieser Stelle eine Aufzählung regionaler Spezialitäten folgen – in seinen eigenen kleinen Horizont abschließen? Weshalb sich darauf beschränken, «das Brot des Geburtsortes» zu essen? Tatsächlich genügen «gute Rösser und eine gute Börse» (oder: schnelle Transport- und adäquate Geldmittel), um zu jeder Jahreszeit «all jene Dinge aufzutreiben, die ich vorschlage».

Heute verfügen in unserem glücklichen Teil der Welt viele über eine «gute Börse», zumindest was das Essen betrifft. Was die Rösser anbelangt, bieten die Transportunternehmen davon sogar zu viele an. Der Traum ist Wirklichkeit geworden, Schlaraffia ist erobert. Endlich können wir es uns ebenso wie Adam und Eva vor dem Sündenfall erlauben, in den Tag hinein zu leben, ohne die ständige Besorgnis, Lebensmittel konservieren und Vorräte anhäufen zu müssen. Frische Lebensmittel in jeder Jahreszeit sind erst heute zu einer Realität geworden, der täglich – und nicht nur zu besonderen Gelegenheiten – auf die meisten Tische gelangen kann. Dabei handelt es sich nicht um die Erneuerung einer verlorengegangenen Dimension, sondern um die mühevolle Eroberung eines Rechtes, das einstmals das Privileg einiger weniger war. Es ist eine Perspektive, die mehr in die Zukunft gerichtet ist als in die Vergangenheit, da die von der Nahrungsmittelindustrie nivellierten Geschmäcke und die trostlose Uniformität der Fast-Food-Produkte wesentlich besser als die «Düfte der Jahreszeit» jene Eßkultur zum Ausdruck bringen, mit der der Großteil von uns Berührung hat. Die vorgekochten Erzeugnisse, die uns die Nahrungsmittelindustrie anbietet, sind sicher keine Neuheit, sondern lediglich die Perfektionierung einer seit Jahrtausenden erprobten Technik. Die des «mehrfachen Kochens» (das erstmalige Kochen, um eine bessere Haltbarkeit der Speisen und vor allem des Fleisches zu erreichen; dann, im geeigneten Moment, die vollständige Zubereitung je nach Geschmack) war lange Zeit eine der wichtigsten und meistverbreiteten kulinarischen Kunstgriffe. Die Dosennahrung, die luftdichten Verpackungen, die tiefgefrorenen Gerichte sind die exakte Antwort auf das, wonach unsere Väter verlangten.

38. Vergnügen, Gesundheit, Schönheit

«Wäre ich König, so würde ich nichts als Fett trinken.» Diese Bemerkung eines französischen Bauern in einem Text aus dem 17. Jahrhundert enthüllt einen grundlegenden, vielleicht sogar den wichtigsten Mangel der «armen» Ernährungsweise früherer Tage. Wir haben bereits häufig Öl, Butter und Speck erwähnt; wir haben die Intensität der kulturellen Wertvorstellungen betrachtet, die diese unterschiedlichen Arten des «Einfettens» und Würzens beinhalten. Tatsächlich war Fett keineswegs problemlos zu bekommen. Da Butter und Öl ausgesprochen teuer waren, gehörte zur Ernährung der Bauern hauptsächlich Schweinefett (Speck und Schmalz) und in manchen Gegenden Nußöl. Falls auch dies fehlte, griff man auf andere tierische Fette (von Schafen und Rindern) und auf minderwertiges Pflanzenöl (aus Raps, Lein, Hanf usw.) zurück. Man mußte diese Öle jedoch immer *käuflich* erwerben, was die Bauern natürlich nur mit wenig Begeisterung taten. Die tierischen Fette nahmen um so weniger Platz in der bäuerlichen Küche ein, je größere Bedeutung das Getreide gewann. Daher stellte nicht selten ganz einfach das Wasser die Grundlage beim Kochen dar. Diese Mangelerscheinungen, die je nach Zeit und Region mehr oder weniger stark auftraten, führten zu physischen und psychischen Störungen. Wenn wir beispielsweise bedenken, daß eine Unterversorgung mit Vitamin D, das vor allem in tierischen und pflanzlichen Fetten enthalten ist, Rachitis und angeborene Mißbildungen verursachen kann, dann haben wir vielleicht einen Grund mehr für die Erklärung der vielen Krüppel und Lahmen auf den Bildern der damaligen Zeit. Was das *Verlangen* nach Fett anbelangt, bieten uns die historischen Dokumente mehr als genug Zeugnisse, die in einzigartiger Weise mit der Kultur unserer Zeit kontrastieren. «Weiß und fett» ist der ausgezeichnete Käse, den ein französischer Bischof Karl dem Großen anbietet, um dessen Gunst zu gewinnen. «Dick und gut mit Schmalz und Öl gewürzt» ist die Suppe aus Bohnen und Hirse, die einem italienischen Testament aus dem 8. Jahrhundert gemäß dreimal wöchentlich an die Armen verteilt werden soll. Hunderte Fuder mit Schmalz transportierte eine einzige Ziege im Schlaraffenland der von den Brüdern Grimm aufgezeichneten deutschen Version. Einen Tisch als «fett» zu bezeichnen hieß, ihn als reich anzusehen. Über Mailand schreibt Matteo Bandello, daß es «die opulenteste und reichste Stadt Italiens» sei, «eine Stadt, in der darauf geachtet wird, daß der Tisch fett und gut bestückt ist»; für die Stadt Bologna wurde das Epitheton «die Fette» sicher nicht geprägt, um sie damit zu verspotten.

Aus diesem Verlangen resultierte ein entsprechendes ästhetisches Ideal: Dick und schön zu sein galt als Zeichen von Reichtum und üppiger Ernährung, sowohl im allgemeinen, quantitativen Sinne (viel essen), als auch im besonderen, qualitativen Sinne (viel Fett essen). Sehr bedeutsam scheint mir eine italienische Novelle aus dem 15. Jahrhundert zu sein, in der sich ein auf die Beleibtheit seines Nachbarn neidischer Bauer davon überzeugen läßt, daß nur eine Kastration es ermögliche, genauso dick zu werden – und sich dementsprechend verhält. Der Begriff «fett» hat also eine ausgesprochen positive Bedeutung. Aus diesem Grunde konnte er zur Bezeichnung des Florentiner Großbürgertums herangezogen werden, das im Augenblick seines gesellschaftlichen und politischen Emporkommens *popolo grasso* genannt wurde. «Er wurde geboren wie alle aus seinem Geschlecht, dick, mit engelsgleichem Gesicht und schön», schreibt Franco Sacchetti über eine seiner fiktiven Gestalten. Was den Geschmack der Frauen betrifft, so lassen wir die Heldin einer Komödie Goldonis zu Worte kommen: «Wenn ihr der meine sein wollt, will ich euch schön, dick und kräftig.»

Allerdings fehlt es auch nicht an gegenteiligen Einstellungen: Magerkeit und Schlankheit können ebenfalls eine Tugend sein, und die großen Esser der Ritterepen sind nicht unbedingt Dickwänste. (Ihr Wert und ihre Kraft wird vielmehr an der

Fähigkeit gemessen, alle Energien, nämlich die zugeführten Kalorien, zu *verbrennen*.) Und tatsächlich lesen wir von Abmagerungsdiäten, die, wenn auch nicht aus gesundheitlichen Gründen, so doch wenigstens der Ästhetik wegen gehalten wurden. Schon Galen widmete ihnen eine eigene Schrift. Doch waren dies marginale und kulturell nicht akzeptierte Phänomene. Davon handelt zum Beispiel ein Traktat *Alphabet de l'imperfection et malice des femmes,* der im Jahre 1617 von J. Olivier veröffentlicht wurde. Zu all den typischen Lastern des weiblichen Geschlechts zählt er auch jene einzigartige Form der Völlerei, die nicht im Übermaß, sondern in der allzu großen Erlesenheit des Essens besteht; darin, sich Entbehrungen nicht aus dem Geist der Bußfertigkeit heraus zu wünschen, sondern der Schönheit des Körpers wegen: «Falls das Fett sie zu sehr aufbläht, werden sie zufrieden sein, wenn der Advent naht oder eine andere Fastenzeit, nicht zum Ruhme Gottes und zur Bewahrung der Gesundheit, sondern um abzumagern und zu korrekteren Proportionen zurückzukehren.» Darüber hinaus zeigen uns Zeichnungen und Skulpturen, daß unter diesen «Proportionen» zu jener Zeit etwas ganz anderes verstanden wurde als heutzutage.

Erst im Laufe des 18. Jahrhunderts scheint sich die Schlankheit, verbunden mit der Schnelligkeit, der Produktivität und der Effizienz, als neues ästhetisches und kulturelles Ideal auf Betreiben der – vorwiegend, aber nicht nur, bürgerlichen – Schichten durchzusetzen, die sich gegen die «alte Ordnung» im Namen neuer Ideologien und neuer politischer Theorien wenden. Wir haben schon den provozierenden Elan betrachtet, den der Kaffee als ein Getränk der Intelligenz und der Effizienz aufwies, das dem Müßiggang und der Dumpfheit des traditionellen Adels entgegengestellt wurde. Parallel dazu verhält sich die Opposition des Mageren zum Fetten, und es ist sicherlich kein Zufall, daß dieses «subversive» Getränk von den zeitgenössischen Ärzten – der Klassifikation Galens folgend – als «trocken» und daher austrocknend charakterisiert wurde. Die Ersetzung des Weines oder des Bieres, «warmer» und kalorienreicher Getränke, durch den Kaffee zog auch eine Umwälzung der am weitesten verbreiteten ästhetischen Normen nach sich. Der Puritanismus des 19. Jahrhunderts, dessen übereinstimmende

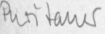
Puritaner

Züge mit bestimmten Aspekten der christlichen Bußpraktiken offensichtlich sind, wird das Bild eines mageren, schlanken, produktiven Körpers wiederbeleben, das Bild des bürgerlichen Körpers, der sich für die Erzeugung von Gütern und das Anhäufen von Reichtümern «aufopfert».

Aber es gibt noch einen weiteren Aspekt in dieser Angelegenheit. Im Laufe des 19. Jahrhunderts verschwinden angesichts der fortschreitenden, von der industriellen Logik auferlegten «Demokratisierung» des Konsumverhaltens allmählich die Privilegien im Bereich der Ernährung. Dies bedeutet nicht, daß die Völlerei der – alten und neuen – Reichen abnehmen würde. Manche Seiten Thomas Manns über das «fette» deutsche Bürgertum am Ende jenes Jahrhunderts beschreiben eindrucksvoll den Geist des Sich-schadlos-Haltens, der den Lebensstil der neuen herrschenden Schichten prägt und auf althergebrachten Vorstellungen von Macht und Prahlerei neu entsteht. Dennoch sind Änderungen im Gange, da, wie Braudel gezeigt hat, von allzu vielen Menschen geteilte Vergnügungen recht bald an Attraktivität verlieren. Es nimmt also nicht wunder, wenn die Revolution der Konsumgewohnheiten bei den Eliten neue Verhaltensweisen hervorruft, während sich die traditionell den oberen Gesellschaftsschichten eigene Gewohnheit, viel zu essen und damit anzugeben, eher als ein Brauch des Volkes (des mittleren und Kleinbürgertums, später auch des Proletariats und der Bauern) abzuzeichnen beginnt. Genau in der Mitte des 19. Jahrhunderts veröffentlicht der Mailänder Giovanni Rajberti eine Abhandlung über «gute Manieren», die – erstmalig in Italien – nicht etwa dem Adel, sondern den Mittelschichten gewidmet ist: *L'arte di convitare spiegata al popolo*. Es sei angebracht, erläutert der Autor, dem Volk Unterweisungen zu erteilen, da die Herrschaften von selbst wüßten, wie man sich zu benehmen habe – die seit langer Zeit gepflegte Teilnahme an Banketten habe sie bereits gut geschult. Das «Volk» verfüge dagegen nicht über derartige Kenntnisse, weshalb man es vor allem zum Maßhalten und zur Ausgeglichenheit erziehen müsse. «Der Hauptfehler bei den Festessen des Volkes besteht darin, daß man die wichtige Maxime *ne quid nimis* nicht beachtet, die auch bei hervorragenden Ereignissen so empfehlenswert ist. Es herrscht eine gewisse Befürchtung vor, das Essen könnte ihnen nicht

richtig zur Ehre gereichen, was sie in eine Art Erregung versetzt, die sie in das gesamte errechnete und weise Maß einfließen
lassen, das in jeder Kunst das grundlegende Element des Schönen ist. So erklären sich die überladenen Teller und die zu stark
gewürzten Speisen sowie die Vorherrschaft von Gerichten, die
übermäßig heiß und anregend sind.» Viel zu selbstverständlich
geschehe es bei solchen Banketten, «daß die Einladungen zum
Mittagessen von so unerträglicher Länge sind, daß so viele
Dinge aufgetischt werden, daß sie zur Sättigung von Elefanten
und Walen geeignet scheinen».

Und natürlich finden wir im Mittelpunkt des Ganzen wieder
einmal das Fleisch, viel Fleisch, zuviel Fleisch, mit dem atavistische Hungergefühle und Begierden gestillt werden. Immer
mehr wird davon im 20. Jahrhundert auf die Tische gelangen,
vor allem – nach 1950 – auf jene der breiten Volksschichten. Besonders populär werden die sagenhaften Berichte von den großen Vielfraßen und den unersättlichen Fressern bleiben, die
einst mit den Angehörigen der Eliten identisch waren. Unterdessen werden die neuen *potentes* eine andere Form der Unterscheidung entwickeln: wenig und hauptsächlich vegetarisch
essen ... Ein Aspekt, dem wir bereits bei der Betrachtung des
Fleischverbrauchs, seines rasanten Anstiegs sowie des gleichzeitigen Ansehensverlustes des Fleisches selbst begegnet sind.
Zwischen diesen beiden Strömungen existiert eine auffällige
reale und symbolische Nachbarschaft. Das Privileg, viel zu
essen, wird für gewöhnlich vom Privileg des Fleischessens begleitet; der Neid auf Fett war in erster Linie ein Neid auf Fleisch.
Die Annäherung dieser beiden Termini kann seltsam klingen für
jemanden, der – wie wir alle – eher daran gewöhnt ist, Fleisch
als Proteinquelle und in gewisser Weise als *Alternative* zu «dick
machenden» Nahrungsmitteln anzusehen. Wenn wir aber in die
Kultur und die Sprache der vorhergehenden Jahrhunderte ein-
tauchen, entdecken wir zwischen diesen beiden Begriffen eine
Affinität, die einer Übereinstimmung gleichkommt. Fett zu liefern war eine wesentliche Funktion des Fleisches, und das mit
dem größten Fettanteil galt – ökonomisch und kulturell – wesentlich mehr als jenes «magere», das wir heute so sehr schätzen. So verhielt es sich im 3. Jahrhundert, als ein Edikt Diokle-
tians auch unter diesem Aspekt die Fleischpreise festlegte; so

verhielt es sich später, als die Kirchensprache die Ernährung mit Fleisch als «fett» einstufte, als «mager» dagegen die Fastenzeit, die vorwiegend durch den Verzicht auf Fleisch charakterisiert war. Miniaturen und Gemälde (man denke nur an die «nature morte» des 16. und 17. Jahrhunderts) bestätigen die nicht nur metaphorische Genauigkeit dieser Übereinstimmung, indem sie uns beispielsweise Schinken zeigen, die zu mehr als der Hälfte aus Fett bestehen. Übrigens sind auch die Muskelfasern des Fleisches (der sogenannte «magere» Teil) reich an Fett, was ebenfalls die Vorliebe der traditionellen Küche und hier vor allem der des Volkes für Zubereitungsarten wie das Kochen erklärt. Denn dabei geht im Unterschied zum Braten oder Grillen das Fett nicht verloren, sondern wird aufgelöst und in einer kräftigen Brühe konzentriert, die als solche gegessen werden kann oder bei anderen Arten der Zubereitung Verwendung findet.

Das Ideal der Schlankheit verbreitet sich, erweitert um die schon bekannten gesundheitlichen Gesichtspunkte, während der ersten Hälfte unseres Jahrhunderts in ganz Europa. Aber noch in den fünfziger Jahren verfügen die Frauen, die auf so manchen Werbeplakaten abgebildet sind, vorzugsweise über einen üppigen und «vollen» Körper, womit sie herkömmlichen Vorstellungen entsprechen. Erst in den letzten zwei bis drei Jahrzehnten scheint die Ideologie des Schlankseins tatsächlich gesiegt zu haben, wenn auch unter bemerkenswerten Widersprüchen. Denn mehr als einer täglichen Praxis sind die «Diäten» einer tagtäglichen Diskussion unterworfen – vorzugsweise bei Tisch. Doch kann nicht geleugnet werden, daß sich auf kultureller Ebene das Verhältnis zur Nahrung umgekehrt hat. Die Gefahr und die Angst vor dem übermäßigen Essen haben die Gefahr und die Angst vor dem Hunger abgelöst. Man denke nur an den Bedeutungswandel, der sich mit dem Wort «Diät» vollzogen hat: Von den Griechen erfunden, um damit die tägliche Ernährung (mehr aber noch die Lebensweise) zu bezeichnen, die ein jedes Individuum den eigenen, persönlichen Erfordernissen und Eigenschaften entsprechend zu organisieren hat, bezeichnet dieser Begriff nunmehr in der Umgangssprache die Einschränkung, den *Entzug* von Nahrung und hat somit eine eher negative Bedeutung. Es ist eine von der Konsumgesell-

schaft getroffene Entscheidung, die nicht mehr aus Anhänglich-
keit an Werte moralischer und religiöser Art getroffen wird, mit
welchen eine klerikal dominierte Kultur vormals ähnliche Verhaltensweisen in Verbindung brachte, sondern aus überwiegend
ästhetischen, hygienischen oder utilitaristischen Beweggründen
(wie Barthes bemerkte, ist wenig zu essen Merkmal und Instrument von Effizienz und somit auch von Macht). Dennoch fällt
es schwer, sich des Eindrucks zu erwehren, daß sich hinter dem
umwälzenden Erfolg der «Diäten» in unserer Massengesell-
schaft *auch* bereits abgeschaffte Wertvorstellungen verbergen,
die mit Buße zu tun haben, mit einem Verlangen nach Verzicht
und, wie man sagen könnte, nach Selbstkasteiung, das mit dem
Übermaß, vielmehr dem Exzeß des Nahrungsangebotes in Zusammenhang steht sowie mit den rein hedonistischen Trugbil-
dern, die die Werbung und die Massenmedien zur Ankurbelung
des allgemeinen Konsums erzeugen. Trotz dieser Propaganda
geht das Vergnügen weiterhin mit einem gewissen Schrecken
einher. Zu schwer wiegt eine religiöse Tradition, die uns gelehrt
hat, diesen Begriff mit Vorstellungen von Schuld und Sünde zu
verbinden. Um diese Spuren zu beseitigen, reichen auch die
überheblichen Erklärungen einer Kultur nicht aus, die sich
selbst als «laizistisch» bezeichnet. Noch in den sechziger Jahren
kam eine Meinungsumfrage in Frankreich zu dem Ergebnis,
daß eine *offen* die Gaumenfreuden ansprechende Nahrungsmit-
telreklame zum Scheitern verurteilt sei, da sich die potentiellen
Verbraucher dadurch angeklagt fühlten. Heute ist die Situation
anders; doch kann man nicht behaupten, das Verlangen, auch
anderswo eine Rechtfertigung für die gastronomischen und diätetischen Verhaltensweisen zu suchen, habe abgenommen: Die
Nahrung, die «guttut», wurde mit zweifellos größter Begeisterung angenommen.

Was den Überfluß an Nahrung betrifft, so wirft dieser in dem
Augenblick, in dem er zu einem permanenten und gesellschaftlich verbreiteten Faktor wird, eindeutig neue und schwer lös-
bare Probleme in einer Kultur auf, die wir als von der Angst vor
dem Hunger geprägt kennen. Die Einstellungen und Verhaltensweisen bleiben trotz des reichlichen Nahrungsangebotes davon beeinflußt, doch die alte Schizophrenie von Entbehrung
und Verschwendung, von umsichtiger Sparsamkeit und befrei-

ender Tollheit ist mit dieser neuen Situation offensichtlich unvereinbar.

Die unwiderstehliche Anziehungskraft der Ausschweifungen, die eine jahrtausendelange Geschichte des Hungers in die Körper und Köpfe der Menschen eingegraben hat, beginnt uns nun, da der Überfluß alltäglich geworden ist, hart zu treffen. In den wohlhabenden Ländern haben die durch Überernährung bedingten Krankheiten nach und nach die durch Mangel verursachten abgelöst. Eine unerhörte Form der Angst macht sich breit (die Amerikaner haben sie *fear of obesity* getauft), die die atavistische Furcht vor dem Hunger verdrängt und, wie diese, eher noch als in den objektiven Gegebenheiten überwiegend auf psychologischer Ebene anzutreffen ist. Umfragen zeigen, daß mehr als die Hälfte aller Personen, die sich einer Diät unterziehen, überhaupt nicht übergewichtig sind, sich aber dafür halten. Ein Exzeß besiegte den anderen. Ein inniges und bewußtes Verhältnis zur Nahrung muß erst noch entwickelt werden. Der Überfluß könnte uns erlauben, dies mit größerer Gelassenheit zu unternehmen, als in der Vergangenheit.

Anhang

Anmerkungen

Kapitel 1

Das Zitat von Fulgentius findet sich in *Mythologia*, I (vgl. Novati, 1899, S. 114).

Eine eingehende Darstellung der Heimsuchungen und Ernährungskrisen, die Italien vom 4. bis zum 6. Jahrhundert plagten, findet sich in Ruggini, 1961, S. 152–176, 466–489. Eine Beschreibung der europäischen Situation liefert Doehaerd, 1971.

Zur demographischen Entwicklung in Europa sind außer den klassischen Arbeiten Belochs (1908 etc.) vor allem zu nennen Russell, 1958; Reinhard – Armengaud, 1961; Durand, 1977; Biraben, 1979 sowie die Synthese von McEvedy – Jones, 1978. Besonders hilfreich zu den in diesem Kapitel behandelten Themen ist Livi-Bacci, 1978.

Das Zitat von Gregor von Tours findet sich in den *Zehn Bücher Geschichten,* Bd. 2, Buch 6–10, S. 153, in Ausgewählte Quellen zur deutschen Geschichte des Mittelalters (Freiherr vom Stein-Gedächtnisausgabe), hg. von R. Buchner, Bd. 3, Darmstadt 1970 (dt. Übersetzung von W. Giesebrecht). Das Zitat Prokops ist entnommen aus *Gotenkriege,* II, 20 (dt. Übersetzung von O. Veh, München 1966).

Zu den Bußbüchern vgl. Vogel, 1969. Zur Bedeutung dieser Texte im Zusammenhang mit der Geschichte der Ernährung siehe Muzzarelli, 1982; Bonnassie, 1989.

Das Zitat von Paulus Diakonus ist aus *Paulus Diakonus und die übrigen Geschichtsschreiber der Langobarden,* II, 4, in Die Geschichtsschreiber der deutschen Vorzeit, hg. v. G. H. Pertz u. a., Achtes Jahrhundert, Bd. IV, Leipzig 1878 (dt. Übersetzung von O. Abel).

Kapitel 2

Zu den hier behandelten Themen verweise ich auf Duby, 1973 und auf Montanari, 1988, S. 13–22.

Zur Ernährung im alten Rom ist grundlegend André, 1981.

Zur Bedeutung der Nutzung unbebauter Flächen in römischer Zeit siehe Giardina, 1981; Traina, 1986.

Zu Funktion und Bedeutung der Jagd in der griechischen Welt vgl.

Longo, 1989; zur römischen Jagd und ihrem «exotischen» Charakter ist immer noch grundlegend Aymard, 1951.

Das Zitat Ovids ist aus *Metamorphosen*, XIII, 652–654 (dt. Übersetzung von E. Rösch, München ²1992). Das Zitat Plutarchs ist aus *Große Griechen und Römer, Alkibiades*, 15 (dt. Übersetzung von K. Ziegler, Stuttgart 1965).

Zur zentralen Bedeutung der Schafhaltung für die römische Wirtschaft siehe Gabba – Pasquinucci, 1979.

Zu den Nahrungsmittelverteilungen der Kaiser an die Bevölkerung von Rom siehe Mazzarino, 1951, S. 217ff.; Corbier, 1989, S. 121.

Das Zitat Caesars findet sich in *Der Gallische Krieg*, VI, 22 (dt. Übersetzung von M. Deissmann, Stuttgart 1992). Das Zitat von Tacitus ist aus *Germania*, XXIII (dt. Übersetzung von M. Fuhrmann, Stuttgart 1986). Die Lappen erwähnt Prokop in Gotenkriege, II, 15; die Mauren in *Vandalenkriege* IV, 2 (dt. Übersetzung von O. Veh, München 1971). Von Iordanes verwendete ich *Gotengeschichte* nebst Auszügen aus seiner Römischen Geschichte, LI, 276, in Die Geschichtsschreiber der deutschen Vorzeit, hg. v. G. H. Pertz u. a., Bd. 5, Iordanis Gotengeschichte, Leipzig 1913 (dt. Übersetzung von W. Martens); XXIV, 122–123 (über die Hunnen); III, 21 (über die Lappen vgl. Paulus Diakonus, *Historia Langobardorum*, I, 5).

Zum Ausdruck «Pflanze der Zivilisation» vgl. Braudel, 1979. Zur Geschichte des Schweines von Mac Datho (Scéla Mucce Meic Dathó) vgl. Sayers, 1990, S. 93. Daneben Grottanelli, 1981, S. 137–138. Von der Snorri-Edda verwendete ich folgende Ausgabe: *Die jüngere Edda mit dem sogenannten ersten grammatischen Traktat* (dt. Übersetzung von G. Neckel und F. Niedner), in Thule. Altnordische Dichtung und Prosa, Bd. 20, Düsseldorf–Köln 1966; die Zitate finden sich in Kap. 38 und 6, Branston 1955, S. 66.

Das Zitat Hesiods ist entnommen aus *Tage und Werke*, Verse 113ff. (dt. Übersetzung von Th. von Scheffer, Bremen ²1965). Zu Demokrit und Dikaiarchos vgl. Longo, 1989, S. 13 und 17. Zu Platon vgl. Vattuone, 1985, S. 188 (mit Bezugnahme auf die *Gesetze*, VI, 782bc). Zu Vergil siehe *Georgica*, II, 815–821. Zu Varro *Rerum rusticarum libri*, II, 11. Die Behauptung des Pythagoras wird von Diogenes Laertios überliefert in den *Leben und Meinungen der großen Philosophen*, VIII, I, 35. Zum Mythos des Goldenen Zeitalters siehe Le Goff, 1988, S. 227. Zu den Philosophen des Vegetarismus in der antiken Welt siehe Haussleiter, 1935; zu den Tabus der Ernährung im Hinblick auf das Fleisch siehe Simoons, 1981.

Die Passagen aus der Biographie über Didius Iulianus (Autor: Aelius Spartianus) stammen aus der *Historia Augusta*, Römische Herrschergestalten, Bd. I, Von Hadrianus bis Alexander Severus, Kap. III, Zürich –

München 1976 (dt. Übersetzung von E. Hohl); über die drei Gordian
(Autor: Iulius Capitolinus) *Historia Augusta* Bd. II, Kap. XXI; über
Septimius Severus (Autor: Aelius Spartianus) *Historia Augusta,* Bd. I,
Kap. XIX; über Claudius Albinus (Autor: Iulius Capitolinus) *Historia
Augusta,* Bd. I, Kap. XI; über die beiden Galliene (Autor: Trebellius
Pollio) *Historia Augusta,* Bd. II, Kap. XVI; über die beiden Maximine
(Autor: Iulius Capitolinus) Bd. II, Kap. IV und XXVIII; über Firmus
(Autor: Flavius Vopiscus) Bd. II, Kap. IV.

Kapitel 3

Zur Entstehung eines neuen – kulturellen nicht weniger als produktiven – Verhältnisses der Menschen zur Natur nach dem 5. Jahrhundert,
siehe außer Montanari, 1988, S. 15–16, ders., 1979, *passim.*

Das Zitat Plutarchs findet sich in *Große Griechen und Römer,* Gaius
Marcius, Bd. II, 3, (dt. Übersetzung von K. Ziegler, Stuttgart 1965).

Das Zitat von Celsus ist aus *De medicina,* II, 18.

Zur Abhandlung von Anthimus *(De observatione ciborum ad Theodori-
cum regem Francorum epistula)* siehe Montanari, 1988, S. 207–208. Ebd.
S. 24–25 und 47 zum kulturellen Nexus von Fleischverzehr und Ideologien der Gewalt. Die Anordnung Lothars *(Concilium et capitulare de cleri-
corum percussoribus,* 814–827) findet sich in Capitulare regum francorum,
I, Nr. 176 (Monumenta Germaniae Historica, Leges, I).

Kapitel 4

Zu den Nahrungssymbolen der christlichen Religion, die sich nicht
ohne Widerstände und Alternativen im 1. und 2. Jahrhundert durchgesetzt haben, siehe Vogel, 1976. Zu den jüdischen Ernährungsvorschriften vor allem Soler, 1973.

Zum «Aufstieg» der christlichen Nahrungssymbole verweise ich
nochmals auf Montanari, 1988, S. 14–15.

Die Lobrede des Ambrosius ist aus Augustinus, *Bekenntnisse,* V, 13
(dt. Übersetzung von A. Hoffmann, Kempten und München 1914).

Die Predigt des Augustinus findet sich in *Patrologia Latina,* 46, 835;
ebd., 52, die Predigt LXVII von Petrus Chrysologus, der das nachfolgende Zitat entnommen ist.

Was die Ausbreitung des Weinanbaus in Nordeuropa anbelangt,
gilt es auch eine gewisse Milderung des Klimas zu berücksichtigen,
die sich anscheinend zwischen dem 8. und 11. Jahrhundert vollzogen
hat. Vgl. Duby, 1973 und vor allem Le Roy Landurie, 1982. Doch

scheint dieser Umstand allein nicht ausreichend, um Änderungen zu erklären, die hauptsächlich kulturellen und «anthropogenen» Charakters
sind.

Das *Leben des heiligen Remigius* des Hincmar von Reims findet sich in
den Monumenta Germaniae Historica, Scriptores rerum merovingicarum, III. (die erwähnte Episode in Kap. 19, S. 311). Das Bibel-Zitat
stammt aus dem 1. *Buch der Könige,* 17, 16. Im selben Band der *Monumenta Germaniae Historica* befindet sich auch das *Leben Carilefs,* aus
dessen 7. Kapitel hier zitiert wird.

Aus dem *Leben des heiligen Columban* von Ionas (hg. von B. Krusch,
Hannover – Leipzig 1905) wurden, in dieser Reihenfolge, verwendet
Kapitel 27, 16, 17. Zu den Verfügungen des Konzils von Aix siehe
Monumenta Germaniae Historica, Concilia, II, S. 401.

Die Episode der Fuldaer Mönche ist in der Biographie des Hrabanus
Maurus zu finden: *Rabani Mauri Vita altera,* in Patrologia Latina, 107,
73.

Die Weigerung Heinrichs II. Plantagenet, Wein zu trinken, wird von
Walter Map berichtet in *De nugis curialium,* V, 2; ebd., IV, 15, die Tafel
von Ylispon.

Zu den Verdiensten des Abtes Hugo vgl. Gilo, *Vita Hugonis,* I, 5.

Kapitel 5

Zur Frage des «Maßes» und der «Ausschweifungen» als kulturelle
Werte siehe Montanari, 1989, S. XIV–XVIII.

Die Biographie des Alexander Severus, ein Werk Aelius Lampridius',
findet sich in der *Historia Augusta,* Bd. I, Kap. XXXVII.

Das Zitat des Plutarch ist aus *Große Griechen und Römer,* Demosthe-
nes, Bd. IV, 16 (dt. Übersetzung von K. Ziegler, Zürich – Stuttgart
1957).

Xenophon wurde zitiert aus *Von der Hauswirtschaft,* VII, 6. Zu Sueton
vgl. *Caesarenbilder,* III, 42.

Zur Verleihung aus der Tierwelt entlehnter Namen vgl. Fumagalli,
1976, S. 6–7.

Zum kulturellen Bild des «großen Essers» siehe Montanari, 1979,
S. 457–464.

Der Wettkampf um den Trog voll Fleisch findet sich in der *Edda*
Kap. 46.

Die Episode des Adalgiso ist aus der *Cronica di Novalesia* III, 21.

Das Zitat von Aristophanes ist aus den *Acharnern.*

Zur Bescheidenheit Odos vgl. die *Vita Odonis* von Iohannes Italicus,
in Patrologia Latina, 133, 51. Die Episode mit dem Herzog von Spoleto

wird berichtet von Liudprand von Cremona, in *Liudprands Buch der Vergeltung,* 16. Das Urteil zu Nikephoros Phokas und Otto I. findet sich in *Liudprands Gesandschaft an den Kaiser Nikephoros Phokas in Konstantinopel,* 40.

Zur Synode von 1059 vgl. *Monumenta Germaniae Historica,* Concilia aevi karolini, II, S. 401. Siehe auch Rouche, 1984, S. 278–279.

Zum Thema der mönchischen Ernährungsweise siehe Montanari, 1988, S. 63 ff. (ebd., S. 20–21, die größere Strenge der nordeuropäischen Vorschriften im Vergleich zu denen des Mittelmeerraumes).

Zur (bäuerlichen?) Utopie des Schlaraffenlandes siehe Kap. 20. Die Berechnungen über die Nahrungsrationen finden sich bei Rouche, 1973, 1984. Siehe Moulin, 1978, S. 104, wegen des Zitates.

Die Mitteilungen über die Ernährungsgewohnheiten Karls des Großen stammen von Einhard, *Leben Karls des Großen,* Kap. 24 und 22, in Fontes ad historiam regni francorum aevi karolini illustrandum, Teil 1, hg. v. F. Kurze u. a., Darmstadt 1974 (dt. Übersetzung von R. Rau).

Kapitel 6

Zum extrem differenzierten Erscheinungsbild der Umweltbedingungen und der Produktionsweisen vom 6. bis zum 10. Jahrhundert siehe Montanari, 1979; ders., 1984, S. 5 ff.; ebd., S. 191 ff., zum vielschichtigen Begriff der «Hungersnot» (dazu auch Montanari, 1988, S. 36–37).

Die beiden Textstellen von Gregor von Tours sind entnommen den *Zehn Bücher Geschichten,* Bd. 2, Buch 6–10, S. 399, in Ausgewählte Quellen zur deutschen Geschichte des Mittelalters (Freiherr vom Stein-Gedächtnisausgabe), hg. von R. Buchner, Bd. 3., Darmstadt 1970 (dt. Übersetzung von W. Giesebrecht) sowie ebd., Bd. 1, Buch 1–4, S. 191. Zu Andrea da Bergamo vgl. *Historia,* in Monumenta Germaniae Historica, Scriptores rerum italicarum et germanicarum saecc. VI–XI, S. 229. Zu den *Annales Fuldenses* siehe wiederum Monumenta Germaniae Historica, Scriptores, I, S. 387.

Das Inventar, auf das hier Bezug genommen wird, findet sich im *Breve de curte Milliarina* (Migliarina in Emilia, Besitztum des Klosters von S. Giulia von Brescia), abgedruckt in den Inventari altomedievali di terre coloni e redditi, Rom 1979, S. 203–204. Zur Datierung des Inventars auf das 8. Jahrhundert (statt auf das 10., wie bislang geschehen) siehe Carboni, 1990.

Mit den Hechten befaßt sich Sidonius Apollinaris in *Carmina,* 24 (Monumenta Germaniae Historica, Auctores Antiquissimi, VIII). Über die Forellen schreibt Gregor von Tours in *Liber in gloria martyrum,* 75 (Monumenta Germaniae Historica, Scriptores rerum merovingicarum,

I, S. 539). Zu den anderen Informationen vgl. Montanari, 1979, S. 293–
295. Wichtige Hinweise über die Fischzucht auch bei Zug-Tucci, 1985.

Kapitel 7

Zur Krise des Weizens und zum Erfolg der minderen Getreidesorten (an
erster Stelle der des Roggens) verweise ich auf Montanari, 1979,
S. 109 ff. Plinius erwähnt den Roggen in seiner *Naturgeschichte,*
18. Buch, 40 (dt. Übersetzung von Ch. F. L. Strack, 2. Teil, Darmstadt
1968). Zu den Erträgen des Getreideanbaus siehe Montanari, 1984,
S. 55 ff. Zur Typologie und zur Farbe des Brotes vgl. ders., 1990,
S. 309–317 (ebd., S. 304 ff., die zentrale Bedeutung der *pulmenta* auf der
Grundlage minderer Getreidesorten). Darüber hinaus siehe Bautier,
1984 (ebd., S. 37, die unterschiedliche Wertschätzung, die dem Roggenbrot entgegengebracht wurde). Über den Bischof von Langres schreibt
Gregor von Tours in *Vita Patrum,* VII, 2 (Monumenta Germaniae Historica, Scriptores rerum merovingicarum, I, 2, S. 237). Zur großen Bedeutung des Getreideanbaus in Süditalien und zu dessen großer Treue
gegenüber dem römischen Modell siehe Montanari, 1988, S. 124 ff.

Die Definition des Hrabanus Maurus findet sich in *De universo,* 22, 1
(*Patrologia Latina,* 111, 590).

Zur Bedeutung des Einsalzens für die Konservierung von Fleisch und
Fisch vgl. Montanari 1988, S. 184–186. Die Bezeichnung des Salzes
durch Isidor ist aus *Etymologiae,* 2 (von Plinius wiederaufgegriffen in
Naturgeschichte, XXXI, 9).

Kapitel 8

Zur Episode mit dem syrischen Einsiedler (*Vitae Patrum,* IV, XI, in Patrologia Latina, 73, 822) und ihren kulturellen Implikationen siehe
Montanari, 1990, S. 281 ff.

Zum Wald als «Wüste» der westlichen Asketen siehe Le Goff, 1983.

Zur Beweglichkeit der Grenze zwischen kultivierter und wilder
Landschaft siehe Montanari, 1990, S. 297 ff. (und, für eine entsprechende Betrachtung in Hinsicht auf die Epoche des Römischen Reichs,
André, 1981, S. 49). Zur «Gartenkultur» siehe Montanari, 1979, S. 309–
371. Ebd., S. 271, Bemerkungen zum wilden Rind und zum gezähmten
Hirsch; S. 49 der Doppelbegriff Sumpf–Fischteich. Zur Ähnlichkeit
zwischen Schweinen und Wildschweinen siehe Baruzzi-Montanari,
1981.

Das Zitat Hildegards von Bingen ist aus *Subtilitatum diversarum naturarum creaturarum libri novem,* I, Praefatio (in *Patrologia Latina* 197, 1126–1127).

Die Begegnung zwischen Brunhilde und Meneleus findet sich in *Vita Menelei* (in Monumenta Germaniae Historica, Scriptores rerum merovingicarum, V, S. 150–151). Ebd., III, die *Vita Leonardi.* Ebd., III, S. 510 der Abschnitt aus der *Vita Iohannis abbatis Reomaensis* von Ionas. Zu der unterschiedlichen Einstellung der Mönchskultur und der Kultur des Adels gegenüber der Natur siehe Montanari, 1988A, vor allem S. 67–68.

Zu den Auseinandersetzungen zwischen Dorfgemeinschaften und Grundherren (anfänglich in erster Linie Klöster) um den Besitz der Waldböden und die entsprechenden Nutzungsrechte vgl. Fumagalli, 1978, S. 87–88; Montanari, 1979, S. 90–93. Zum extensiven Charakter der «mittelalterlichen» Landwirtschaft (die bis ins 18. Jahrhundert Bestand hatte) siehe Kap. 9 «Eine erzwungene Entscheidung».

Kapitel 9

Zu den beiden Inventaren von Bobbio aus dem 9. Jahrhundert siehe Montanari, 1979, S. 469 (mit Bezugnahme auf Fumagalli, 1966).

Der von mir so bezeichnete «Aphorismus Braudels» findet sich in Braudel, 1979.

Zum Problem der Erträge bei der Getreideernte verweise ich auf Montanari, 1984, S. 55–85 und auf die dort zitierten Werke.

Von einer «erzwungenen Entscheidung» – im Zusammenhang mit der mittelalterlichen Kolonisierung – hat Fumagalli gesprochen, 1970, S. 328. Ders., 1976, S. 5 (und Montanari, 1979, S. 471–472) zu den Termini *fructuosa* und *infructuosa* als Unterscheidungsmerkmale des Waldes. Weiterhin Montanari, 1984, S. 32ff., 156ff., zum extensiven Charakter der mittelalterlichen Landwirtschaft (und dem «Teufelskreis», aus dem lediglich die Dreifelderwirtschaft einen Ausweg erlaubte; zu dieser Technik im 18. und 19. Jahrhundert siehe Slicher van Bath, 1962). Zur Entwicklung der Eßkastanienwälder vor allem seit dem 11./12. Jahrhundert siehe Toubert, 1973, I, S. 191–192; allgemeiner zu diesem Thema Cherubini, 1984, S. 147–171.

Bei der zeitlichen Abfolge der europäischen Hungersnöte zwischen 750 und 1100 stütze ich mich auf Bonnassie, 1989, S. 1043–1044. Die Auflistung der Hungersnöte in Frankreich aus dem 18. Jahrhundert findet sich bei Braudel, 1979.

Das Zitat Radulf Glabers findet sich in den *Historiae,* IV, 10. Zu den anderen Berichten über den Hunger vgl. Le Goff, 1965; ebd. die Verbreitung des Ergotismus im Europa des 11. Jahrhunderts.

Kapitel 10

Zu den Ereignissen, die zur Aneignung vieler Nutzungsrechte über brachliegende Flächen durch die Mächtigen auf Kosten der bäuerlichen Gemeinschaften führten, vgl. Montanari, 1984, S. 159 ff., 174 ff. Siehe auch Zug-Tucci, 1983.

Ph. Jones, 1980, S. 214, für das Zitat im Text.

Zum Bedeutungswandel des Wortes «comune» [gemeinschaftliche Wälder – Wälder der Kommune] vom Adjektiv zum Substantiv vgl. Montanari, 1988B, S. 122.

Zum Aufstand in der Normandie im 10. Jahrhundert siehe Hilton, 1973 (ebd. die Aufstände der Jahre 1381 und 1525).

Die Regeln Abaelards für Heloisa finden sich in Brief VIII, in Abaelard, *Die Leidensgeschichte und der Briefwechsel mit Heloisa,* (dt. Übersetzung von E. Brost, Heidelberg ³1963).

Die *Bataille de Caresme et de Charnage* (Verse 38 ff. zur Ablehnung der Fastenzeit durch die Armen) wurde von G. Lozinski herausgegeben, Paris. 1933.

Zum sozialen und wirtschaftlichen Klima, in das sich der Text einfügt, siehe Chevalier, 1982, S. 194–195.

Kapitel 11

Das Zitat Isidors von Sevilla stammt aus *Etymologiae,* XX, II, 15.

Zur wichtigen Rolle des Brotes als wirtschaftlicher und kultureller Indikator vgl. Montanari, 1984, S. 157, 201 ff.

Die Mitteilung über die Hungersnot von 843 findet sich in *Annales Bertiniani* (Monumenta Germaniae Historica, Scriptores, I, S. 439). Zur Hungersnot von 1099 in Schwaben und zu den Betrachtungen über die «rationale Antwort» auf diese Krise vgl. Bonnassie, 1989, S. 1045. Der Bericht von Radulf Glaber (Hungersnot 1032–1033) ist aus *Historia,* IV, 12. Zu den agronomischen Traktaten des maurischen Spanien siehe Bolens, 1980 (zu den Zitaten im Text siehe S. 470–471).

Zur Hungersnot von 779 und der Passage aus der *Vita Benedicti Anianensis* vgl. Montanari, 1979, S. 433. Ebd., S. 438, Anmerkung 48, zur Hungersnot von 1095 auf dem Gebiet des heutigen Belgien.

Zur wirtschaftlichen und sozialen Bedeutung der «Umstellung» auf Weizen vgl. Montanari, 1984, S. 163.

Das Zitat Bonvesins da la Riva ist aus *De magnalibus Mediolani,* IV, 14.

Zum Weißbrotverbrauch auf dem toskanischen Land vgl. Pinto, 1982, S. 129 ff. Zum Übergewicht des Weizens in der Produktion (aber nicht immer auch beim Verbrauch) Süditaliens siehe Montanari, 1988, S. 124 ff.

Ich zitiere aus dem Gedicht Wilhelms von Aquitanien mit dem Titel *Il gatto rosso,* aus Poesia dell'età cortese, hg. von A. Roncaglia, Mailand 1961, S. 287.

Zu Humbert de Romans vgl. *Sermo XXX ad conversos,* in Maxima bibliotheca veterum patrum, XXV, Lyon 1677, S. 470.

Zu Giovanni Sercambi vgl. *Novelle,* CLII (hg. von G. Sinicropi, Bari 1972, II, S. 733).

Kapitel 12

Das Zitat von Cassiodor findet sich in *Variae,* VII, 29, in Corpus Christianorum. Series latina, XCVI, Turnholti, 1973.

Zur Organisation der spätrömischen Versorgungspolitik siehe vor allem Ruggini, 1961.

Zum Prozeß der Verländlichung, der sich im Hochmittelalter auf sämtliche Lebensbereiche (Wirtschaft, Gesellschaft, Kultur, öffentliche Einrichtungen) auswirkt, vgl. Fumagalli, 1976.

Die These der Neuorganisation der bäuerlichen Gemeinschaften im 10./11. Jahrhundert aufgrund des Wegfalls auferlegter Verpflichtungen seitens der Städte, dessen Folge das Wiederaufblühen der Märkte gewesen sein soll, wird von Bois, 1989, gestützt. Zur Annona-Politik der mittelalterlichen Städte vgl. Montanari, 1988B, S. 133 ff. (ders., 1984, S. 163, zur inhaltlichen Übereinstimmung von «öffentlichen» Statuten und «privaten» Verträgen). Außerdem siehe Peyer, 1950; Pinto, 1978, S. 107 ff.

Der *Thesaurus rusticorum* von Paganino Bonafede findet sich in *Rimatori bolognesi del Trecento,* hg. von L. Frati, Bologna 1915 (daraus zitiert die Verse 169–170, S. 108).

Die Traktate über die englische Landwirtschaft des 13. und 14. Jahrhunderts wurden von D. Oschinsky veröffentlicht in *Walter of Henley and other Treatises on Estate Management and Accounting,* Oxford 1971.

Zu den verschiedenen Mehltypen, die von den Bologneser Statuten aufgeführt werden, vgl. *Statuti di Bologna dell'anno* 1288, hg. von G. Fasoli und P. Sella, I, Vatikanstadt 1937, S. 123.

Zur – trotz der schon erwähnten Ausnahmen – rein städtischen Konnotation des Weizenkonsums, dem neuen Statussymbol, das von *allen* sozialen Schichten unterschiedslos angestrebt wird, vgl. De La Roncière, 1982, S. 430–431 und *passim.*

Den *Novellino* habe ich in der von G. Manganelli edierten Fassung verwendet (Mailand 1957), aus der ich die Novelle LXXXV, S. 96–97 zitiere. Das darin angesprochene Thema der «bürgerlichen Grausamkeit» werden wir in Kapitel 24 wiederaufnehmen.

Kapitel 13

Der Passus von Bonaventura ist enthalten in *Quod renunciationem,* vgl. Mollat, 1978, S. 151 (ebd., S. 180, die Bezugnahme auf Matthäus Paris).

Zu Riccobaldo da Ferrara (*Rerum Italicarum Scriptores,* 2. Aufl., IX, S. 128) vgl. Montanari, 1984, S. 166.

Zum *Helmbrecht* von Wernher der Gartenaere vgl. Martellotti, 1984. Es wurde zitiert aus der von H. Brackert u. a. übertragenen dt. Ausgabe, Frankfurt/M. 1972, Verse 441 ff. und 471 ff.

Zur Chanson de Guillaume vgl. J. Frappier, *Les chansons de geste du cycle de Guillaume d'Orange,* Paris 1955–65, I, S. 126–127.

A. Martellotti und E. Durante haben das Werk *Libro di buone vivande. La cucina tedesca dell'età cortese,* Fasano 1991, herausgegeben.

Aus *Erec et Enide* von Chrétien de Troyes wurde zitiert nach der dt. Übersetzung von I. Kasten, München 1979, 6936 ff. Dazu siehe auch Le Goff, 1982. Das Zitat aus der Erec-Version des Hartmann von Aue ist entnommen der dt. Übertragung von Th. Cramer, Frankfurt/M. 1989, 2133 ff.

Zur Entstehung der «guten Manieren» immer noch grundlegend Elias, 1969.

Zur gastronomischen Initiation des *Tirant lo Blanc* vgl. Crous, 1990; Tudela – Castells, 1990.

Kapitel 14

De contemptu mundi von Innozenz III. findet sich in Patrologia Latina, 217 (723–724 die Zitate).

Zur Verbreitung des Gewürzkonsums in den Jahrhunderten vor dem Jahr 1000, vgl. Laurioux, 1983; ders., 1989 (S. 206 das Zitat Joinvilles).

Zur Frische von Fleisch und Fisch und zu den unterschiedlichen Interpretationen der Verwendung von Gewürzen vgl. Flandrin – Redon, 1981, S. 402; Rebora, 1987, S. 1520 ff.

Zu den *Ordinacions* Peters IV. von Aragon (auf die wir zurückkommen werden) verweise ich auf Montanari, 1990A (die «Schlafgemach-Gewürze» werden erwähnt in Buch II, Kap. 2).

Zum Verhältnis zwischen Arzneimitteln und Gastronomie siehe Plouvier, 1988. Rebora, 1987, S. 1532 wegen des Zitates; ebd., S. 1441,

1471 und *passim,* zur Unterscheidung zwischen «höfischen» und «bürgerlichen» Kochbüchern.

Zu den Vorwürfen Bernhards an die Cluniazenser, den *Statuten* von
Petrus Venerabilis und den *Consuetudines* Ulrichs von Grüningen siehe
Montanari, 1988, S. 90.

Le Goff, 1977, zu den Träumen von einem märchenhaften Orient.

Die Zitate Giovanni Sercambis zum Gebrauch der Kochbücher durch
die Berufsköche sind aus den *Novelle,* CVIII (a. a. O., I, S. 480); ebd.,
LXXV (S. 330) zur Gewohnheit der Stadtbewohner, die «Kochläden»
aufzusuchen. Siehe G. Sermini, *Le novelle,* XXIX (hg. von G. Vettori,
Rom 1968, S. 494), zur Geschichte des Meoccio.

Das Zitat Salimbenes ist aus *Die Chronik des Salimbene von Parma.*
Nach der Ausgabe der Monumenta Germaniae Historica, in Die Ge-
schichtsschreiber der deutschen Vorzeit, hg. von G. H. Pertz u. a.,
Bd. 93, Leipzig 1914, S. 202–203.

Zu der vergleichenden Untersuchung des «Weißessens» in den europäischen Kochbüchern siehe Flandrin, 1984, S. 77–78; auf S. 81 das
nachfolgende Zitat.

Zum Zusammenhang zwischen städtischen Lokalen und der zentralen gastronomischen Bedeutung der «Kuchen» vgl. Rebora, 1987,
S. 1513–1518 (ebd., S. 1518–1519, Betrachtungen zum Verhältnis zwischen «feiner» Küche und Volksküche).

Zu den «Hungertorten» des Jahres 1246 vgl. *Chronicon Parmense,* in
Rerum Italicarum Scriptores, 2. Aufl., IX, S. 772.

Kapitel 15

Von der «Rückkehr des Hungers» spricht Le Goff, 1965.

Zu den Hungersnöten im Europa des 14. Jahrhunderts vgl. Mollat,
1978, S. 182–185. Speziell zu den italienischen Hungersnöten siehe
Pinto, 1978. Zu den Berichten der Chronisten auch Montanari, 1984,
S. 202 und 206–207. Zu dem umstrittenen Zusammenhang zwischen
Ernährung und Krankheit siehe Livi-Bacci, 1987. Das Zitat von Biraben stammt aus 1975, S. 147. Die Anmerkungen zu den Niederlanden
stammen von Slicher van Bath, 1962. Hinsichtlich der Auswirkungen
der Pest auf die Bevölkerungsentwicklung siehe Helleiner, 1967, S. 12,
der den geschätzten 25%igen Bevölkerungsverlust, den mehr als hundert Jahre zuvor J. F. Hecker errechnet hat, noch immer für gültig
erachtet. Dennoch fehlt es für bestimmte Regionen nicht an höheren
Schätzwerten, bis zu 50–60% und darüber hinaus.

Kapitel 16

Das Zitat Matteo Villanis findet sich in *Historia*, I, 5 (vgl. Croniche sto-
riche di Giovanni, Matteo e Filippo Villani, Mailand 1848). Das Zitat
Giovanni de Mussis' findet sich im *Chronicon Placentinum* (Rerum Italicarum Scriptores, 2. Aufl., XVI, S. 581–582). Dazu auch ein Kommentar bei Rebora, 1987, S. 1502–1504.

Braudel, 1979, zum «Europa der Fleischesser» (ebd. einige der zitierten Beispiele). Abel, 1937 (aber auch 1935) zu den Theorien über die Entwicklung des Fleischkonsums, die auch vorhergehende Studien von
G. Schmoller berücksichtigen. Mandrou, 1961, S. 967, zu ihrer Bewertung.

Zu den anderen Angaben, auf die ich mich bezogen habe, vgl. Dyer,
1986; Wyczanski – Dembinska, 1986; Van der Wee, 1983; Neveuy, 1973;
Slicher van Bath, 1962, Stouff, 1969 und 1970; Aymard – Bresc, 1975;
Giuffrida, 1975; Chevalier, 1958; Fiumi, 1959 und 1972; Le Roy Ladurie,
1966. Zu einigen allgemeinen Betrachtungen vgl. Bennassar – Goy,
1975.

Zum Anstieg des Verbrauchs von Schaffleisch als eine dem herkömmlichen Eßverhalten (vor allem dem Schweinefleischverzehr) entgegengesetzte Modeerscheinung in der zweiten Hälfte des 14. Jahrhunderts ist der florentinische Fall ausgesprochen aufschlußreich; dazu De
La Roncière, 1982, S. 707 und *passim*. Vgl. Redon, 1984, S. 123. Auch
die archäologischen Quellen bestätigen diese Entwicklung; vgl. Tozzi,
1981, Beck-Bossard, 1984; S. 25 (ebd., S. 20, die *ländliche* Konnotation
des Verzehrs von Schweinefleisch). Die Beobachtungen zum Forez finden sich in Alexandre-Bidon – Beck-Bossard, 1984, S. 69. Zur Intensivierung der Schafzucht (und den Praktiken der Transhumanz) vor allem
in bezug auf die Entwicklung der Wollindustrie siehe Slicher van Bath,
1961; Wickham, 1985. Das Zitat von Sermini wurde entnommen aus
Novelle, XII (a. a. O., S. 284). Zum Mißtrauen der Ärzte gegenüber
dem Fleisch «eingekerkerter» Tiere vgl. Nada-Patrone, 1981, S. 381–
382.

Zu den Ereignissen von 1465 und 1494 vgl. Montanari, 1984, S. 183.

Kapitel 17

Zum Verzicht auf Fleisch als zentralem Motiv der christlichen Kultur
und zu den komplexen Beweggründen, die ihm zugrunde lagen, vgl.
Montanari, 1988, S. 64 ff.

Zum langsamen und umstrittenen Aufstieg des Fisches als wichtig-
stem Ersatz des Fleisches siehe vor allem Zug-Tucci, 1985, S. 293–322.

Ebd., S. 303–305, 310–312 und 316 die Erwähnung Bedas, des *Domesday Book,* Thietmars von Merseburg, des Kapitulars Karls des Großen, Thomas' von Canterbury, Albertus Magnus', der *Vita* von Thomas von Aquin und Giovanni Michiels. Das Zitat Bedas ist entnommen aus *Beda der Ehrwürdige. Kirchengeschichte des englischen Volkes,* in Texte zur Forschung, Bd. 34 [Zweiter Teilband] IV, 13 (dt. Übersetzung von G. Spitzbart). Das Zitat Thietmars von Merseburg findet sich in *Chronik,* VIII, 1–2, 20 f., in Ausgewählte Quellen zur deutschen Geschichte des Mittelalters (Freiherr vom Stein-Gedächtnisausgabe), hg. von R. Buchner, Bd. IX (dt. Übersetzung von W. Trillmich).

Zu den Gegensätzen zwischen Karneval und Fastenzeit siehe Chevalier, 1982; Grinberg – Kinser, 1983; herangezogen wurde zu diesem Thema auch *La battaglia fra Quaresima e Carnevale,* hg. von M. Lecco.

Zu den florentinischen Fleisch- und Fischverkäufern vgl. Redon, 1984, S. 121.

Zum Text von Abaelard siehe Kapitel 10.

Zur Erfindung Wilhelm Beukelszoons vgl. Braudel, 1979; ebd. Anmerkungen zum Herings- und Kabeljaufang. Zum Handel mit gesalzenem und getrocknetem Stör siehe Messedaglia, 1941–1942; Rebora, 1987, S. 1507–1510. Zum Lachsfang Halard, 1983.

Kapitel 18

Zu dem venezianischen Dekret von 1562 siehe Paccagnella, 1983, S. 44–46.

Die hier erwähnten Ansichten des Hypokraten über die Ernährung finden sich in *Diät in akuten Krankheiten,* III, 67–73. Vgl. Montanari, 1989, S. 29–36.

Zu den karolingischen Kapitularien, dem Zitat Alkuins und der *Vita* Appians vgl. Montanari, 1979, S. 457–58 und 468. Zu den *Ordinacions* Peters IV. von Aragon (IV/8, der Zusammenhang zwischen der Nahrungsmenge und den sozialen Verhältnissen; I/3, I/6, II/13, III/18–20, IV/29, die Anordnungen für die Armen) verweise ich nochmals auf Montanari, 199A. Zur Novelle von Sabadino degli Arienti vgl. *Le Porretane,* hg. von G. Gambarin, Bari 1914, S. 227–230; zu Pietro de' Crescenzi siehe den *Trattato della agricoltura, traslato nella favella fiorentina, rivisto dallo 'Nferigno accademico della Crusca,* Bologna 1784, I, S. 180; zu den Ansichten Albinis vgl. Nada-Patrone, 1981a, S. 439–440; der Tod des Bertoldo wird von G. C. Croce erzählt in *Le sottilissime astuzie di Bertoldo,* hg. von P. Camporesi, Turin 1978, S. 74. Vgl. auch Montanari, 1991, S. IX–XII.

Zu den sozialen «Unterscheidungen» M. Savonarolas siehe *Libreto de*

tutte le cosse che se magnano; un' opera dietetica del sec. XV., hg. von J. Ny-
stedt, Stockholm 1988, S. 14 (die Herausgeberin spricht dem Autor ein
sehr «realistisches soziales Bewußtsein» zu – wie gesehen, interpretiere
ich dieses Bewußtsein auf andere Weise. Zu den vier Werken des Sylvius siehe Dupèbe, 1982 (Zitat auf S. 52).

Zu den Abhandlungen über den Adel vgl. Maravall, 1984, S. 61–64;
Jouanna, 1977, S. 21–30.

Zur Ernährung der Kinder siehe Fontaine, 1982; Lazard, 1982; daneben Alexandre-Bidon – Closson, 1985.

Il villano smascherato (der demaskierte Bauer) von G. Cirelli wurde
herausgegeben von G. L. Masetti–Zannini, in Rivista di storia dell'agricoltura, 1967, 1 (die zitierte Stelle findet sich in Kap. VI).

Zu den wissenschaftlichen Theorien über die natürliche Ordnung
der Welt und zur Parallelität von Natur-«Gesellschaft» und menschlicher Gesellschaft orientierte ich mich bei Grieco, 1987, S. 159 ff. Die
Zitate Piero de' Crescenzis und Corniolo della Cornias zur «Verdauung» der Pflanzen stammen aus dem *Trattato della agricoltura,* a. a. O.,
I, S. 50 und aus *La divina villa,* hg. von L. Bonelli-Conenna, Siena
1982, S. 47.

Der erwähnte Arzt aus dem 16. Jahrhundert ist Castore Durante da
Gualdo, Autor eines *Tesoro della sanità,* im Jahre 1565 auf Latein erschie-
nen, 1586 auf Italienisch; dazu siehe die neueste Ausgabe, hg. von
E. Camillo, Mailand 1936 (das Zitat befindet sich auf S. 136).

Andreolli, 1988, S. 64, für das Zitat. Die Textstelle von Matteo Bandello findet sich in *Novelle,* II, XVII, hg. von G. Brognoligo, Bari 1931,
II, S. 42.

Der *Commentario* von O. Landi wurde 1548 in Venedig veröffentlicht.
Zur zitierten Stelle siehe Faccioli, 1987, S. 279.

Das Zitat aus *Lazarillo von Tormes* ist aus Kap. III (in der italienischen
Übersetzung von G. Greco, Mailand 1990, S. 52).

Zur «herrschaftlichen Gier» nach Obst verweise ich auf Grieco, 1987,
S. 176 ff.

Kapitel 19

Das Bologneser Festessen des Jahres 1487 wird geschildert von C.
Ghirardacci in der *Historia di Bologna,* in Rerum Italicarum Scriptores,
2. Aufl., XXXIII/I, S. 235–241. Vgl. Montanari, 1989, S. 483–488.

Kapitel 20

Zur Schlaraffenland-Utopie siehe Graf, 1892; Cocchiara, 1956, S. 159–187; Cioranescu, 1971; Camporesi, 1978, S. 77–125 (ebd., S. 115, das Zitat); Fortunati – Zucchini, 1989 (vor allem den Beitrag von Richter).

Zum *Fabliau de Coquaigne* vgl. Barbazan, E.; Meon, D. M., *Fabliaux et contes des poètes français des XIe, XIIe, XIVe und XVe siècles, tirés des meilleurs auteurs,* Paris 1808, IV, 175).

Das Zitat von Boccaccio findet sich im *Dekameron,* VIII, 3, Leipzig 1912, S. 246 (dt. Übersetzung von A. Wesselski).

Zu den Ausrufern in Neapel siehe Goethe, J. W., *Italienische Reise. Tag- und Jahreshefte,* in Sämtliche Werke, Bd. 11, Zürich – München 1977, S. 372.

Kapitel 21

Der *Capitolo qual narra l'essere di un mondo novo trovato nel Mar Oceano* ist abgedruckt in Camporesi, 1976, S. 309–311.

Die *Relazione d'alcune cose della Nuova Spagna* kann man lesen in G. B. Ramusio, *Navigazioni e viaggi,* VI, hg. von M. Milanesi, Turin 1988, S. 252–255; vgl. Montanari 1991, S. 85–86.

Kapitel 22

Zu den Angaben über die Bevölkerungsentwicklung in Europa siehe Livi-Bacci, 1987, S. 12 (mit Verweis auf Biraben, 1979). Die Angaben zu Kastilien habe ich entnommen aus Slicher van Bath, 1962; ebd. eine zusammenfassende Darstellung des landwirtschaftlichen Kolonisierungsprozesses im 16. Jahrhundert.

Zur Auflistung der Hungersnöte in Frankreich vgl. Braudel, 1979.

Zu den Abhandlungen über den Hunger vgl. Camporesi, 1983, S. 45–47; ders., 1980.

Zur Verbreitung des Buchweizens in Europa siehe Slicher van Bath, 1962.

Zur «ersten» Einführung des Mais in Europa vgl. Hémardinquer, 1973; Slicher van Bath, 1962; Braudel, 1979. Zu Frankreich siehe Hémardinquer, 1963; zu Italien, neben dem klassischen und noch immer nicht überholten Werk von Messedaglia, 1927, Coppola, 1979; zum Balkan Stoianovich, 1970.

Zum Zeitpunkt und zu den Umständen der Einführung der Kartoffel

in Europa siehe, neben dem klassischen Werk von Salaman, 1985,
Slicher van Bath, 1962; Braudel, 1979.

Kapitel 23

Zu den Texten von 1550 und 1560 vgl. Braudel, 1979 (ebd. die Statistik
über die Schlachter von Montpezat).

Zu den Studien von Abel siehe Kap. 16.

Die Untersuchung über die Region von Genf ist von Piuz, 1970, besonders S. 143 zum Fleischkonsum; S. 130, 140–141 zum Brotverbrauch. Hier auch die Bezugnahme auf Goubert, 1966.

Zu den Angaben über das Italien des 14. und 15. Jahrhunderts siehe
die Berechnungen von Mazzi, 1980, S. 84–85. Weitere Daten zu Europa
in Neveux, 1973.

Zum Nahrungsmittelkonsum in Paris im 18. Jahrhundert siehe Braudel, 1979.

Zum Konsum der Arbeiter im Nivernais siehe Thuillier, 1970, S. 156.

Die Daten über den Brotverbrauch in Genf finden sich in Piuz, 1970,
S. 138–139. Ebd., S. 140, das Zitat aus dem *Gouvernement de la santé* von
J. G. des Bergeries; S. 136 die Mitteilung über den Bauern Lombard..
Die Ermordung des Kaufmanns Storaci in Neapel 1585 wird erwähnt
von Braudel, 1979.

Bloch, 1970, S. 233, zur Umgehung des herrschaftlichen Monopols
auf Mühlen und Backöfen.

Kapitel 24

Kaplan, 1976, zum Bild des «Königs-der-sein-Volk-Nährt». Vgl. auch
Tannahill, 1973, S. 316.

Braudel, 1979, zu den Betrachtungen über die «bürgerliche Grausamkeit» und über die Vorkehrungen gegen die Armen (ebd. die Beispiele
von Troyes und Dijon). Zu Genf siehe Piuz, 1970, S. 134–135.

Die Ereignisse in Bologna im Jahre 1590 werden berichtet von der
zeitgenössischen Chronik des Pompeo Vizani, *I due ultimi libri delle historie della sua patria*, Bologna 1608, S. 138–139.

Zur Ausbreitung des Pauperismus und neuer, schwerer Formen des
Elends im 16. und 17. Jahrhundert siehe Geremek, 1986 und 1988.

Kapitel 25

Das Gespräch Luthers findet sich in *Tischreden,* 1531–1546, Bd. 3, in Kritische Gesamtausgabe, Weimar 1914, Nr. 3476.

Das Zitat von Tacitus ist aus *Germania,* XXIII (dt. Übersetzung von M. Fuhrmann, Stuttgart 1986).

Zum *Topos* des deutschen Trunkenboldes und zu den Zitaten vgl. Messedaglia, 1974, I, S. 37–38; siehe auch Braudel, 1979.

Der Text von F. Redi ist zititert in Camporesi, 1990, S. 147.

Montaignes Beobachtungen finden sich im *Reisetagebuch,* in Michel Montaignes gesammelte Schriften. Historisch-kritische Ausgabe, hg. von O. Flake und W. Weigand, München – Leipzig 1908, Bd. 7, S. 174, 317 und 321.

Zur Ernährung der Soldaten verweise ich auf Morineau, 1970, besonders S. 110, 118–119. Ebd., S. 111 das Zitat Boussingaults.

Zum Zusammenhang von demographischer und Preisentwicklung beim Weizen in England und Frankreich siehe Livi-Bacci, 1987, S. 82.

Der *Brieve racconto* von Giacomo Castelvetro (1614 in London erschienen) ist jetzt abgedruckt in Gastronomia del Rinascimento, hg. von L. Firpo, Turin 1973, S. 131–176 (S. 32–38 ein Kommentar des Herausgebers).

Zum «Brief» Felicis (1569 an Ulisse Aldrovandi gerichtet) vgl. ders., *Scritti naturalistici,* hg. von G. Arbizzoni, Urbino 1986; der *Archidipno* von Massonio erschien 1627 in Venedig.

Zum florentinischen Inquisitor verweise ich auf Camporesi, 1983, S. 192–193 (der Imbert, 1930, S. 254–255, zitiert).

Zur Beeinflussung des europäischen Fischhandels durch die Reformation siehe Michell, 1978, S. 206–207.

Zum gesteigerten Bierverbrauch im 17. Jahrhundert vgl. Braudel, 1979.

Zur Konzession, *oleum lardinum* zu verwenden, siehe den Bericht von Walter Map in *De nugis curialium,* XXIV.

Die Betrachtungen über den Gebrauch der Fette in den europäischen Küchen sind hauptsächlich von Flandrin, 1983, übernommen. Ebd., Anmerkung 108, zu den Dispensen hinsichtlich der Verwendung von Butter (vgl. dazu auch Hémardinquer, 1970, S. 260). Siehe auch Flandrin, 1984 (auf S. 77 das entnommene Zitat). Die Mitteilung über den Kardinal von Aragon findet sich bei Braudel, 1979.

Kapitel 26

Die grundlegende Quelle für die in diesem Abschnitt vorgenommenen Betrachtungen und für die entsprechenden dokumentarischen Belege ist die Abhandlung von Flandrin, 1983.

Zum «mageren» Charakter der bis zum 16. Jahrhundert verwendeten Soßen siehe Flandrin – Redon, 1981, S. 401 ff.; Laurioux, 1989A, S. 35 ff.

Zu dem unterschiedlichen Gebrauch von Gewürzen in den europäischen Küchen, der mit den mehr oder weniger akzentuierten Vorstellungen von Luxus derjenigen in Verbindung stand, die diese Gewürze zu sich nahmen, siehe Braudel, 1979. Das Phänomen kann man auch auf einer niedrigeren Ebene beobachten: bedeutsam der Fall der aromatischen Paradieskörner der Afromomum melegueta, die in Frankreich völlig an Bedeutung verloren, nachdem sie ihren exotischen Charakter eingebüßt hatten; vgl. Laurioux, 1989, S. 200 ff. Ebd., S. 208 ff., zum steigenden Zuckerverbrauch in der Küche des 14. und 15. Jahrhunderts. Das Zitat über die mäßige Verwendung des Salzes stammt aus dem *Buoch von guoter spise,* hg. von H. Hajek, in Texte des Spätmittelalters, Heft 8, o. O., 1958, S. 15.

Das Zitat von Bartolomeo Sacchi, genannt Platina, ist aus *De honesta voluptate et valetudine,* CLXXVIII. Dazu habe ich die neueste italienische Übersetzung verwendet: *Il piacere onesto e la buona salute,* hg. von E. Faccioli, Turin 1985, S. 141. Auch im Deutschen liegt eine Fassung vor, in der das hier erwähnte Zitat allerdings nicht zu finden ist: Platina, Bartolomeo, Von der eerlichen, zimlichen, auch erlaubten Wolust des Leibs …, München 1979 (frühneuhochdeutsche Übertragung und Bearbeitung).

Zum Zitat Abramo Ortelios *(Theatrum orbis)* siehe Braudel, 1979.

Zur Geschichte des Zuckers (und der Sklaverei in den Plantagen der Kolonien) vgl. Mintz, 1985; Meyer, 1989; daneben die Akten des Seminars *La caña de azúcar en tiempos de los grandes descubrimientos,* 1450–1550, Motril 1989.

Kapitel 27

Zum hohen Weinverbrauch bis zum 17. Jahrhundert vgl. Montanari, 1979, S. 381–384; Rouche, 1973, S. 308, 311; Pini, 1989, S. 122 ff.; Bennassar – Goy, 1975, S. 408, 424. Die Angabe zu Schweden findet sich in Slicher van Bath, 1962. Vgl. auch Braudel, 1979.

Zu den Anmerkungen über das Hôtel-Dieu vgl. Hohl, 1971, S. 187.

Zur Angewohnheit, Wein mit Wasser zu mischen, siehe Montanari, 1988, S. 88–89.

Zu den bis zum 19. Jahrhundert anhaltenden Schwierigkeiten, trinkbares Wasser zu beschaffen: Bennassar – Goy, 1975, S. 424; Roche, 1984;
Goubert, 1986.

Zum sakralen Gebrauch von Wein in den heidnischen Religionen
gäbe es zahlreiche Studien zu erwähnen. Nennen wir wenigstens Otto,
1933 und die Akten des Kolloquiums *L'imaginaire du vin,* Marseille
1989; außerdem Detienne, 1986. Zum Wein als berauschende Droge
siehe neben dem klassischen Werk von De Félice, 1936, Escohotado,
1989.

Zur Entwicklung und Verbreitung des destillierten Alkohols (anfangs als Pharmazeutikum, dann als Genußmittel) siehe Braudel, 1979;
vgl. auch Escohotado, 1989, I, S. 299–300. Nützliche Anmerkungen
finden sich bei Brunello, 1969.

Zur Geschichte des Kaffees und seiner Einführung in Europa siehe
Jacob, 1934; Braudel, 1979 (ebd. die Zitate von Le Grand d'Aussy und
L. S. Mercier).

Zur Geschichte des Tees in Europa siehe Ukers, 1936; Braudel, 1979
(hier auch einige der im Text angeführten Zitate); Butel, 1989. Die Angaben über den Verbrauch in Holland am Ende des 17. Jahrhunderts finden sich in Burema, 1954, zit. in Hémardinquer, 1970A, S. 290. Ebd.,
S. 286, die englischen Verbrauchszahlen (hergeleitet von zahlreichen
Autoren, darunter Drummond – Wilbraham, 1937). Das Zitat von
C. Bontekoe (Buntekuh) findet sich in Jacob, 1934, S. 84; ebd., S. 91–
92, die Aussagen Colombs zur Wirkung des Kaffees.

Zum Gebrauch des Kakaos und der Schokolade siehe Braudel, 1979.
Zu der ungewöhnlichen Vielfalt an Experimenten, die in der ersten
Hälfte des 18. Jahrhunderts den Genuß von Kakao charakterisierten und
jegliche Art von Fehlern und Mißbrauch beinhalteten vgl. Camporesi,
1990, S. 115–116.

Zur sozialen und ideologischen Charakterisierung der neuen Getränke und zu den damit verbundenen kulturellen Vorstellungen (Kaffee als intellektuelles und bürgerliches Getränk, Schokolade als Getränk
der Müßiggänger und des Adels) vgl. auch Schivelbusch, 1980 (ebd. das
Zitat von Howell sowie die Verfügung von Hildesheim).

Kapitel 28

Zu den Angaben über die demographische Entwicklung im Europa des
18. Jahrhunderts siehe Livi-Bacci, 1987, S. 12 (bei Biraben, 1979).

Zur Ausweitung der Landwirtschaft im 18. Jahrhundert siehe Abel,
1935; Slicher van Bath, 1962.

Zur «zweiten» Einführung des Reis in die europäische Landwirtschaft und seine neue Funktion als Nahrung für die Armen siehe zum Beispiel den Fall der Auvergne (Poitrineau, 1970, S. 151) und den der Region von Genf (Piuz, 1970, S.144).

Zum Buchweizen siehe Slicher van Bath, 1962; zu einer Neueinführung kam es beispielsweise in den Niederlanden (Morineau, 1970, S. 122, Anmerkung 4).

Zum Aufstieg von Mais und Kartoffel siehe Stoianovich, 1970, S. 283; Slicher van Bath, 1962.

Kapitel 29

Zur ersten Einführung des Mais in Europa siehe Kap. 22. Kula, 1963, für das Zitat.

Zu den Erfolgen des Mais in Norditalien siehe außer Messedaglia, 1927, auch Coppola, 1979. Für die Balkanregion Stoianovich, 1970 (auf S. 273 und 282 die Zitate).

Zum Zusammenhang von Ausweitung des Maisanbaus und Entwicklung des landwirtschaftlichen Kapitalismus siehe Braudel, 1979.

Zum Zitat von G. Battarra siehe dessen *Pratica agraria distribuita in vari dialoghi,* Cesena ²1782, S. 104–105. Vgl. Montanari, 1991, S. 341–343.

Die Arbeiten über die Verbreitung der Pellagra (grundlegend noch immer die von Messedaglia, 1927, 1949–50) sind sehr zahlreich. Eine Auflistung der Titel findet sich bei Coppola, 1979, S. 189 ff. Unter den jüngst erschienenen verweise ich auf das Buch von De Bernardi, 1984.

Der italienische Arzt, auf den ich mich beziehe, ist G. Strambio, *Cagioni, natura e sede della pellagra,* Mailand 1824, S. 2, Anmerkung 1.

Kapitel 30

Das Dokument aus dem Elsaß wird zitiert von Braudel, 1979.

Die Angaben über die Verbreitung der Kartoffel im 18. und 19. Jahrhundert stammen aus Slicher van Bath, 1962; Masefield, 1967, S. 344–346; Braudel, 1979. Zur Auvergne siehe Poitrineau, 1970, S. 150; zum Balkan siehe Stoianovich, 1970, S. 272; zum Nivernais Thuillier, 1970, S. 161.

Die Anmerkungen zu Friaul und der Region Venetien finden sich in Panjek, 1976 (ebd., S. 580, der Verweis auf Pietro Zorzi; S. 581 das an die Pfarrämter gerichtete Rundschreiben; S. 585 das in einem Brief von G. Bonamone enthaltene Urteil über die deutschen Bauern, die Kartoffeln essen).

Zum «gesellschaftlichen Aufstieg» der Kartoffel siehe die kurzen Bemerkungen von Bloch, 1970, S. 234–235.

Battarra, *Pratica agraria,* a. a. O., S. 131–134, für die zitierten Passagen.

Zur irischen Hungersnot der Jahre 1845–46 siehe Slicher van Bath,
1962, aber vor allem Woodham-Smith, 1962, und Salaman, 1985,
S. 250ff.

Kapitel 31

Eine klare Übersicht über die Probleme, die mit der Ernährungsgeschichte der Teigwaren in Zusammenhang stehen, gibt *Contre Marco
Polo: une histoire comparée des pâtes alimentaires* in Médiévales. Langue,
textes, histoire, Bd. 16–17 (1989). Wichtig für die Entwicklung in Europa die Beiträge von O. Redon und B. Laurioux über die italienischen
Kochbücher des 14./15. Jahrhunderts; der Beitrag von M. Montanari
über den Forschungsstand in Italien und der Beitrag von L. Flandrin
über die provenzalische Gastronomie; siehe auch den Aufsatz von
F. Sabban-Serventi über die chinesische Eßkultur und den von B. Rosenberger über die arabische Kultur. Die These vom arabischen Ursprung der italienischen Gewohnheit, Nudeln zu essen, wird vertreten
von L. Sada, 1982 (ebd. auch ein wichtiger Überblick über die neuesten
Forschungsergebnisse).

Zu den Anfängen der Nudeln in Italien vgl. Montanari, 1988, S. 133
und 166–168; Rebora, 1987, S. 1497–1500.

Vor allem für die Zeit der Renaissance ist eine wahre Fundgrube Mes-
sedaglia, 1974, I, S. 175 ff. (ders., 1927, S. 231 zur Verwendung von
Hirse und anderen minderen Getreidesorten bei der Herstellung von
Teigwaren).

Aus terminologischer Sicht ist wichtig Alessio, 1958.

Zur «Revolution der Nudel» im 17. Jahrhundert ist grundlegend der
Aufsatz von Sereni, 1958, von dem (neben einigen besonderen Mitteilungen, wie jener über das neapolitanische Verbot von 1509) der Kern
der in diesem Kapitel vorgenommenen Betrachtungen stammt.

Zum Preis der Teigwaren in Sizilien siehe Aymard – Bresc, 1975,
S. 541.

Zur Nebenbedeutung der Teigwaren für die Ernährung in manchen
Regionen Süditaliens noch im 19. Jahrhundert siehe Somogyi, 1973,
S. 848; Sorcinelli, 1983, S. 91.

Kapitel 32

Mit der Theorie von McKeown, 1976 und 1983, befaßt sich Livi-Bacci, 1987, S. 31 ff.; vor allem auf die Betrachtungen des letzteren beziehe ich mich in diesem Kapitel. Siehe insbesondere S. 151 ff. zur Notwendigkeit, bei der Bewertung der Auswirkungen der Ernährungsweise auf die Bevölkerungsentwicklung kurze von mittelfristigen und langen Perioden zu unterscheiden.

Zur allgemeinen Verarmung der Nahrung – sowohl unter qualitativen als auch unter quantitativ-kalorischen Aspekten – und der Unhaltbarkeit von McKeowns Theorie siehe Razzell, 1974, S. 8–9. Livi-Bacci, 1987, S. 116–119 und 132–133, hat zahlreiche Untersuchungen zu diesem Thema zusammengestellt (vgl. zum Beispiel die über Apulien aus dem Jahre 1908; Perez-Moreda, 1980).

Bei den Angaben zum Umfang der Bevölkerungen in verschiedenen europäischen Ländern beziehe ich mich wiederum auf Livi-Bacci, 1987, S. 144–145 (wo die Arbeitsergebnisse wiedergegeben werden von Eveleth – Tanner, 1976, Tanner, 1981; Komlos, 1985 und 1986; Sandberg – Steckel, 1980; Floud – Wachter, 1982; Würm, 1982).

Der Bericht des Präfekten Fiévée findet sich bei Thullier, 1970, S. 166–167. Zur Auvergne vgl. Poitrineau, 1970, S. 149 ff.

Zum Vergleich zwischen französischer und polnischer Situation siehe Kula, 1963.

Kapitel 33

Das Zitat Battarras ist aus *Pratica agraria,* S. 133–134.

Zum Gegensatz Geschmack–Notwendigkeit siehe Flandrin, 1983.

Zum Ausspruch Cirellis siehe Kap. 18.

Von M. Lastri wurden zitiert *Regole per i padroni dei poderi verso i contadini, per proprio vantaggio e di loro. Aggiuntavi una raccolta di avvisi ai contadini sulla loro salute,* Venedig, 1793, S. 31–39 (vgl. Montanari, 1991, S. 359–361).

Zum *Dictionnaire de Trévoux* vgl. Braudel, 1979. Ebd. die Meinung von Lemery über den Genuß von Fleisch.

Das Zitat von Adam Smith ist aus *Indagine sulla natura e le cause della ricchezza delle nazioni,* Mailand, 1973, S. 868 (in der deutschen Fassung – von Recktenwald – von *Der Wohlstand der Nationen* war dieses Zitat nicht auffindbar).

Zu den vegetarischen Philosophien Rousseaus vgl. Montanari, 1991, S. XXIV. Ebd., S. 284–285 und 332–338, der Gegensatz zwischen den Anhängern der «alten» und der «neuen» Küche. Zu diesem Thema siehe vor allem Camporesi, 1990.

Kapitel 34

Zur Bedeutung des Getreides für die Ernährung der Europäer und seine Zurückdrängung im 19. und 20. Jahrhundert könnte man eine Vielzahl von Untersuchungen und Statistiken auflisten. Sehr nützlich sind die von Aymard angestellten Gesamtschätzungen, 1975, S. 438; Livi-Bacci, 1987, S. 121–125. Zu Frankreich beziehe ich mich hauptsächlich auf Toutain, 1971; zu Italien siehe Somogyi, 1973. Siehe auch Dauphin – Pezerat, 1975; Sorcinelli, 1983, S. 90. Zu den Angaben über den englischen und den niederländischen Kartoffelverbrauch vgl. Razzell, 1974, S. 8; Vanderbroeke, 1971, S. 35.

Zur «Revolution des Weißbrots» vgl. Braudel, 1979.

Zu den neuen Mahltechniken siehe Tannahill, 1973, S. 360.

Kapitel 35

Zur Vegetarischen Gesellschaft von Manchester siehe Mennell, 1985, S. 307. Ebd., S. 306, zu der neuen Einstellung gegenüber den Tieren und zur Ablehnung der öffentlichen Schlachtungen (mit Bezugnahme auf Thomas, 1983, S. 182–183).

Zum Umfang des Fleischkonsums zu Beginn des 19. Jahrhunderts siehe Abel, 1935; Toutain, 1971, S. 1947.

Zu den neuen Konservierungstechniken siehe Tannahill, 1979, Teil 6. Ebd. das Zitat von Wynter und der weltweite Viehhandel.

Zum Lebensmittelbetrug und zu Accums Anklagen siehe Tannahill, 1973, S. 297–299; Nebbia – Menozzi-Nebbia, 1986, S. 61–62 (ebd. die Satire aus dem *Punch*).

Kapitel 36

Zum Konzept der «Delokalisation» siehe G. und P. Pelto, 1985.

Zur – neben der wirtschaftlichen auch – psychologischen und kulturellen Bedeutung der traditionellen Abwechslung von «fetten» und «mageren» Tagen vgl. Claudian – Serville, 1970A, S. 300 (mit Bezugnahme auf Jungsche Analysen). Ders., 1970, S. 174, über die «universelle» Tendenz des Nahrungssystems zur Verstädterung.

Kapitel 37

Siehe die *Fragmente* von Archestratos von Gela in Corpusc. poesis epi-
cae Graecae ludibundae, 1888, S. 114–193. Der Abschnitt über Cassiodor orientiert sich an *Variae,* XII, 4, in Corpus Christianorum. Series
latina, XCVI, Turnholti, 1973, S. 467–469. Beide Texte in Montanari,
1989, S. 37–41 und 208–209.

Zu Hippokrates siehe Kap. 18.

Zum «Zaubergarten» in *Erec et Enide* (hieraus zitiert die Verse 5746–
5747; dt. Ausgabe in der Übersetzung von I. Kasten, München 1979)
siehe Le Goff, 1982.

Die Definition Isidors von Sevilla ist entnommen aus *Etymologiae,*
XVII, 10.

Zur Biographie von Gallienus, einem Werk von Trebellius Pollio,
siehe *Historia Augusta,* II, Leben der beiden Galliene, XVI.

Das Zitat von B. Stefani findet sich in *L'arte di ben cucinare,* Mantua
1662, S. 142–144 (vgl. Montanari, 1991, S. 223–225), das Zitat ist abgedruckt in Meldini, 1988, S. 429.

Kapitel 38

Die Bemerkung des französischen Bauern (in P. Le Jeune, *Relation de ce
qui arrive en Nouvelle France,* 1634) findet sich bei Hémardinquer, 1970,
S. 271. Ebd. die Betrachtungen über das Wasser als «gran ‹fond de cuis-
son› rural»

Zum Käse, der Karl dem Großen angeboten wurde, vgl. Montanari,
1989, S. 241. Zum Testament aus dem 8. Jahrhundert ders., 1979,
S. 158. *Das Märchen vom Schlaraffenland* ist aus Brüder Grimm, Kinder-
und Hausmärchen, Bd. 2, Nr. 158, Stuttgart 1984.

Für die literarischen Zitate (Bandello, Sacchetti, Goldoni) habe ich
mich des *Grande dizionario della lingua italiana,* hg. von S. Battaglia,
Turin 1961 ff., bedient, Stichwort «Grasso» (Fett).

Zu Galens Schrift *Über die Diät* vgl. Montanari, 1989, S. 161–162.

Von J. Olivier wurde zitiert aus *Alphabet de l'imperfection et malice des
femmes,* Rouen 1617, S. 412.

Zu den Eigenschaften des Kaffees als Mittel zur «Austrocknung» und
zum Abmagern (im Gegensatz zu den herkömmlichen alkoholischen
Getränken) siehe Schivelbusch, 1988.

Die aufgezeigte Haltung des Bürgertums im 19. Jahrhundert schildert Thomas Mann auf den Anfangsseiten der *Buddenbrooks.*

Braudel, 1979, zu den Betrachtungen über das Vergnügen.

Die beiden Bände des Traktats von Rajberti wurden 1850 und 1851 in Mailand veröffentlicht. Das Zitat ist aus Teil I, Kap. 6.

Zu den «unersättlichen Fressern» in manchen beliebten Epen vgl. Camporesi, 1970, S. 46, Anmerkung 1.

Zu den Fleischpreisen (und der größeren Wertschätzung des fetten Fleisches) in römischer Zeit siehe Corbier, 1989, S. 129–130.

Barthes, 1970, S. 314, zur Diätetik als Instrument der Macht; S. 308 zum Mißtrauen, das noch in den sechziger Jahren unseres Jahrhunderts dem Begriff «Vergnügen» entgegengebracht wurde.

Bibliographie

Abel, W., *Agrarkrisen und Agrarkonjunktur in Mitteleuropa vom 13. bis zum 19. Jahrhundert*, Hamburg–Berlin 1935 (und ²1966).

Abel, W., *Wandlungen des Fleischverbrauchs und der Fleischversorgung in Deutschland seit dem ausgehenden Mittelalter*, in Berichte über Landwirtschaft. Zeitschrift für Agrarpolitik und Landwirtschaft, XII/3 (1937), S. 411–452.

Alessio, G., *Storia linguistica di un antico cibo rituale: i maccheroni*, in Atti dell'Accademia Pontaniana, nuova serie, VIII (1958), S. 261–280.

Alexandre-Bidon, D.; Beck-Bossard, C., *La préparation des repas et leur consommation en Forez au XVe siecle d'apres les sources archéologiques*, in Manger et boire au Moyen Age, Nizza 1984, II, S. 59–71.

Alexandre-Bidon, D.; Closson, M., *L'enfant à l'ombre des cathédrales*, Lyon 1985.

Amouretti, M. Cl., *Le pain et l'huile dans la Grèce antique*, Paris 1986.

André, J., *L'alimentation et la cuisine à Rome*, Paris ²1981.

Andreolli, B., *Le cacce dei Pico. Pratiche venatorie, paesaggio e società a Mirandola tra Medioevo ed Età Moderna*, S. Felice sul Panaro 1988.

Aron, J. P., *Le mangeur du XIXe siècle*, Paris 1973.

Aymard, J., *Les chasses romaines*, Paris 1951.

Aymard, M., *Pour l'histoire de l'alimentation: quelques rémarques de méthode*, in Annales ESC, XXX (1975), 2–3, S. 431–444.

Aymard, M.; Bresc, H., *Nourritures et consommation en Sicile entre XIVe et XVIIIe siècle*, in Mélanges de l'Ecole Française de Rome, 87 (1975), S. 535–581.

Barthes, R., *Pour une psycho-sociologie de l'alimentation contemporaine*, in Pour une histoire de l'alimentation, hg. von J. J. Hémardinquer, Paris 1970, S. 307–315 (früher bereits in Annales ESC, XVI, 1961).

Baruzzi, M.; Montanari, M., *Porci e porcari nel Medioevo. Paesaggio economia alimentazione*, Bologna 1981.

Bautier, A. M., *Pain et pâtisserie dans les textes médiévaux antérieurs au XIIIe siècle*, in Manger et boire au Moyen Age, Nizza 1984, I, S. 33–65.

Beck-Bossard, C., *Ostéologie et alimentation carnée*, in Matériaux pour l'histoire des cadres de vie dans l'Europe Occidentale (1050–1250), a cura di H. Bresc, Nizza 1984, S. 17–30.

Beloch, K. J., *La popolazione dell'Europa nell' Antichità, nel Medioevo e nel Rinascimento*, in Biblioteca dell'Economista, Turin 1908.

Bennassar, B.; Goy, J., *Contribution à l'histoire de la consommation alimentaire du XIVe au XIXe siècle,* in Annales ESC, XXX (1975), S. 402–430.

Biraben, J. N., *Les hommes et la peste en France et dans les pays européens et méditerranéens, I. la peste dans l'histoire,* Paris–La Haye 1975.

Biraben, J. N., *Essai sur l'évolution du nombre des hommes,* in Population, 34 (1979), S. 13–25.

⊙ Bitsch, I.; Ehlert, T.; von Ertzdorff, X. (Hg.), *Essen und Trinken in Mittelalter und Neuzeit,* Sigmaringen 1987.

Bloch, M., *Les aliments de l'ancienne France,* in Pour une histoire de l'alimentation, hg. von J. J. Hémardinquer, S. 231–235 (bereits früher in Encyclopédie française, XIV, 1954, 40, 2–3).

Bois, G., *La mutation de l'an mil,* Paris 1989.

Bolens, L., *Pain quotidien et pain de disette dans l'Espagne musulmane,* in Annales ESC, 1980, S. 462–476 (erneut veröffentlicht im Anhang von ders., Agronomes andalous du Moyen Age, Genf–Paris 1981).

Bonnassie, P., *Consommation d'alimends immondes et cannibalisme de survie dans l'Occident du haut Moyen Age,* in Annales ESC, 44 (1989), S. 1035–1056.

Branston, B., *Gods of the North,* London, 1955.

Braudel, F., *Les structures du quotidien: le possible et l'impossible,* Paris 1979.

Brunello, F., *Storia dell'aquavite,* Vicenza 1969.

Burema, L., *De Voeding in Nederland,* 1954.

Butel, P., *Histoire du thé,* Paris 1989.

Camporesi, P., *La scienza in cucina e l'arte di mangiar bene,* eingeleitet und mit Anmerkungen versehen von P. Artusi, Turin 1970.

Camporesi, P., *La maschera di Bertoldo, G. C. Croce e la letteratura carnevalesca,* Turin 1976.

Camporesi, P., *Il paese della fame,* Bologna 1978.

Camporesi, P., *Il pane selvaggio,* Bologna 1980.

Camporesi, P., *Alimentazione folclore società,* Parma 1983.

Camporesi, P., *La carne impossibile,* Mailand 1983 (zitiert als «1983a»).

Camporesi, P., *Il brodo indiano. Edonismo ed esotismo nel Settecento,* Mailand 1990.

Capatti, A., *Le goût du nouveau. Origines de la modernité alimentaire,* Paris 1989.

Carboni, B., *La corte di Migliarina nell'alto Medioevo. Ipotesi di datazione dell'inventario relativo,* in Atti e Memorie della Deputazione di storia patria per le antiche province modenesi, Reihe 11, 12 (1990), S. 25–32.

Cherubini, G., *L'italia rurale del basso Medioevo,* Rom–Bari 1984.

Chevalier, B., *Alimentation et niveau de vie à Tours à la fin du XVe siècle,* in Bulletin philologique et historique, 1958, S. 143–157.

Chevalier, B., *L'alimentation carnée à la fin du XVe siècle: réalité et symboles,* in Pratiques et discours alimentaires à la Renaissance, Paris 1982, S. 193–199.

Cioranescu, A., *Utopia. Land of Cocaigne and Golden Age,* in Diogenes, 75 (1971), S. 85–121.

Claudian, J.; Serville, Y., *Aspects de l'évolution récente du comportement alimentaire en France: composition des repas et «urbanisation»,* in Pour une histoire de l'alimentation, hg. von J. J. Hémardinquer, Paris 1970, S. 174–187.

Claudian, J.; Serville, Y., *Les aliments du dimanche et du vendredi. Etudes sur le comportement alimentaire actuel en France,* in Pour in histoire de l'alimentation, hg. von J. J. Hémardinquer, Paris 1970, S. 300–306 (zitiert als «1970a»).

Cocchiara, G., *Il Paese di Cuccagna,* Turin 1956.

Coppola, G., *Il mais nell'economia agricola lombarda,* Bologna 1979.

Corbier, M., *Le statut ambigu de la viande à Rome,* in Dialogues d'histoire ancienne, 15, 2 (1989), S. 107–158.

Crous, J., *La alimentación como a llenguatge a partir dels libros de cavalleria,* Beitrag zum Coloquio de historia de la alimentación a la Corona de Aragón, Lleida 1990.

Curschmann, F., *Hungersnöte im Mittelalter,* Paris 1900.

Dauphin, C.; Pezerat, P., *Les consommations populaires dans la seconde moitié du XIXe siècle à travers les monographies de l'école de Le Play,* in Annales ESC, XXX (1975), 2–3, S. 537–552.

De Bernardi, A., *Il mal della rosa. Denutrizione e pellagra nelle campagne italiane fra '800 e '900,* Mailand 1984.

De Felice, Ph., *Poisons sacrés. Ivresses divines,* Paris 1936.

De La Roncière, Ch.-M., *Prix et salaires à Florence au XIVe siècle* (1280–1380), Rom 1982.

Desportes, F., *Le pain au Moyen Age,* Paris 1987.

Detienne, M., *Dionysos à ciel ouvert,* Paris 1986.

Dion, R., *Histoire de la vigne et du vin en France des origines au XIXe siècle,* Paris 1959 (Neuauflage 1990).

Doehaerd, R., *Le Haut Moyen Age occidental: économies et sociétés,* Paris 1971.

Drummond, J.; Wilbraham, A., *The Englishman's Food. A History of Five Centuries of English Diet,* London 1937, [2]1955.

Duby, G., *Guerriers et paysans. VIIe–XIIe siècle. Premier essor de l'économie européenne,* Paris 1973.

Dupèbe, J., *La diététique et l'alimentation des pauvres selon Sylvius,* in Pratiques et discours alimentaires à la Renaissance, Paris 1982, S. 41–56.

Durand, J. D., *Historical Estimates of World Population: an Evaluation,* in Population and Development Review, 3 (1977), S. 253–296.

Dyer, C., *Changes in Nutrition and Standard of Living in England* 1200–1550, in Ninth Economic History Congress, Bern 1986.

Elias, N., *Über den Prozess der Zivilisation. I. Wandlungen des Verhaltens in den weltlichen Oberschichten des Abendlandes,* Frankfurt ²1969.

Escohotado, A., *Historia de las drogas,* Madrid 1989.

Eveleth, P. B.; Tanner, J. M., *Worldwide Variations in Human Growth,* Cambridge 1976.

Faccioli, E. (Hg.), *L'arte della cucina in Italia. Libri di ricette e trattati sulla civiltà della tavola dal XIV al XIX secolo,* Turin 1987.

Finzi, R., *Un problema di storia sociale. L'alimentazione,* Bologna 1976.

Fischler, C., *L'homnivore,* Paris 1990.

Fiumi, E., *Economia e vita privata dei fiorentini nelle rivelazioni statistiche di Giovanni Villani,* in Storia dell'economia italiana, hg. von C. M. Cipolla, Turin 1959, S. 325–360.

Fiumi, E., *Sulle condizioni alimentari di Prato nell'età comunale,* in Archivio Storico Pratese, XLII (1972), S. 3–26.

Flandrin, J. L.; Redon, O., *Les livres de cuisine italiens des XIVe et XVe siècles,* in Archeologia Medievale, VIII (1981), S. 393–408.

Flandrin, J. L., *Le goût et la nécessité: reflexions sur l'usage des graisses dans les cuisines de l'Europe occidentale (XIVe–XVIIIe siècles),* in Annales ESC, XXXVIII (1983), S. 369–401.

Flandrin, J. L., *Internationalisme, nationalisme et régionalisme dans la cuisine des XIVe et XVe siècles: le témoignage des livres de cuisine,* in Manger et boire au Moyen Age, II, Nice 1984, S. 75–91.

Flandrin, J. L., *Les pâtes dans la cuisine provençale,* in Médiévales. Langue, textes, histoires, 16–17 (1989), S. 65–75.

Flandrin, J. L., *Chronique de Platine. Pour une gastronomie historique,* Paris 1992.

Floud, R.; Wachter, R., *Poverty and Physical Stature,* in Social Science History, 6 (1982), 4, S. 432–433.

Fontaine, M. J., *L'alimentation du jeune enfant au XVIe siècle,* in Pratiques et discours alimentaires à la Renaissance, Paris 1982, S. 57–68.

Fortunati, V.; Zucchini, G. (Hg.), *Paesi di Cuccagna e mondi alla rovescia,* Florenz 1989.

Fumagalli, V., *Crisi del dominico e aumento del masserizio nei beni «infra valle» del monastero di S. Colombano di Bobbio dall'862 all'883,* in Rivista di storia dell'agricoltura, VI (1966), S. 352–359.

Fumagalli, V., *Colonizzazione e insediamenti agricoli nell'Occidente altomedievale: la Valle Padana,* in Quaderni storici, 14 (1970), S. 319–338.

Fumagalli, V., *Terra e società nell'Italia padana. I secoli XI e X,* Turin 1976.

Fumagalli, V., *Il Regno italico,* Turin 1978 (Storia d'Italia, geleitet von G. Galasso, II).

Gabba, E.; Pasquinucci, M., *Strutture agrarie e allevamento transumante nell'Italia romana (III–I sec. a. C.),* Pisa 1979.

Geremek, B., *Geschichte der Armut. Elend und Barmherzigkeit in Europa,* München 1988.

Geremek, B., *Inutiles au monde. Truands et misérables dans l'Europe moderne,* Paris 1980.

Giardina, A., *Allevamento ed economia della selva in Italia meridionale: trasformazioni e continuità,* in Società romana e produzione schiavistica. I. L'Italia: insediamenti e forme economiche, hg. von A. Giardina und A. Schiavone, Rom–Bari 1981, S. 87–113.

Giuffrida, A., *Considerazioni sul consumo della carne a Palermo nei secoli XIV e XV,* in Mélanges de l'Ecole Française de Rome, 87 (1975), S. 583–595.

Goody, J., *Cooking, Cuisine and Class. A Study in Comparative Sociology,* Cambridge 1982.

Goubert, J. P., *La conquête de l'eau,* Paris 1986.

Goubert, P., *Louis XIV et vingt millions de Français,* Paris 1966.

Graf, A., *Il Paese di Cuccagna e i paradisi artificiali,* in ders., Miti, leggende e superstizioni del Medioevo, Turin 1892, I, S. 229–238.

Grieco, A., *Classes sociales, nourriture et imaginaire alimentaire en Italie (XIVe–XVe siècles),* thèse 3e cycle, Paris (EHESS) 1987.

Grinberg, M.; Kinser, S., *Les combats de Carnaval et de Carême. Trajets d'une métaphore,* in Annales ESC, XXXVIII (1983), S. 65–98.

Grottanelli, C., *L'ideologia del banchetto e l'ospite ambiguo,* in Dialoghi di Archeologia, 1981, 3, S. 122–154.

Halard, X., *La pêche du saumon en Normandie du XIe au XVe siècle,* in Journal of Medieval History, 9 (1983), S. 173–178.

Harris, M., *Good to Eat. Riddles of Food and Culture,* New York 1985.

Haussleiter, J., *Der Vegetarismus in der Antike,* Berlin 1935.

Helleiner, K. F., *La popolazione in Europa dalla peste nera alla vigilia della rivoluzione demografica,* in Storia economica Cambridge. IV. L'espansione economica dell'Europa nel Cinque e Seicento, Turin 1985, S. 3–106 (Orig. The Cambridge Economic History of Europe, in IV. The Economy of Expanding Europe in the Sixteenth and Seventeenth Centuries, hg. von E. E. Reich und C. H. Wilson, Cambridge 1967).

Hémardinquer, J. J., *L'introduction du maïs et la culture des sorghos dans l'ancienne France,* in Bulletin philologique et historique, 1 (1963), S. 429–459.

Hémardinquer, J. J., *Les graisses de cuisine en France. Essai de cartes,* in Pour une histoire de l'alimentation, hg. von J. J. Hémardinquer, Paris 1970, S. 254–271.

Hémardinquer, J. J., *Le thé à la conquête de l'Occident. Le cas maghrébin,* in Pour une histoire de l'alimentation, hg. von J. J. Hémardinquer, Paris 1970, S. 285–291 (zitiert als «1970a»).

Hémardinquer, J. J., *Les débuts du maïs en Méditerranée,* in Histoire économique du monde méditerranéen 1450–1650. Mélanges en l'honneur de Fernand Braudel, Toulouse 1973, S. 227–233.

Henisch, B. A., *Fast and Feast. Food in Medieval Society,* London 1976.

Hilton, R., *Bond Men Made Free. Medieval Paesant Movements and the English Rising of* 1381, London 1973.

Hohl, C., *Alimentation et consommation à l'Hôtel-Dieu de Paris aux XVe et XVIe siècles,* in Actes du 93e Congrès des Sociétés Savantes. I. Les problèmes de l'alimentation, Paris 1971, S. 181–208.

Imbert, G., *Seicento fiorentino,* Mailand 1930.

Jacob, H. E., *Sage und Siegeszug des Kaffees. Die Biographie eines weltwirtschaftlichen Stoffes,* Berlin 1934.

Jones, Ph., *Economia e società nell'Italia medievale,* Turin 1980.

Jouanna, A., *Mythes et hiérarchies dans la France du XVIe siècle,* Paris 1977.

Kahane, E., *Parmentier ou la dignité de la pomme de terre. Essai sur la famine,* Paris 1978.

Kaplan, S., *Bread, Politics and Political Economy in the Reign of Louis XV,* Den Haag 1976.

Ketcham-Wheaton, B., *Savoring the Past,* University of Pennsylvania, 1983.

Komlos, J., *Patterns of Children's Growth in the Habsburg Monarchy: the Standards of Living and Economic Development in the Eighteenth Century,* in The American Historical Review, 90 (1985), S. 1149–1161.

Komlos, J., *Patterns of Children's Growth in East-Central Europe in the Eighteenth Century,* in Annals of Human Biology, 13 (1986), S. 33–48.

Kula, W., *Problemy i metody historii gospodarczej,* Warschau 1963.

Lachiver, M., *Vins, vignes et vignerons. Histoire du vignoble français,* Paris 1988.

Laurioux, B., *De l'usage des épices dans l'alimentation médiévale,* in Médiévales. Langue, textes, histoire, 5 (1983), S. 15–31.

Laurioux, B., *Modes culinaires et mutations du gout à la fin du Moyen Age,* in Artes Mechanicae en Europe médiévale, Brüssel 1989, S. 199–222.

Laurioux, B., *Le Moyen Age à table,* Paris 1989.

Lazard, M., *Nourrices et nourrissons d'après le traité de Vallambert* (1556) *et la Paedotrophia de Scevole de Sainthe Marthe* (1584), in Pratiques et discours alimentaires à la Renaissance, Paris 1982, S. 69–83.

Le Goff, J., *Das Hochmittelalter,* Frankfurt/M. 1965.

Le Goff, J., *L'Occident médiéval et l'océan Indien: un horizon onirique,* in Pour un autre Moyen Age, Paris 1977, S. 230–298.

Le Goff, J., *Quelques rémarques sur les codes vestimentaire et alimentaire dans «Erec et Enide»,* in Mélanges René Louis, Argenteuil 1982, S. 1243–1258.

Le Goff, J., *Il deserto-foresta nell'Occidente medievale,* in ders., Il meraviglioso e il quotidiano nell'Occidente medievale, Rom–Bari 1983, S. 25–44.

Le Goff, J., *Età mitiche,* in ders., Storia e memoria, Turin 1988, S. 227–261.

Le Roy Ladurie, E., *Les paysans de Languedoc,* Paris 1966.

Le Roy Ladurie, E., *Histoire du climat depuis l'an mil,* Paris 1967.

Livi-Bacci, M., *Popolazione e alimentazione. Saggio sulla storia demografica europea,* Bologna 1987.

Longo, O., *La forma della predazione. Cacciatori e predatori nella Grecia antica,* Neapel 1989.

Mandrou, R., *Théorie ou hypothèse de travail?,* in Annales ESC, XVI (1961), 965–971.

Manger et boire au Moyen Age, I–II, Nizza 1984.

Maravall, J. A., *Potere, onore, élites nella Spagna del secolo d'oro,* Bologna 1984.

Margolin, J. C.; Sauzet, R. (Hg.), *Pratiques et discours alimentaires à la Renaissance,* Paris 1982.

Martellotti, A., *Cibo dei signori e cibo dei contadini in una novella in versi del basso Medioevo tedesco,* in Annali della Facoltà di Lingue e Letterature Straniere dell'Università di Bari, Reihe III, 5 (1984), S. 279–298.

Masefield, G. B., *Prodotti agricoli e bestiame,* in Storia economica Cambridge. IV. L'espansione economica dell'Europa nel Cinque e Seicento, Turin 1985, 316–347 (Orig. The Cambridge Economic History of Europe. IV. The Economy of Expanding Europe in the Sixteenth and Seventeenth Centuries, hg. von E. E. Rich und C. H. Wilson, Cambridge 1967).

Maurizio, A., *Histoire de l'alimentation végétale depuis la préhistoire jusqu'à nos jours,* Paris 1932.

Mazzarino, S., *Aspetti sociali del quarto secolo. Ricerche di storia tardoromana,* Rom 1951.

Mazzi, M. S., *Note per una storia dell'alimentazione nell'Italia medievale,* in Studi di storia medievale e moderna per Ernesto Sestan, Florenz 1980, S. 57–102.

McEvedy, C.; Jones, R., *Atlas of World Population History,* London 1978.

McKeown, T., *The Modern Rise of Population,* London 1976.

McKeown, T., *Food, infection and population,* in Journal of Interdisciplinary History, 14 (1983), 2, S. 227–247.

Meldini, P., *A tavola e in cucina,* in La famiglia italiana dall'800 ad oggi, hg. von P. Melograni, Rom–Bari 1988, 417–482.

Mennell, S., *All Manners of Food. Eating and Taste in England and France from the Middle Age to the Present*, Oxford–New York 1985.

Messedaglia, L., *Il mais e la vita rurale italiana. Saggio di storia agraria*, Piacenza 1927.

Messedaglia, L., *Schienale e morona. Storia di due vocaboli e contributo allo studio degli usi alimentari e dei traffici veneti con il Levante*, in Atti del Reale Istituto Veneto di scienze, lettere ed arti, CI, II (1941–42), S. 1–58.

Messedaglia, L., *Granoturco e pellagra. Scipione Maffei e Volfango Goethe in guerra contro il granoturco*, in Annali dell'Accademia di Agricoltura di Torino, XCII (1949–50), S. 27–43.

Messedaglia, L., *Vita e costume della Rinascenza in Merlin Cocai*, Padua 1974.

Meyer, J., *Histoire du sucre*, Paris 1989.

Michel, A. R., *La pesca in Europa agli inizi dell'età moderna*, in Storia economica Cambridge, V. Economia e società in Europa nell'Età moderna, Turin 1978, S. 137–218 (Orig. The Cambridge Economic History of Europe, V. The Economic Organization of Early Modern Europe, hg. von E. E. Rich und C. H. Wilson, Cambridge 1977).

Mintz, S. W., *Sweetness and power. The place of sugar in modern history*, London 1985.

Mollat, M., *Les pauvres au Moyen Age. Etude sociale*, Paris 1978.

Montanari, M., *L'alimentazione contadina nell'alto Medioevo*, Neapel 1979.

Montanari, M., *Campagne medievali. Strutture produttive, rapporti di lavoro, sistemi alimentari*, Turin 1984.

Montanari, M., *Alimentazione e cultura nel Medioevo*, Rom–Bari 1988, zit. als 1988A).

Montanari, M., *Uomini e orsi nelle fonti agiografiche dell'alto Medioevo*, in Il bosco nel Medioevo, hg. von B. Andreolli e M. Montanari, Bologna 1988, S. 55–72, zit. als 1988B).

Montanari, M., *Contadini e città fra ‹Langobardia› e ‹Romania›*, Florenz 1988.

Montanari, M., *Convivio. Storia e cultura dei piaceri della tavola dall'Antichità al Medioevo*, Roma–Bari 1989.

Montanari, M., *Note sur l'histoire des pâtes en Italie*, in Médiévales. Langue, textes, histoire, 16–17 (1989), S. 61–64.

Montanari, M., *Vegetazione e alimentazione*, in L'ambiente vegetale nell' alto Medioevo, Spoleto 1990, S. 281–322.

Montanari, M., *Alimentazione, cultura, società nel Medioevo*, Beitrag zum Coloquio de historia de la alimentación a la Corona de Aragón, Lleida 1990 (zitiert als «1990»).

Montanari, M., *Nuovo Convivio. Storia e cultura dei piaceri della tavola nell'Età moderna*, Rom–Bari 1991.

Montanari, M., *Convivio oggi. Storia e cultura dei piaceri della tavola nell'Etá contemporanea*, Rom–Bari 1992.

Morineau, M., *Rations militaires et rations moyennes*, in Pour une histoire de l'alimentation, hg. von J. J. Hémardinquer, Paris 1970, S. 107–125.

Moulin, L., *L'Europe à table*, Brüssel 1975.

Moulin, L., *La vie quotidienne des religieux au Moyen Age, Xe-XVe siècle*, Paris 1978.

Muzzarelli, M. G., *Norme di comportamento alimentare nei libri penitenziali*, in Quaderni medievali, 13 (1982), S. 45–80.

Nada-Patrone, A. M., *Trattati medici, diete e regimi alimentari in ambito pedemontano alla fine del Medioevo*, in Archeologia Medievale, VIII (1981), S. 369–392.

Nada-Patrone, A. M., *Il cibo del ricco ed il cibo del povero. Contributo alla storia qualitativa dell'alimentazione. L'area pedemontana negli ultimi secoli del Medioevo*, Turin 1981.

Nebbia, G.; Menozzi-Nebbia, G., *Breve storia delle frodi alimentari*, in Alimentazione e salute, hg. von S. Canepari, C. Maltoni und F. Saccani, Bologna 1986, S. 59–68.

Neveux, H., *L'alimentation du XIVe au XVIII siècle*, in Revue d'histoire économique et sociale, LI (1973), S. 336–379.

Novati, F., *L'influsso del pensiero latino sopra la civiltà italiana del Medioevo*, Mailand 1899.

Otto, W. F., *Dionysos. Mythos und Kultus*, Frankfurt/M. 1933.

Paccagnella, I., *Cucina e ideologia alimentare nella Venezia del Rinascimento*, in Civiltà della tavola dal Medioevo al Rinascimento, Venedig 1983, S. 37–67.

Panjek, G., *In margine alla storia dell'alimentazione: un dibattito settecentesco sull'introduzione della patata nel Veneto*, in Raccolta di scritti per il cinquantesimo anniversario [della Facoltà di Economia e Commercio dell'Università degli Studi di Trieste], Udine 1976, S. 573–587.

Pelner-Cosman, M., *Fabulous Feasts. Medieval Cookery and Ceremony*, New York 1976.

Pelto, G. H.; Pelto, P. J., *Diet and Delocalisation: Dietary Changes since 1750*, in Hunger and History. The Impact of Changing Food Production and Consumption Patterns on Society, hg. von Robert I. Rotberg und Theodore K. Rabb, Cambridge 1985.

Perez-Moreda, V., *Las crisis de mortalidad en la España interior, siglos XVI–XIX*, Madrid 1980.

Peyer, H. C., *Zur Getreidepolitik der oberitalienischen Städte im 13. Jahrhundert*, Wien 1950.

Pini, A. I., *Vite e vino nel Medioevo*, Bologna 1989.

Pinto, G., *Il libro del biadaiolo. Carestie e annona a Firenze dalla metà del '200 al 1348*, Florenz 1978.

Pinto, G., *La Toscana nel tardo Medioevo. Ambiente, economia rurale, società*, Florenz 1982.

Piuz, A. M., *Alimentation populaire et sous-alimentation au XVIIe siècle. Le cas de Genève et de sa région*, in Pour une histoire de l'alimentation, hg. von J. J. Hémardinquer, Paris 1970, S. 129–145.

Plouvier, L., *La confiserie européenne au Moyen Age*, in Medium Aevum Quotidianum, news. 13 (Krems 1988), S. 28–47.

Poitrineau, A., *L'alimentation populaire en Auvergne au XVIIIe siècle*, in Pour une historie de l'alimentation, hg. von J. J. Hémardinquer, Paris 1970, S. 146–153.

Pugliese, S., *Due secoli di vita agricola*, Turin 1908.

Razzell, P. E., *An Interpretation of the Modern Rise of Population in Europe. A Critique*, in Population Studies, 28 (1974), 1.

Rebora, G., *La cucina medievale italiana tra Oriente ed Occidente*, in Miscellanea storica ligure, XIX (1987), 1–2, S. 1431–1579.

Redon, O.; Laurioux, B., *La constitution d'une nouvelle catégorie culinaire? Les pâtes dans les livres de cuisine italiens de la fin du Moyen Age*, in Médiévales. Langue, textes, histoire, 16–17 (1989), S. 51–60.

Redon, O.; Sabban, F.; Serventi, S., *La gastronomie au moyen age*, Paris 1992.

Redon, O., *Les usages de la viande en Toscane au XIVe siècle*, in Manger et boire au Moyen Age, Nizza 1984, II, S. 121–130.

Reinhard, M. R.; Armengaud, A., *Histoire générale de la population mondiale*, Paris 1961.

Richter, D., *Il Paese di Cuccagna nella cultura popolare: una topografia storica*, in Paesi di Cuccagna e mondi alla rovescia, hg. von V. Fortunati und G. Zucchini, Florenz 1989, S. 113–124.

Roche, D., *La temps de l'eau rare du Moyen Age a l'Époque Moderne*, in Annales ESC, XXXIX (1984), S. 383–399.

Rosenberger, B., *Les pâtes dans le monde musulman*, in Médiévales. Langue, textes, histoire, 16–17 (1989), S. 77–98.

Rouche, M., *La faim à l'époque carolingienne: essai sur quelques types de rations alimentaires*, in Revue historique, CCL (1973), S. 295–320.

Rouche, M., *Les repas de fête à l'époque carolingienne*, in Manger et boire au Moyen Age, Nizza 1984, I, S. 265–296.

Ruggini, L., *Economia e società nell' «Italia Annonaria». Rapporti fra agricoltura e commercio dal IV al VI secolo d. C.*, Mailand 1961.

Russell, J. C., *Late Ancient and Medieval Population*, in Transactions of the American Philosophical Society, Philadelphia 1958.

Sabban-Serventi, F., *Ravioli cristallins et tagliatelle rouges: les pâtes chinoises entre XIIe et XIVe siècle*, in Médiévales. Langue, textes, histoire, 16–17 (1989), S. 29–50.

Sada, L., *Spaghetti e compagni,* Bari 1982.

Salaman, R. N., *The History and Social Influence of the Potato,* Cambridge 1985 (von J. G. Hawkes überarbeitete Fassung des Originals von 1948).

Sandberg, L. G.; Steckel, R., *Soldier, Soldier, What Made You Grow so Tall?,* in Economy and History, 23 (1980), 2, S. 91–105.

Sayers, W., *A Cut Above: Ration and Station in an Irish King's Hall,* in Food and Foodways, 1990, S. 89–110.

Schivelbusch, W., *Das Paradies, der Geschmack und die Vernunft,* München–Wien 1980.

Sentieri, M./Zazzu, G. N., *I semi dell'Eldorado. L'alimentazione in Europa dopo la scoperta dell'America,* Bari 1992.

Sereni, E., *Note di storia dell'alimentazione nel Mezzogiorno: i Napoletani da «mangiafoglia» a «mangiamaccheroni»,* in Cronache meridionali, IV–VI (1958), jetzt in ders., Terra nuova e buoi rossi, Turin 1981, S. 292–371.

Simoons, F. J., *Eat Not this Flesh. Food Avoidances in the Old World,* Westport ²1981.

Slicher van Bath, B. H., *De agrarische geschiedenis van West-Europa (500–1850),* Utrecht–Antwerpen 1962.

Soler, J., *Sémiotique de la nourriture dans la Bible,* in Annales ESC, XXVIII (1973), S. 943–955.

Somogyi, S., *L'alimentazione nell'Italia unita,* in Storia d'Italia, V, I. Documenti, Turin 1973, I, S. 839–887.

Sorcinelli, P., *Note sull'alimentazione nell'Italia giolittiana,* in Italia contemporanea, 150 (1983), S. 89–94.

Sorcinelli, P., *Gli italiani e il cibo. Appetiti, digiuni e rinunce dalla realtà contadina alla società del benessere,* Bologna 1992.

Stoianovich, T., *Le maïs dans les Balkans,* in Pour une histoire de l'alimentation, hg. von J. J. Hémardinquer, Paris 1970, S. 272–284.

Stouff, L., *La viande. Ravitaillement et consommation à Carpentras au XVe siècle,* in Annales ESC, XXIV (1969), S. 1431–1448.

Stouff, L., *Ravitaillement et alimentation en Provence aux XIVe et XVe siècles,* Paris–La Haye 1970.

Tannahill, R., *Kulturgeschichte des Essens. Von der Eiszeit bis heute,* München 1973.

Tanner, J. M., *A History of the Study of Human Growth,* Cambridge 1981.

Teuteberg, H. J. (Hg.), *European Food History. A Research Review,* Leicester 1992.

Thomas, K., *Man and the Natural World: Changing Attitudes in England, 1500–1800,* London 1983.

Thuillier, G., *L'alimentation en Nivernais au XIXe siècle,* in Pour une histoire de l'alimentation, hg. von J. J. Hémardinquer, Paris 1970, S. 154–173.

Toubert, P., *Les structures du Latium médiéval. Le Latium méridional et la Sabine du IXe siècle à la fin du XIIe siècle,* Rom 1973.

Toussaint-Samat, M., *Histoire naturelle et morale de la nourriture,* Paris 1987.

Toutain, J. C., *La consommation alimentaire en France de 1789 à 1964,* in Economie et Societé, Cahiers de l'ISEA, Band A, Nr. 11, Genf 1971.

Tozzi, C., *L'alimentazione nella Maremma medievale. Due esempi si scavi,* in Archeologia Medievale, VIII (1981), S. 299–303.

Traina, G., *Paesaggio e «decadenza». La palude nella trasformazione del mondo antico,* in Società romana e impero tardoantico, III. Le merci, gli insediamenti, hg. von A. Giardina, Rom–Bari 1986, S. 711–730.

Tudela, L.; Castells, F., *Sistemes alimentaris i usos al «Tirant lo blanc»,* Beitrag zum Coloquio de historia de la alimentación a la Corona de Aragón, Lleida 1990.

Ukers, W. H., *The Romance of Tea,* New York 1936.

Van der Wee, H., *Typologie des crisis et changements de structures aux Pays-Bas (XVe–XVIe siècles),* in Annales ESC, XVIII (1963).

Vanderbroeke, C., *Cultivation and Consumption of the Potato in the 17th and 18th Centuries,* in Acta Historiae Neerlandicae, 5 (1971).

Vattuone, R., *Aspetti dell'alimentazione nel mondo greco,* in L'alimentazione nell'antichità, Parma 1985, S. 185–207.

Vogel, C., *Le pécheur et la pénitence dans l'Eglise au Moyen Age,* Paris 1969.

Vogel, C., *Symboles culturels chrétiens. Les aliments sacrés: poisson et refrigeria,* in Simboli e simbologia nell'alto Medioevo, Spoleto 1976, I, S. 197–252.

Wickham, Ch., *Pastoralism and Underdevelopment in the Early Middle Ages,* in L'uomo di fronte al mondo animale nell'alto Medioevo, Spoleto 1985, I, S. 401–451.

Woodham-Smith, C., The Great Hunger. Ireland 1845–1849, London 1962 (und ²1987).

Würm, H., *Über die Schwankungen der durchschnittlichen Körperhöhe,* in Homo, 33 (1982), 1, S. 297.

Wyczanski, A.; Dembinska, M., *La nourriture en Europe centrale au début de l'Age Moderne,* in Ninth Economic History Congress, Bern 1986.

Zug-Tucci, H., *La caccia da bene comune a privilegio,* in Storia d'Italia. Annali, 6. Economia naturale, economia monetaria, Turin 1983, S. 397–445.

Zug-Tucci, H., *Il mondo medievale dei pesci tra realtà e immaginazione,* in L'uomo di fronte al mondo animale nell'alto Medioevo, Spoleto 1985, S. 291–360.

Namenregister

Anzeigen

EUROPA BAUEN

Bereits erschienen:

Leonardo Benevolo
Die Stadt in der europäischen Geschichte
Aus dem Italienischen von Peter Schiller
2. Auflage. 1998. 316 Seiten mit 149 Abbildungen. Leinen

Peter Brown
Die Entstehung des christlichen Europa
Aus dem Englischen von Peter Hahlbrock
1996. 404 Seiten. Leinen

Peter Burke
Die europäische Renaissance
Zentren und Peripherien
Aus dem Englischen von Klaus Kochmann
1998. 342 Seiten mit 25 Abbildungen. Leinen

Umberto Eco
Die Suche nach der vollkommenen Sprache
Aus dem Italienischen von Burkhart Kroeber
3., durchgesehene Auflage. 1994. 388 Seiten mit 22 Abbildungen.
Leinen

Josep Fontana
Europa im Spiegel
Eine kritische Revision der europäischen Geschichte
Aus dem Spanischen von Joan Weiss i Knopf
1995. 244 Seiten. Leinen

Aaron J. Gurjewitsch
Das Individuum im europäischen Mittelalter
Aus dem Russischen von Erhard Glier
994. 341 Seiten. Leinen

Verlag C. H. Beck München

EUROPA BAUEN

Bereits erschienen:

Ulrich Im Hof
Das Europa der Aufklärung
2., durchgesehene Auflage. 1995. 270 Seiten. Leinen

Michel Mollat du Jourdin
Europa und das Meer
Aus dem Französischen von Ursula Scholz
1993. 320 Seiten mit 2 Abbildungen und 18 Karten. Leinen

Werner Rösener
Die Bauern in der europäischen Geschichte
1993. 296 Seiten mit 21 Abbildungen. Leinen

Paolo Rossi
Die Geburt der modernen Wissenschaft in Europa
Aus dem Italienischen von Marion Sattler Charnitzky
und Christiane Büchel
1997. 377 Seiten. Leinen

Hagen Schulze
Staat und Nation in der europäischen Geschichte
2., durchgesehene Auflage. 1995. 376 Seiten. Leinen

Charles Tilly
Die europäischen Revolutionen
Aus dem Englischen von Hans-Jürgen Baron von Koskull
1993. 368 Seiten mit 2 Karten. Leinen

Verlag C.H.Beck München